Schriftenreihe der ASI – Arbeitsgemeinschaft Sozialwissenschaftlicher Institute

Herausgegeben von
F. Faulbaum, Duisburg, Deutschland
P. Hill, Aachen, Deutschland
B. Pfau-Effinger, Hamburg, Deutschland
J. Schupp, Berlin, Deutschland
M. Stahl (Geschäftsführer), Köln, Deutschland
C. Wolf, Mannheim, Deutschland

Herausgegeben von
Frank Faulbaum
Universität Duisburg-Essen

Paul Hill
RWTH Aachen

Birgit Pfau-Effinger
Universität Hamburg

Jürgen Schupp
Deutsches Institut für
Wirtschaftsforschung e.V. Berlin
(DIW)

Matthias Stahl (Geschäftsführer)
GESIS – Leibniz-Institut für
Sozialwissenschaften, Köln

Christof Wolf
GESIS – Leibniz-Institut für
Sozialwissenschaften, Mannheim

Wolfgang Mallock • Udo Riege
Matthias Stahl

Informationsressourcen für die Sozialwissenschaften

Datenbanken – Längsschnittuntersuchungen – Portale – Institutionen

Wolfgang Mallock
Udo Riege
Matthias Stahl

GESIS – Leibniz-Institut für
Sozialwissenschaften
Köln, Deutschland

Schriftenreihe der ASI – Arbeitsgemeinschaft Sozialwissenschaftlicher Institute
ISBN 978-3-658-10965-3   ISBN 978-3-658-10966-0 (eBook)
DOI 10.1007/978-3-658-10966-0

Die Deutsche Nationalbibliothek verzeichnet diese Publikation in der Deutschen Nationalbibliografie; detaillierte bibliografische Daten sind im Internet über http://dnb.d-nb.de abrufbar.

Springer VS
© Springer Fachmedien Wiesbaden 2016
Das Werk einschließlich aller seiner Teile ist urheberrechtlich geschützt. Jede Verwertung, die nicht ausdrücklich vom Urheberrechtsgesetz zugelassen ist, bedarf der vorherigen Zustimmung des Verlags. Das gilt insbesondere für Vervielfältigungen, Bearbeitungen, Übersetzungen, Mikroverfilmungen und die Einspeicherung und Verarbeitung in elektronischen Systemen.
Die Wiedergabe von Gebrauchsnamen, Handelsnamen, Warenbezeichnungen usw. in diesem Werk berechtigt auch ohne besondere Kennzeichnung nicht zu der Annahme, dass solche Namen im Sinne der Warenzeichen- und Markenschutz-Gesetzgebung als frei zu betrachten wären und daher von jedermann benutzt werden dürften.
Der Verlag, die Autoren und die Herausgeber gehen davon aus, dass die Angaben und Informationen in diesem Werk zum Zeitpunkt der Veröffentlichung vollständig und korrekt sind. Weder der Verlag noch die Autoren oder die Herausgeber übernehmen, ausdrücklich oder implizit, Gewähr für den Inhalt des Werkes, etwaige Fehler oder Äußerungen.

Lektorat: Katrin Emmerich

Gedruckt auf säurefreiem und chlorfrei gebleichtem Papier

Springer Fachmedien Wiesbaden ist Teil der Fachverlagsgruppe Springer Science+Business Media
(www.springer.com)

Inhalt

Vorwort 7

Institutionen 11

Forschungsdatenzentren 65

Portale 91

Längsschnittuntersuchungen 145

Datenbanken 201

Register 261

Vorwort

Wissenschaftliche Informationsangebote unterliegen einer hohen Dynamik und stetigem Wandel: sie werden ergänzt, es kommen neue hinzu, manche werden eingestellt. Was motiviert uns dennoch, in einem Buch wichtige Informationsressourcen für die Sozialwissenschaften zusammenzutragen?

Die Vielzahl an Informationsangeboten führt nicht selten dazu, dass selbst gut informierte Wissenschaftlerinnen und Wissenschaftler auf bisher unbekannte interessante Angebote stoßen. Oft sind relevante Quellen nur einer kleinen Gruppe von Nutzern bekannt. Außerdem werden nicht alle Informationen durch Suchmaschinen indexiert, da sie sich im sogenannten Invisible Web befinden. Aus diesem Wissen heraus entstand die Idee, einen Wegweiser zu Informationsressourcen für die Sozialwissenschaften aufzulegen.

Das Buch erlaubt einen Überblick über Ressourcen, die trotz der hohen Dynamik im Internet eine relative Stabilität aufweisen. Nichtsdestoweniger wird man feststellen können, dass sich die Angebote im Internet schneller ändern, als sie sich dokumentieren lassen. Die Verfasser sind sich auch dessen bewusst, dass die aufgenommenen Informationsquellen nicht den Anspruch auf Vollständigkeit einlösen können.

Auf Hinweise und Tipps zum erfolgreichen Recherchieren in den Quellen und zum Umgang mit den Forschungsdaten wird verzichtet. Alle Anbieter unterstützen ihre Nutzerinnen und Nutzer mit Hinweisen zum Recherchieren, Hotlines, Hilfen oder FAQs bzw. konkreten Beratungsangeboten. Außerdem gibt es ein breites Angebot aktueller Fachliteratur, die sich diesen Fragen widmet.[1]

Bei der Auswahl der Ressourcen gehen wir von Situationen aus, in denen Informationen für die Gewinnung eines Überblicks zusammen getragen werden. Wir denken hierbei z. B an die Anfangsphase eines Forschungsvorhabens (Projekt, Antrag, Publikation) oder die Anfertigung einer Qualifikationsarbeit oder die Konzeption bzw. Durchführung einer Lehrveranstaltung. Hilfreich sind hierbei Hinweise zu Literatur, Forschungsdaten, Längsschnittuntersuchungen, Fach-

---

[1] siehe u.a.: Müller, Ragnar; Plieninger, Jürgen und Rapp, Christian: Recherche 2.0: Finden und Weiterverarbeiten in Studium und Beruf. Wiesbaden: Springer VS, 2013; Ebster, Claus; Stalzer; Lieselotte: Wissenschaftliches Arbeiten für Wirtschafts- und Sozialwissenschaftler. 4., überarb. Aufl. Wien: UTB, 2013; Bove, Heinz-Jürgen: Erfolgreich recherchieren - Politik- und Sozialwissenschaften. Berlin: de Gruyter Saur, 2012; Leif,Thomas (Hrsg): Trainingshandbuch Recherche: Informationsbeschaffung professionell. 2., erw. Auflage. Wiesbaden: Springer VS, 2010; Berninger, Ina; Botzen, Katrin; Kolle, Christian; Vogl, Dominikus; Wattler, Oliver: Grundlagen sozialwissenschaftlichen Arbeitens: eine anwendungsorientierte Einführung. Opladen: Budrich, 2012

kollegen, institutionellen Partnern, die sich mit bestimmten Themen befassen. Die Autoren wollen diesen Prozess mit der Zusammenstellung von Institutionen, Forschungsdatenzentren, Portale, Längsschnittuntersuchungen und Datenbanken unterstützen.

Der fachliche Schwerpunkt der Zusammenstellung der Informationsquellen liegt auf den Disziplinen Soziologie, Politikwissenschaften, Pädagogik und Psychologie – ergänzt um Informationen im Bereich der Wirtschaftswissenschaften. Geographisch liegt der Schwerpunkt auf dem deutschsprachigen Raum, ergänzt um für die Community wichtige internationale Informationsressourcen.

Wesentliche institutionelle Informationsquellen für die Sozialwissenschaften sind universitäre und außeruniversitäre Forschungs- und Serviceeinrichtungen, Bibliotheken, Archive und kommerzielle Informationsanbieter.

Interessante Entwicklungen zeichnen sich in den sozialen Medien ab. Seit einigen Jahren werden hier mit großer und wachsender Geschwindigkeit Informationen in völlig neuer Quantität und Qualität erzeugt. Begriffe wie „big data" oder „found data" stehen für diese Art von user generated content. Diese Informationen stehen im Kontrast zu den mittels reaktiver Verfahren gewonnenen „klassischen" Daten. Die empirische Sozialforschung wird sich künftig auch mit Aufbereitung, Bereitstellung sowie den Interpretations- und Analysemöglichkeiten von „big data" befassen und deren Potenzial für (sozial)wissenschaftliche Forschung ergründen.[2] An der Schnittstelle von Sozialwissenschaften und Informatik entstehen neue wissenschaftliche Communities, die sich mit Erforschung und Entwicklung von neuen Methoden und Algorithmen für die Analyse sozialwissenschaftlicher Phänomene auf Basis von Daten im World Wide Web wie z.B. Daten aus sozialen Medien beschäftigen. Diese neuen Methoden und weitere sozialwissenschaftliche Erkenntnisse können künftig Basis für die Entwicklung und den Aufbau forschungsbasierter Angebote für die Sozialwissenschaften werden.[3] Eine weitere Entwicklungsrichtung ist die Georeferenzierung von Umfragedaten. Auf diese Weise soll das Analysepotential von Geodaten für die (sozial)wissenschaftliche Forschung erschlossen werden.[4] Diese künftigen Entwicklungen gilt es zu verfolgen.

---

[2] siehe dazu König, Christian, Matthias Stahl, Erich Wiegand (Hrsg.): Soziale Medien: Gegenstand und Instrument der Forschung. Schriftenreihe der ASI. Wiesbaden: Springer VS, 2014

[3] siehe hierzu bspw. die Arbeiten der Abteilung Computational Social Science der GESIS, www.gesis.org/css

[4] siehe, dazu bspw. www.gesis.org/forschung/drittmittelprojekte/projektuebersicht-drittmittel/georefum

Vorwort

In den ersten beiden Kapiteln des Buches werden Institutionen (universitäre wie außeruniversitäre Forschungseinrichtungen, Bibliotheken, Archive) sowie die Forschungsdatenzentren mit ihren relevanten Informations- und Datenangeboten dargestellt. In den folgenden Kapiteln werden dann die einzelnen Ressourcen – Portale, Längsschnittuntersuchungen und Datenbanken - beschrieben. Allen Kapiteln sind Vorbemerkungen und eine Inhaltsübersicht vorangestellt. Zum Zwecke einer schnellen Navigation im Buch sind alle Ressourcen fortlaufend durchnummeriert (Zahl in eckigen Klammern vor dem Namen der Ressource). Diese Nummer wird zur Navigation zwischen den einzelnen Ressourcen sowie bei den Registereinträgen verwendet. Wir weisen in allen Beschreibungen auf die Produzenten bzw. Anbieter der jeweiligen Angebote hin, beschreiben diese im Kapitel Institutionen jedoch nur, wenn diese zum Profil des Buches passen.

Die Beschreibung der einzelnen Informationsressourcen wurde in der Regel aus den Selbstdarstellungen bzw. bei den Forschungsdatenzentren aus den Beschreibungen des Rates für Sozial- und Wirtschaftsdaten (RatSWD, siehe Nr. 69) entnommen. Die Quelle wird in der jeweiligen Fußnote genannt und wurde zum Redaktionsschluss noch einmal überprüft.

Ein inhaltliches Register getrennt nach den Ressourcentypen erschließt die jeweiligen Informationsangebote. Viele aufgenommene Informationsressourcen decken ein inhaltliches Fächerspektrum ab, welches über den von uns gewählten fachlichen Zuschnitt hinausgeht. Institutionen können darüber hinaus weitere Portale, Längsschnittuntersuchungen oder Datenbanken anbieten; Portale bzw. Datenbanken decken oft ein breiteres disziplinäres Spektrum ab; Forschungsdatenzentren gewähren ferner Zugang zu weiteren Erhebungsdaten. In der Beschreibung der Ressourcen werden nur Registerbegriffe verwendet, die für unsere Kernfächer Soziologie, Politikwissenschaften, Pädagogik und Psychologie relevant sind. Um dennoch einen Hinweis auf disziplinäre Breite zu geben, haben wir den Begriff „fachübergreifend" gewählt.

Unser besonderer Dank gilt den zahlreichen Informationsanbietern, die uns auf unsere Nachfragen geduldig Auskunft gaben. Wir danken allen Kolleginnen und Kollegen der GESIS – insbesondere Bruno Hopp, die uns stets mit Rat und Anregungen zur Seite standen. Nicht zuletzt gilt unser Dank dem Springer VS-Verlag, der unsere Publikationsidee von Anfang an sehr nachdrücklich unterstützt hat.

Wolfgang Mallock   Udo Riege   Matthias Stahl

Berlin und Köln im Juni 2015

Institutionen

Vorbemerkungen

Institutionen sind Träger von Informationsangeboten. Vor allem sind sie aber Wirkungsstätte der Menschen, die diese Angebote konzipieren, erstellen, inhaltlich und technisch betreuen. Diese Experten sind wertvolle Gesprächspartner auf dem Weg zum zielgenauen Auffinden von Informationen; sie beraten zum Umgang mit den jeweiligen Quellen. Aus diesen Gründen werden zusätzlich zu den unmittelbaren Informationsquellen auch die Institutionen beschrieben.

Der Fokus dieses Buch liegt auf Einrichtungen aus den Wissenschaftssystemen des deutschsprachigen Raumes - insbesondere Deutschlands - ergänzt um die für die Community wesentlichen internationalen Informationsanbieter. Neben den wissenschaftlichen Einrichtungen der universitären und außeruniversitären Forschung wurden auch wissenschaftsunterstützende Einrichtungen (bspw. Bibliotheken und deren Verbünde), Bundesbehörden und -ämter, Einrichtungen der Ressortforschung und kommerziell tätige Einrichtungen berücksichtigt. In der Beschreibung der Einrichtungen sind jeweils nur diejenigen Forschungsdatenzentren, Portale; Längsschnittuntersuchungen und Datenbanken aufgeführt, die zum Profil des Buches passen.

Ebenso wurden Einrichtungen mit aufgenommen, die zwar nicht über Informationsangebote im Sinne dieses Buches verfügen, in der Wissenschaftslandschaft aber eine herausragende Rolle einnehmen und Informationssuchende durch Beratung unterstützen können, bspw. das Wissenschaftszentrum Berlin für Sozialforschung (WZB, siehe Nr. 86) oder der Rat für Sozial- und Wirtschaftsdaten (RatSWD, siehe Nr. 69).

Für die meisten der hier aufgenommenen Institutionen gilt, dass sie fachlich breiter ausgerichtet sind als der disziplinäre Rahmen dieses Buches. Für das Register werden jedoch nur solche Begriffe verwendet, die für Soziologie, Politikwissenschaften, Pädagogik und Psychologie relevant sind. Für die darüber hinaus gehende fachliche Ausrichtung wird im Register der Begriff „fachübergreifend" zur ergänzenden Charakterisierung verwendet.

Inhalt

American Psychological Association; PsycINFO Department (APA) 15
Archiv für die Geschichte der Soziologie in Österreich (AGSÖ) 15
Bayerische Staatsbibliothek (BSB) 15
Bibliotheksservice-Zentrum Baden-Württemberg (BSZ) 16
Bundesamt für Kartographie und Geodäsie (BKG) 16
Bundesinstitut für Bau-, Stadt- und Raumforschung (BBSR) 17
Bundesinstitut für Berufsbildung (BIBB) 17
Bundesinstitut für Bevölkerungsforschung (BiB) 18
Bundesinstitut für Sportwissenschaft (BISp) 18
Bundeszentrale für gesundheitliche Aufklärung (BZgA) 19
City University London, Centre for Comparative Social Surveys (CCSS) 20
Deutsche Forschungsgemeinschaft (DFG) 20
Deutsche Nationalbibliothek (DNB) 21
Deutsche Zentralbibliothek für Wirtschaftswissenschaften - Leibniz-
Informationszentrum Wirtschaft (ZBW) 21
Deutsches Forschungsinstitut für öffentliche Verwaltung Speyer (FÖV) 22
Deutsches Institut für Erwachsenenbildung - Leibniz-Zentrum für
Lebenslanges Lernen (DIE) 22
Deutsches Institut für Internationale Pädagogische Forschung (DIPF) 23
Deutsches Institut für Urbanistik (Difu) 24
Deutsches Institut für Wirtschaftsforschung (DIW) 25
Deutsches Jugendinstitut (DJI) 25
Deutsches Zentralinstitut für soziale Fragen (DZI) 26
Deutsches Zentrum für Altersfragen (DZA) 26
Deutsches Zentrum für Hochschul- und Wissenschaftsforschung (DZHW) 27
EBSCO Information Services 28
Elsevier Inc. 28
Europäisches Dokumentationszentrum (EDZ) der Universitätsbibliothek
Mannheim 29
FORS - Swiss Centre of Expertise in the Social Sciences 29
Forsa Gesellschaft für Sozialforschung und statistische Analysen mbH 30
Forschungsgemeinschaft Urlaub und Reisen (FUR) 31
Forschungsgruppe Wahlen (FGW) 31
Forschungsinstitut zur Zukunft der Arbeit (IZA) 32
Fraunhofer-Informationszentrum Raum und Bau (Fraunhofer IRB) 32
Fraunhofer-Institut für System- und Innovationsforschung (ISI) 33
Friedrich-Ebert-Stiftung (FES) 33
GBI-Genios Deutsche Wirtschaftsdatenbank GmbH 34

Gemeinsamer Bibliotheksverbund (GBV) 35
Georg-Eckert-Institut - Leibniz-Institut für internationale Schulbuch-
forschung (GEI) 35
German Institute of Global and Area Studies (GIGA) 36
GESIS - Leibniz-Institut für Sozialwissenschaften 36
Google Inc. 38
Hochschulbibliothekszentrum des Landes Nordrhein-Westfalen (hbz) 38
Infratest dimap 39
Institut de l'information scientifique et technique (INIST) des Centre national
de la recherche scientifique (CNRS) (INIST-CNRS) 39
Institut für Arbeitsmarkt- und Berufsforschung der Bundesagentur für
Arbeit (IAB) 40
Institut für Forschungsinformation und Qualitätssicherung (iFQ) 41
Institut für Schulentwicklungsforschung (IFS) 41
Institut für Verkehrsforschung des Deutschen Zentrums für Luft- und
Raumfahrt 42
Institute for Futures Studies (IF) 42
Kooperativer Bibliotheksverbund Berlin-Brandenburg (KOBV) 43
Leibniz-Institut für Bildungsverläufe (LIfBi) 43
Leibniz-Institut für die Pädagogik der Naturwissenschaften und
Mathematik (IPN) 44
Leibniz-Institut für Länderkunde (ifl) 44
Leibniz-Zentrum für Psychologische Information und Dokumentation (ZPID) . 45
Library of Congress (LoC) 46
LIS - Cross-National Data Center in Luxembourg 46
Mannheimer Zentrum für Europäische Sozialforschung (MZES) 46
Max-Planck-Institut für Bildungsforschung (MPIB-Berlin) 47
Max-Planck-Institut für demografische Forschung (MPIDR) 47
Max-Planck-Institut für Gesellschaftsforschung (MPIfG) 48
Munich Center for the Economics of Aging (MEA) 49
National Center for Biotechnology Information (NCBI) 49
Nationale Kohorte (NaKo) 50
Online Computer Library Center (OCLC) 50
Organisation for Economic Co-operation and Development (OECD) 50
Österreichische Bibliothekenverbund und Service GmbH (OBVSG) 51
Österreichische Nationalbibliothek (ÖNB) 52
Population Europe 52
ProQuest 52
Rat für Sozial-und Wirtschaftsdaten (RatSWD) 53
Robert Koch-Institut (RKI) 55

Schweizerische Nationalbibliothek (NB) 55
Servicestelle für Elektronische ForschungsförderInformationen (ELFI) 56
Springer VS 56
Staats- und Universitätsbibliothek Hamburg Carl von Ossietzky 56
Staatsbibliothek zu Berlin - Preußischer Kulturbesitz (SBB-PK / SPK) 57
Statistisches Amt der Europäischen Union (Eurostat) 58
Statistisches Bundesamt (destatis) 58
Stiftung Preußischer Kulturbesitz (SPK) 59
Stiftung Wissenschaft und Politik - Deutsches Institut für Internationale
Politik und Sicherheit (SWP) 60
Thomson Reuters Corporation 60
Umweltbundesamt (UBA) 61
Universitäts- und Stadtbibliothek Köln 61
Universitätsbibliothek Bielefeld 62
Universitätsbibliothek Johann Christian Senckenberg Frankfurt am Main 62
Universitätsbibliothek Regensburg 63
Wissenschaftszentrum Berlin für Sozialforschung (WZB) 63

[1] American Psychological Association; PsycINFO Department (APA)

"The American Psychological Association is the largest scientific and professional organization representing psychology in the United States, with more than 122,500 researchers, educators, clinicians, consultants and students as its members."[5]
Homepage: www.apa.org
Fachgebiet: Psychologie
Datenbank:
- PsycINFO® (siehe Nr. 348)

[2] Archiv für die Geschichte der Soziologie in Österreich (AGSÖ)

„Das ‚Archiv für die Geschichte der Soziologie in Österreich' (AGSÖ) wurde 1987 als eine Sondereinrichtung der ‚Österreichischen Gesellschaft für Soziologie' an der Karl-Franzens-Universität Graz gegründet. Seit 2006 ist das Archiv ein Verein ... Die Aktivitäten des Archivs umfassen drei Bereiche:
- Sammeln wissenschaftshistorisch relevanter Dokumente (Nachlässe, Tondokumente, Bilder, Druckwerke)
- Forschungen zur Geschichte der Sozialwissenschaften unter besonderer Berücksichtigung Österreichs
- Öffentlichkeitsarbeit (Publikationen, Ausstellungen, Websites)

Das Archiv steht allen Interessierten kostenlos und unter den Bedingungen der BenutzerInnenordnung ... zur Verfügung."[6]
Homepage: http://agso.uni-graz.at/webarchiv/agsoe02/archiv/archiv.htm
Fachgebiete: audiovisuelle Medien; Geschichte der Soziologie; Sozialwissenschaften; Soziologie; Wissenschaftsforschung
Portal:
- Internetlexikon „50 Klassiker der Soziologie" (siehe Nr. 151)

[3] Bayerische Staatsbibliothek (BSB)

Die Bayerische Staatsbibliothek München „ist eine der bedeutendsten europäischen Universalbibliotheken und genießt als internationale Forschungsbiblio-

---

[5] www.apa.org/about/index.aspx. Zugegriffen: 01. Juni 2015
[6] http://agso.uni-graz.at/webarchiv/agsoe02/archiv/archiv.htm. Zugegriffen: 01. Juni 2015

thek Weltrang. Gemeinsam mit der Staatsbibliothek zu Berlin und der Deutschen Nationalbibliothek in Frankfurt und Leipzig bildet sie die virtuelle Nationalbibliothek Deutschlands. Sie ist die zentrale Landes- und Archivbibliothek des Freistaates Bayern. Mit 10 Millionen Bänden, rund 63.000 laufenden Zeitschriften in elektronischer und gedruckter Form und ca. 97.000 Handschriften gehört die Bayerische Staatsbibliothek zu den bedeutendsten Wissenszentren der Welt."[7]
Homepage: www.bsb-muenchen.de
Fachgebiete: Bildung; fachübergreifend; Kultur; Pädagogik; Politikwissenschaft; Psychologie; Soziologie
Portale:
- Biographie-Portal (siehe Nr. 116)
- Gateway Bayern (siehe Nr. 135)

[4] Bibliotheksservice-Zentrum Baden-Württemberg (BSZ)

„Das Bibliotheksservice-Zentrum Baden-Württemberg (BSZ) ist ein Dienstleister für wissenschaftliche und öffentliche Bibliotheken, Archive und Museen und bietet Datenbanken, Portale, Support, Hosting und weitere Services an."[8]
Homepage: www.bsz-bw.de
Fachgebiet: IT-Dienstleistungen für Bibliotheken
Portal:
- SWB Online-Katalog des Südwestdeutschen Bibliotheksverbundes (siehe Nr. 193)

[5] Bundesamt für Kartographie und Geodäsie (BKG)

„Zu den vielfältigen Aufgaben des Bundesamtes für Kartographie und Geodäsie (BKG) zählt die Bereitstellung geodätischer Referenzdaten und Geobasisdaten für Bundeseinrichtungen, öffentliche Verwaltung, Wirtschaft, Wissenschaft und Bürger. ... Das Produktspektrum umfasst Geodaten, Landkarten, Schriften, Referenzsysteme und Informationsdienste. Über die Grenzen Deutschlands hinaus trägt das BKG in enger Zusammenarbeit mit seinen europäischen und internationalen Partnern zum Aufbau einer europäischen und globalen Geodaten-Infrastruktur bei."[9]

---

[7] www.bsb-muenchen.de/Kurzportraet.263.0.html. Zugegriffen: 01. Juni 2015
[8] www.bsz-bw.de. Zugegriffen: 01. Juni 2015
[9] www.bkg.bund.de. Zugegriffen: 01. Juni 2015

Institutionen 17

Homepage: www.bkg.bund.de
Fachgebiete: Geodaten; Raumplanung
Portal:
- Geoportal.de (siehe Nr. 140)

[6] Bundesinstitut für Bau-, Stadt- und Raumforschung (BBSR)

„Das Bundesinstitut für Bau-, Stadt- und Raumforschung (BBSR) im Bundesamt für Bauwesen und Raumordnung (BBR) ist eine Ressortforschungseinrichtung im Geschäftsbereich des Bundesministeriums für Umwelt, Naturschutz, Bau und Reaktorsicherheit (BMUB). Die Wissenschaftlerinnen und Wissenschaftler unterstützen das Ministerium in den Politikfeldern Stadt- und Raumentwicklung, Wohnungs- und Immobilienwesen sowie Bauwesen. ... Das Bundesinstitut arbeitet an der Schnittstelle von Politik, Forschung und Praxis."[10]
Homepage: www.bbsr.bund.de
Fachgebiete: Bevölkerung; Geodaten; Lebensbedingungen; Lebensqualität; Raumentwicklung; Raumplanung; Stadtentwicklung; Umwelt; Verkehr; Wohnen
Portal:
- Raumbeobachtung.de (siehe Nr. 175)

[7] Bundesinstitut für Berufsbildung (BIBB)

„Das Bundesinstitut für Berufsbildung (BIBB) ist das anerkannte Kompetenzzentrum zur Erforschung und Weiterentwicklung der beruflichen Aus- und Weiterbildung in Deutschland. Das BIBB identifiziert Zukunftsaufgaben der Berufsbildung, fördert Innovationen in der nationalen wie internationalen Berufsbildung und entwickelt neue, praxisorientierte Lösungsvorschläge für die berufliche Aus- und Weiterbildung. ... Mit seinen Forschungs- und Entwicklungsarbeiten sowie Beratungsaktivitäten trägt das BIBB dazu bei, durch zukunftsfähige Qualifikationen die wirtschaftliche und berufliche Zukunft der Menschen zu sichern und den Standort Deutschland wettbewerbsfähig zu halten."[11]
Homepage: www.bibb.de
Fachgebiete: Ausbildung; berufliche Weiterbildung; Berufsbildung; Berufsforschung; überbetriebliche Ausbildung

---

[10] www.bbsr.bund.de > Das Bundesinstitut. Zugegriffen: 01. Juni 2015
[11] www.bibb.de/de/institut.php. Zugegriffen: 01. Juni 2015

Datenbank:
- Literaturdatenbank Berufliche Bildung (siehe Nr. 332)

Forschungsdatenzentrum:
- FDZ des Bundesinstituts für Berufsbildung (siehe Nr. 97)

[8] Bundesinstitut für Bevölkerungsforschung (BiB)

„Der demografische Wandel stellt eine der großen Herausforderungen für Politik, Verwaltung, Wirtschaft, Länder und Kommunen sowie für jeden Einzelnen in unserer Gesellschaft dar. ... Die Erforschung der Ursachen und Folgen der demografischen Entwicklungen in Deutschland wird auch zukünftig die zentrale wissenschaftliche Aufgabe des Bundesinstituts für Bevölkerungsforschung bleiben. Die Tätigkeit des Instituts ist daher durch bevölkerungswissenschaftliche Forschung, Politikberatung und Information der Öffentlichkeit über demografische Sachverhalte gekennzeichnet. Die Forschung ist auf die drei Themenfelder ‚Familie und Fertilität', ‚Migration und Mobilität' sowie ‚Demografischer Wandel und Alterung' fokussiert. Innerhalb der Schwerpunkte stehen europäisch vergleichende Studien sowie differentielle Analysen zu regionalen und sozialstrukturellen Disparitäten im Mittelpunkt."[12]

Homepage: www.bib-demografie.de
Fachgebiete: ältere Arbeitnehmer; Altersaufbau; Bevölkerung; Demografie; Familie; Migration; Mobilität
Portal:
- Demografieportal des Bundes und der Länder (siehe Nr. 123)

[9] Bundesinstitut für Sportwissenschaft (BISp)

„Das Bundesinstitut für Sportwissenschaft (BISp) hat die Aufgabe, Forschungsbedarf zu ermitteln und Forschungsvorhaben auf dem Gebiet des Sports (Ressortforschung) zu initiieren, zu fördern und zu koordinieren, die Forschungsergebnisse auszuwerten und den Transfer der Forschungsergebnisse in die Praxis in Zusammenarbeit mit dem Sport zielgruppenorientiert vorzunehmen. Dies gilt insbesondere für die Bereiche Spitzensport einschließlich Nachwuchsförderung und Talentsuche, Sportgeräte, Dopinganalytik, Fragestellungen zur Sportentwicklung, die für die Bundesrepublik Deutschland als Ganzes von Bedeutung

---

[12] www.bib-demografie.de > Forschung. Zugegriffen: 01. Juni 2015

sind und durch ein Bundesland allein nicht wirksam gefördert werden können, und Dokumentation. Das BISp wirkt auf dem Gebiet des Sportstättenbaus und der Sportgeräte an der nationalen und internationalen Normung mit. ... Ferner hat das BISp die Aufgabe, das Bundesministerium des Innern bei seiner Aufgabenerfüllung auf dem Gebiet des Sports fachlich zu beraten."[13]
Homepage: www.bisp.de
Fachgebiete: audiovisuelle Medien; Doping; Sport; Sportpsychologie; Sportsoziologie; Sportwissenschaft; Trainingswissenschaft
Datenbanken:
- Fachinformationsführer Sport - Sportwissenschaftliche Internetquellen (siehe Nr. 301)
- SPOFOR - Sportwissenschaftliche Forschungsprojekte (siehe Nr. 361)
- SPOLIT - Sportwissenschaftliche Literatur (siehe Nr. 362)
- SPOMEDIA - Audiovisuelle Medien (siehe Nr. 363)

Portale:
- Internetportal Sportpsychologie (siehe Nr. 152)
- Sportwissenschaftliches Informations-Forum SPORTIF (siehe Nr. 186)

[10] Bundeszentrale für gesundheitliche Aufklärung (BZgA)

„Die Bundeszentrale für gesundheitliche Aufklärung (BZgA) ist eine Behörde im Geschäftsbereich des Bundesministeriums für Gesundheit. ... Die Informationsangebote der BZgA über gesundheitliche Risiken, über Möglichkeiten zu einer gesunden Lebensführung sowie über die präventiven Angebote des Gesundheitssystems sollen den Bürgerinnen und Bürgern helfen, Verantwortung für ihre Gesundheit zu übernehmen und das Gesundheitssystem sachgerecht zu nutzen. Massenmediale Angebote der BZgA machen auf gesundheitsrelevante Themen und Probleme aufmerksam und vermitteln grundlegende Informationen darüber, personalkommunikative Aktivitäten zielen vor allem ab auf eine vertiefende Auseinandersetzung mit diesen Themen. Die Vermittlung und Stärkung von Kommunikations- und Handlungskompetenzen als Voraussetzung für die Fähigkeit, den Lebensalltag zu gestalten, Problemsituationen zu meistern und einen gesundheitsförderlichen Lebensstil zu entwickeln, ist ein wichtiger Ansatzpunkt der Präventionsarbeit der BZgA."[14]
Homepage: www.bzga.de

---

[13] www.bisp.de > BISp im Profil > Aufgaben. Zugegriffen: 01. Juni 2015
[14] www.bzga.de/themenschwerpunkte. Zugegriffen: 01. Juni 2015

Fachgebiete: AIDS; Alkohol; Drogen; Gesundheit; Gesundheitspolitik; Prävention; Sexualität; Sucht; Suchtberatung
Forschungsdatenzentrum:
- FDZ der Bundeszentrale für gesundheitliche Aufklärung (siehe Nr. 93)

[11] City University London, Centre for Comparative Social Surveys (CCSS)

"Established in 2003, the Centre for Comparative Social Surveys is host to the European Social Survey (ESS), a multination initiative designed to monitor and explain trends in attitudes, beliefs and values across countries in Europe (and its close neighbours). In December 2013 the ESS became a European Research Infrastructure Consortium (ERIC), with its Headquarters located within the CCSS."[15]

Homepage: www.city.ac.uk/arts-social-sciences/sociology/research/centre-for-comparative-social-surveys

Fachgebiete: Surveydesign; Umfrageforschung

Längsschnittuntersuchung:
- European Social Survey (siehe Nr. 230)

[12] Deutsche Forschungsgemeinschaft (DFG)

„Die Deutsche Forschungsgemeinschaft ist die Selbstverwaltungsorganisation der Wissenschaft in Deutschland. ... Ihre Mitglieder sind forschungsintensive Hochschulen, außeruniversitäre Forschungseinrichtungen, wissenschaftliche Verbände sowie die Akademien der Wissenschaften. Die DFG erhält ihre finanziellen Mittel zum größten Teil von Bund und Ländern, die in allen Bewilligungsgremien vertreten sind."

„Die Kernaufgabe der DFG besteht in der wettbewerblichen Auswahl der besten Forschungsvorhaben von Wissenschaftlerinnen und Wissenschaftlern an Hochschulen und Forschungsinstituten und in deren Finanzierung."[16]

Homepage: www.dfg.de

---

[15] www.city.ac.uk/arts-social-sciences/sociology/research/centre-for-comparative-social-surveys. Zugegriffen: 01. Juni 2015

[16] www.dfg.de/dfg_profil/aufgaben/wer_wir_sind und www.dfg.de/dfg_profil/aufgaben/forschungsfoerderung_wettbewerb. Zugegriffen: 01. Juni 2015

Fachgebiete: Bildung; fachübergreifend; Forschungsförderung; Kultur; Pädagogik; Politikwissenschaft; Psychologie; Soziologie
Datenbanken:
- GEPRIS - Informationssystem zu DFG-geförderten Projekten (siehe Nr. 314)
- Instrumentenkasten zu den Forschungsorientierten Gleichstellungsstandards (siehe Nr. 325)

Portale:
- Research Explorer (siehe Nr. 177)
- RIsources (siehe Nr. 179)

[13] Deutsche Nationalbibliothek (DNB)

„Die Deutsche Nationalbibliothek hat die Aufgabe, lückenlos alle deutschen und deutschsprachigen Publikationen ab 1913, im Ausland erscheinende Germanica und Übersetzungen deutschsprachiger Werke sowie die zwischen 1933 und 1945 erschienenen Werke deutschsprachiger Emigranten zu sammeln, dauerhaft zu archivieren, bibliografisch zu verzeichnen sowie der Öffentlichkeit zur Verfügung zu stellen."[17]
Homepage: www.dnb.de
Fachgebiete: Bildung; fachübergreifend; Kultur; Pädagogik; Politikwissenschaft; Psychologie; Soziologie
Datenbank:
- Katalog der Deutschen Nationalbibliothek (siehe Nr. 330)

[14] Deutsche Zentralbibliothek für Wirtschaftswissenschaften - Leibniz-Informationszentrum Wirtschaft (ZBW)

„Die ZBW - Leibniz-Informationszentrum Wirtschaft ist das weltweit größte Informationszentrum für wirtschaftswissenschaftliche Literatur mit einem überregionalen Auftrag - online wie offline. Die Einrichtung beherbergt rund 4 Millionen Bände und 26.000 laufend gehaltene Zeitschriften. Daneben stellt die ZBW mit EconStor, dem digitalen Publikationsserver, die wohl am schnellsten wachsende Sammlung von Open-Access-Dokumenten im Internet zur Verfügung. Mit EconBiz, dem Fachportal für internationale wirtschaftswissenschaftliche Fachin-

---

[17] www.dnb.de/DE/Wir/wir_node.html. Zugegriffen: 01. Juni 2015

formationen, können Studierende oder Wissenschaftler/innen in Millionen von Datensätzen recherchieren."[18]
Homepage: www.zbw.eu
Fachgebiete: fachübergreifend; Wirtschaftswissenschaften
Datenbank:
- Economics Information System (siehe Nr. 296)

Portale:
- da|ra - Registrierungsagentur für Sozial- und Wirtschaftsdaten (siehe Nr. 120)
- EconStor (siehe Nr. 127)
- Fachportal EconBiz (siehe Nr. 131)

[15] Deutsches Forschungsinstitut für öffentliche Verwaltung Speyer (FÖV)

„Das Forschungsinstitut begreift sich als die zentrale deutsche Forschungseinrichtung auf dem Gebiet der Verwaltungswissenschaften. Mit seiner interdisziplinären Ausrichtung liefert es vielfältige Ansatzpunkte für fachübergreifende Forschungsvorhaben. Gemäß seinem Motto ‚Forschung über und für öffentliche Verwaltung' führt das Forschungsinstitut einerseits Forschungsprojekte und wissenschaftliche Fachveranstaltungen durch, andererseits bietet es Beratungsangebote für die öffentliche Verwaltung und die Politik an."[19]
Homepage: www.foev-speyer.de
Fachgebiet: Verwaltungswissenschaft
Datenbank:
- FÖV-Projektdatenbank (siehe Nr. 308)

[16] Deutsches Institut für Erwachsenenbildung - Leibniz-Zentrum für Lebenslanges Lernen (DIE)

„Das DIE ist ein außeruniversitäres Forschungsinstitut und eine Infrastruktureinrichtung, die als kompetenter Ansprechpartner und wissenschaftlicher Dienstleister für alle Institutionen fungiert, die sich mit ihrer Arbeit der Erwachsenenbildung und dem lebenslangen Lernen verpflichten. Mit seiner Forschung und seinen wissenschaftlichen Dienstleistungen trägt das DIE zur nationalen und in-

---

[18] www.zbw.eu/de/ueber-uns/profil/wer-ist-die-zbw. Zugegriffen: 01. Juni 2015
[19] www.foev-speyer.de/ueberuns/aufgaben.asp. Zugegriffen: 01. Juni 2015

ternationalen Entwicklung und Vernetzung der Erwachsenenbildung bei. Die Arbeit des DIE dient dem übergeordneten gesellschaftspolitischen Ziel, das Lernen und die Bildung Erwachsener auszuweiten und erfolgreicher zu machen und so persönliche Entfaltung, gesellschaftliche Teilhabe und Beschäftigungsfähigkeit für die gesamte erwachsene Bevölkerung Deutschlands zu verbessern. Die Aufgaben des DIE erstrecken sich, seinem Auftrag gemäß, auf zwei Schwerpunkte: die Wissenschaft von der Erwachsenenbildung und ihr Praxisfeld miteinander zu verbinden und beide durch Daten und Informationen zu unterstützen sowie eigene Forschungs- und Entwicklungsarbeiten zu erbringen."[20]
Homepage: www.die-bonn.de
Fachgebiete: Ausbildung; berufliche Weiterbildung; Berufsbildung; Erwachsenenbildung; Lernende; Pädagogik; überbetriebliche Ausbildung
Datenbank:
- DIE-Literaturdatenbank zur Erwachsenenbildung (siehe Nr. 293)

[17] Deutsches Institut für Internationale Pädagogische Forschung (DIPF)

„Das Institut unterstützt Bildungsforschung, Bildungsadministration, Bildungspraxis und die gesamte Bildungsöffentlichkeit durch eigene Forschung, gezielte Transferaktivitäten, das Bereitstellen von umfassenden Informations- und Forschungsinfrastrukturen sowie durch soziale Infrastrukturleistungen. Mit seinen sozial- und geisteswissenschaftlichen Forschungsaktivitäten in Bezug auf die systemische, die institutionelle und die individuelle Ebene von Bildungsprozessen trägt das DIPF in vielen Bildungsbereichen zur kritischen Reflexion und zur Ausarbeitung von Qualitäts-, Steuerungs- und Entwicklungskonzepten bei. ... Die Forschungs- und Informationsinfrastrukturen am DIPF dienen dazu, alle genuinen Felder der Bildungsforschung und Erziehungswissenschaft sowie den Transfer in die professionelle Praxis digital zu unterstützen."[21]
Homepage: www.dipf.de
Fachgebiete: Bildung; Bildungsforschung; Bildungspolitik; Bildungssystem; Bildungswesen; Pädagogik
Datenbanken:
- Datenbank zur Qualität von Schule (siehe Nr. 290)
- FIS Bildung Literaturdatenbank (siehe Nr. 303)
- Zeitungsdokumentation Bildungswesen (siehe Nr. 369)

---

[20] www.die-bonn.de/Institut. Zugegriffen: 01. Juni 2015
[21] www.dipf.de > Über uns > DIPF – Wissen über Bildung. Zugegriffen: 01. Juni 2015

Forschungsdatenzentrum:
- FDZ Bildung am DIPF (siehe Nr. 91)

Portale:
- Bildung weltweit (siehe Nr. 115)
- Deutscher Bildungsserver (siehe Nr. 125)
- Fachportal Pädagogik (siehe Nr. 132)
- Informationssystem Medienpädagogik (siehe Nr. 149)
- Open access Repositorium peDOCS (siehe Nr. 164)

[18] Deutsches Institut für Urbanistik (Difu)

„Das Deutsche Institut für Urbanistik (Difu) ist als größtes Stadtforschungsinstitut im deutschsprachigen Raum die Forschungs-, Fortbildungs- und Informationseinrichtung für Städte, Gemeinden, Landkreise, Kommunalverbände und Planungsgemeinschaften. Ob Stadt- und Regionalentwicklung, kommunale Wirtschaft, Städtebau, soziale Themen, Umwelt, Verkehr, Kultur, Recht, Verwaltungsthemen oder Kommunalfinanzen: Das 1973 gegründete unabhängige Berliner Institut - mit einem weiteren Standort in Köln (Bereich Umwelt) - bearbeitet ein umfangreiches Themenspektrum und beschäftigt sich auf wissenschaftlicher Ebene praxisnah mit allen Aufgaben, die Kommunen heute und in Zukunft zu bewältigen haben."[22]

Homepage: www.difu.de
Fachgebiete: Kommunalpolitik; Kultur; Regionalentwicklung; Stadtentwicklung; Stadtplanung; Umwelt; Verkehr; Verwaltungswissenschaft
Datenbank:
- ORLIS - Die kommunale Literaturdatenbank (siehe Nr. 334)

Portale:
- Kommunalweb - Das Portal für kommunale Forschung und Praxis (siehe Nr. 157)
- Urbadoc - Das europäische Datenbankangebot zu Kommunalpraxis und -forschung (siehe Nr. 196)

---

[22] www.difu.de/institut. Zugegriffen: 01. Juni 2015

[19] Deutsches Institut für Wirtschaftsforschung (DIW)

„Das DIW Berlin - Deutsches Institut für Wirtschaftsforschung ist eines der größten Wirtschaftsforschungsinstitute in Deutschland. Die Kernaufgaben sind anwendungsorientierte Grundlagenforschung, wirtschaftspolitische Beratung und das Bereitstellen von Forschungsinfrastruktur. ... Seit 1982 wird auch die Forschungsinfrastruktureinrichtung SOEP, eine Langzeitstudie am DIW Berlin, gefördert."[23]

Homepage: www.diw.de
Fachgebiete: Wirtschaftsforschung; Wirtschaftspolitik; Wirtschaftswissenschaften
Forschungsdatenzentrum:
- FDZ des Sozio-oekonomischen Panels (siehe Nr. 101)

Längsschnittuntersuchung:
- Sozio-oekonomisches Panel (siehe Nr. 267)

[20] Deutsches Jugendinstitut (DJI)

„Das Deutsche Jugendinstitut e.V. (DJI) ist eines der größten sozialwissenschaftlichen Institute für Forschung und Entwicklung in Deutschland in den Themenbereichen Kindheit, Jugend, Familie und den darauf bezogenen Politik- und Praxisfeldern. Als außeruniversitäre Einrichtung an der Schnittstelle zwischen unterschiedlichen wissenschaftlichen Disziplinen, föderalen Ebenen, Akteursgruppen, Politikbereichen und Fachpraxen bietet das DJI verwertbare Erkenntnisse aus der empirischen Forschung, zeitnahe wissenschaftsbasierte Beratung der Politik sowie wissenschaftliche Begleitung und Anregung der Fachpraxis. Gleichzeitig fungiert das DJI als Vermittlungsinstanz zwischen Wissenschaft, Politik und Fachpraxis."[24]

Homepage: www.dji.de
Fachgebiete: Familie; Familienforschung; Familienpolitik; Jugend; Jugendforschung; Kindheit
Datenbanken:
- Datenbank Apps für Kinder (siehe Nr. 289)
- Forschungsdatenbank Frühe Hilfen (siehe Nr. 307)

---

[23] www.diw.de > Über uns. Zugegriffen: 01. Juni 2015
[24] www.dji.de > Das DJI. Zugegriffen: 01. Juni 2015

- Literaturdatenbank des Informationszentrums Kindesmisshandlung / Kindesvernachlässigung (siehe Nr. 333)
- Regionaldatenbank (siehe Nr. 350)

Forschungsdatenzentrum:
- FDZ des Deutschen Jugendinstituts (siehe Nr. 98)

Längsschnittuntersuchung:
- Aufwachsen in Deutschland: Alltagswelten (siehe Nr. 209)

[21] Deutsches Zentralinstitut für soziale Fragen (DZI)

„Seit über 100 Jahren sammelt und dokumentiert das DZI Informationen über die Soziale Arbeit in Deutschland. Mit einer der größten Fachbibliotheken im deutschsprachigen Raum und einer umfangreichen Literaturdatenbank gehört das DZI zu den wichtigen Dokumentations- und Auskunftsstellen für soziale Fragestellungen."[25]
Homepage: www.dzi.de
Fachgebiete: Soziale Arbeit; soziale Probleme; Sozialpolitik; Wohlfahrtspflege
Datenbank:
- DZI SoLit (siehe Nr. 295)

[22] Deutsches Zentrum für Altersfragen (DZA)

„Das Deutsche Zentrum für Altersfragen ist ein auf dem Gebiet der sozial- und verhaltenswissenschaftlichen Gerontologie tätiges wissenschaftliches Forschungsinstitut, dessen Zweck es laut Satzung ist, ‚Erkenntnisse über die Lebenslage alternder und alter Menschen zu erweitern, zu sammeln, auszuwerten, aufzubereiten und zu verbreiten, damit dieses Wissen mit Blick auf die mit dem Altern der Bevölkerung einhergehenden gesellschaftlichen und sozialpolitischen Herausforderungen im Sinne einer wissenschaftlich unabhängigen Politikberatung nutzbar gemacht werden kann'."[26]
Homepage: www.dza.de
Fachgebiete: ältere Arbeitnehmer; Alternsforschung; Bevölkerung; Gerontologie; Lebensbedingungen; Lebensqualität; Sozialpolitik

---

[25] www.dzi.de. Zugegriffen: 01. Juni 2015
[26] www.dza.de. Zugegriffen: 01. Juni 2015

Datenbank:
- GeroLit - Der Online Katalog (siehe Nr. 316)

Forschungsdatenzentrum:
- FDZ des Deutschen Zentrums für Altersfragen (siehe Nr. 99)

Längsschnittuntersuchungen:
- Deutscher Alterssurvey (siehe Nr. 214)
- Deutscher Freiwilligensurvey (siehe Nr. 215)

Portal:
- Statistischen Informationssystem GeroStat (siehe Nr. 189)

[23] Deutsches Zentrum für Hochschul- und Wissenschaftsforschung (DZHW)

„Das Deutsche Zentrum für Hochschul- und Wissenschaftsforschung (DZHW GmbH) betreibt anwendungsorientierte Grundlagenforschung im Bereich des Hochschulwesens. ... Das DZHW widmet sich in fünf Arbeitsbereichen den folgenden Aufgaben und Forschungsfeldern: Das Zentrum hat erstens den Auftrag, Forschungsvorhaben und Datenerhebungen nach wissenschaftlichen Qualitätsstandards in der Hochschul- und Wissenschaftsforschung durchzuführen. Profilbildend sind seine deutschlandweit einzigartigen Langzeitstudien zu Studienberechtigten, Studienanfänger(inne)n, Studierenden und Hochschulabsolvent(inn)en sowie seine wissenschaftlichen Untersuchungen zu Prozessen des lebenslangen Lernens und der Hochschulsteuerung und -finanzierung. Daneben erbringt das Zentrum forschungsbasierte Dienstleistungen für die Hochschul- und Wissenschaftspolitik. Aufgabe des DZHW ist drittens die Bereitstellung von Forschungsinfrastruktur: Im DZHW entsteht ein Forschungsdatenzentrum für die deutsche Hochschul- und Wissenschaftsforschung, das die Daten des Zentrums und anderer datenerhebender Einrichtungen für die Forschung verfügbar macht."[27]

Homepage: www.dzhw.eu
Fachgebiete: Berufsforschung; Bildung; Bildungsforschung; Bildungspolitik; Hochschule; Studium; Wissenschaftsforschung
Portale:
- BMBF-Datenportal zu Bildung und Forschung (siehe Nr. 117)

---

[27] www.dzhw.eu > Über das DZHW. Zugegriffen: 01. Juni 2015

- ICEland: Informationssystem für die Wissenschaftsressorts der Länderministerien (siehe Nr. 146)

[24] EBSCO Information Services

„EBSCO Information Services bietet integrierte Informationsquellen und Managementlösungen für elektronische und gedruckte Zeitschriften, Zeitschriftenpakete und 400.000 E-Books an, entwickelt und produziert Volltext- und Referenzdatenbanken und liefert damit Online-Zugang zu ca. 375 Datenbanken und Tausenden von elektronischen Zeitschriften. Insbesondere im Bereich der elektronischen Zeitschriften bietet EBSCO umfassende Dienstleistungen zur Unterstützung bei der Bestellung, Registrierung oder bei Zugriffsproblemen. EBSCOs umfassende Titeldatenbank enthält mehr als 355.000 Titeleinträge. EBSCO unterhält Geschäftsbeziehungen zu über 95.000 Verlagen und bietet spezialisierte Produkte und Serviceleistungen für Universitäts- und Firmenbibliotheken. EBSCO ist der Anbieter von EBSCO Discovery Service. EBSCO Discovery Service bietet jeder Einrichtung Zugang zu den Inhalten der gesamten Bibliothekskollektion über eine einzige integrierte Rechercheoberfläche."[28]
Homepage: www.ebsco.com
Fachgebiete: Bildung; fachübergreifend; Kultur; Pädagogik; Politikwissenschaft; Psychologie; Soziologie
Datenbanken:
- Political Science Complete (siehe Nr. 339)
- SocINDEX with Full Text (siehe Nr. 357)

[25] Elsevier Inc.

"Elsevier is a world-leading provider of information solutions that enhance the performance of science, health, and technology professionals, empowering them to make better decisions, deliver better care, and sometimes make groundbreaking discoveries, that advance the boundaries of knowledge and human progress. Elsevier provides web-based, digital solutions - among them ScienceDirect, Scopus, Elsevier Research Intelligence, and ClinicalKey - and publishes over 2,500 journals ... and more than 33,000 book titles ..."[29]
Homepage: www.elsevier.com

---

[28] www2.ebsco.com/de-de > Über EBSCO. Zugegriffen: 01. Juni 2015
[29] www.elsevier.com/about/at-a-glance. Zugegriffen: 01. Juni 2015

Fachgebiete: Bildung; fachübergreifend; Kultur; Pädagogik; Politikwissenschaft; Psychologie; Soziologie
Datenbanken:
- ScienceDirect (siehe Nr. 353)
- Scopus (siehe Nr. 354)

[26] Europäisches Dokumentationszentrum (EDZ) der Universitätsbibliothek Mannheim

„Das Europäische Dokumentationszentrum (EDZ) der Universitätsbibliothek Mannheim ist Teil eines umfangreichen Informationsnetzes, das seit Anfang der 60er Jahre weltweit durch die Europäischen Gemeinschaften geschaffen wurde. Zu den insgesamt 656 Dokumentationsstellen gehören in Deutschland 48 Europäische Dokumentationszentren. Ihre Aufgaben sind die Bereitstellung und Vermittlung von Informationen über die Europäische Union."

„Die Europäischen Dokumentationszentren haben die Aufgabe die Veröffentlichungen der EU zu katalogisieren und sie dem universitären Bereich sowie der interessierten Öffentlichkeit zugänglich zu machen."[30]

Homepage: www.bib.uni-mannheim.de/463.html
Fachgebiete: Europäische Kommission; europäische Organisationen; Europäische Union
Datenbank:
- ArchiDok (siehe Nr. 283)

Portal:
- Virtuelle Bibliothek des EDZ der Universitätsbibliothek Mannheim (siehe Nr. 197)

[27] FORS - Swiss Centre of Expertise in the Social Sciences

„FORS ist ein nationales Kompetenzzentrum für die Sozialwissenschaften mit folgenden Schwerpunkten:
- Erhebung von Daten im Rahmen von nationalen und internationalen Umfragen;
- Bereitstellung und Dokumentation von Datensätzen für Sekundäranalysen;

---

[30] www.bib.uni-mannheim.de/463.html und www.ub.uni-mannheim.de/?id=606. Zugegriffen: 01. Juni 2015

- Forschung im Bereich sozialwissenschaftlicher Themen, besonders Umfragemethoden;
- Beratung von Forschenden im In- und Ausland.

FORS arbeitet eng mit Forschenden sowie mit nationalen und internationalen sozialwissenschaftlichen Forschungseinrichtungen zusammen."[31]
Homepage: http://forscenter.ch/de
Fachgebiete: Bildung; fachübergreifend; Kultur; Pädagogik; Politikwissenschaft; Psychologie; Soziologie; Umfrageforschung
Datenbanken:
- FORS - Datenkatalog (siehe Nr. 304)
- FORS - Forschungsinventar (siehe Nr. 306)

Längsschnittuntersuchungen:
- Schweizer Haushalt-Panel (siehe Nr. 265)
- Schweizer Wahlstudie (siehe Nr. 266)

Portale:
- DARIS - Daten- und Forschungsinformationsservice (siehe Nr. 121)
- FORSbase (siehe Nr. 134)

[28] Forsa Gesellschaft für Sozialforschung und statistische Analysen mbH

„Im Rahmen der forsa. Sozialforschung in Berlin und Frankfurt am Main werden Projekte abgewickelt, die entweder von öffentlichen Auftraggebern (Ministerien auf Bundes- oder Landesebene; Kommunen etc.) oder anderen für die öffentliche Daseinsvorsorge verantwortlichen Institutionen und Organisationen in Auftrag gegeben werden. Die Ergebnisse und die daraus gezogenen Schlussfolgerungen sind oft Gegenstand des gesellschaftlichen und politischen Diskurses in Deutschland. Die forsa. Politikforschung wickelt alle oft von Medien in Auftrag gegebenen Projekte ab, die Erkenntnisse über den gegenwärtigen Status und die Veränderungen des politischen und gesellschaftlichen Systems liefern. Hierzu zählen auch Prognosen und Hochrechnungen an Wahlabenden."[32]
Homepage: www.forsa.de
Fachgebiete: Meinungsforschung; Nachwahlbefragung; Politische Einstellungen und Verhaltensweisen; Umfrageforschung; Wahlen; Wahlforschung; Wahlverhalten

---

[31] http://forscenter.ch/de/about-us-3/mandate. Zugegriffen: 01. Juni 2015
[32] www.forsa.de > Arbeitsbereiche. Zugegriffen: 01. Juni 2015

Längsschnittuntersuchung:
- Forsa-Bus (siehe Nr. 234)

[29] Forschungsgemeinschaft Urlaub und Reisen (FUR)

„Die Forschungsgemeinschaft Urlaub und Reisen wurde im Sommer 1994 als Verein von Forschungsnutzern gegründet, um branchenübergreifend, neutral und kontinuierlich Untersuchungen zum Reiseverhalten zu ermöglichen. Mit der Weiterführung der Reiseanalyse, einer bevölkerungsrepräsentativen Befragung zur Erfassung und Beschreibung des Urlaubs- und Reiseverhaltens der Deutschen und ihrer Urlaubsmotive und -interessen, trat FUR die Nachfolge des Studienkreises für Tourismus e.v. an, der über 23 Jahre lang jährlich die Reiseanalyse herausgegeben hatte. ... Die Forschungsgemeinschaft ist ... die neutrale Interessensgemeinschaft der Nutzer von Tourismusforschung in Deutschland und daher der größte nichtkommerzielle Organisator und Auftraggeber von Tourismusforschung."[33]
Homepage: www.fur.de
Fachgebiete: Freizeit; Freizeitforschung; Tourismus
Längsschnittuntersuchung:
- Reiseanalyse (siehe Nr. 263)

[30] Forschungsgruppe Wahlen (FGW)

„Die Hauptaufgabe der Forschungsgruppe ist die wissenschaftliche Beratung und Betreuung von Sendungen des Zweiten Deutschen Fernsehens (ZDF) mit den Themenschwerpunkten:
- politische Wahlen,
- Wählerverhalten,
- Meinungen zu aktuellen politischen und gesellschaftlichen Fragen,
- Beratung und Evaluierung bei der Verwendung von sozialwissenschaftlichen Daten in Sendungen des ZDF.

... Die Erforschung von Wählerverhalten ist ein Schwerpunkt der FGW, hinzu kommt die kontinuierliche Beobachtung gesellschaftlicher Trends und Stimmungen. Sowohl in den Wahlsendungen als auch in den Politbarometer-Sendungen werden diese Erkenntnisse einer breiten Öffentlichkeit zugänglich gemacht. ...

---

[33] www.fur.de/fur/portrait0. Zugegriffen: 01. Juni 2015

Alle von der FGW erhobenen Daten stehen der wissenschaftlichen Öffentlichkeit mit einer geringfügigen zeitlichen Verzögerung über GESIS zu Analysezwecken zur Verfügung"[34]
Homepage: www.forschungsgruppe.de
Fachgebiete: Meinungsforschung; Nachwahlbefragung; Politische Einstellungen und Verhaltensweisen; politische Willensbildung; Umfrageforschung; Wahlen; Wahlforschung; Wahlverhalten
Längsschnittuntersuchungen:
- Landtagswahlstudien (siehe Nr. 245)
- Politbarometer (siehe Nr. 258)

[31] Forschungsinstitut zur Zukunft der Arbeit (IZA)

„Das IZA ist ein privates, unabhängiges Wirtschaftsforschungsinstitut und betreibt nationale wie auch internationale Arbeitsmarktforschung. ... Das IZA versteht sich als internationales Forschungsinstitut und Ort der Kommunikation zwischen Wissenschaft, Politik und Praxis. ... Über die Grundlagenforschung hinaus widmet sich das IZA der Politikberatung zu aktuellen Fragen und Problemen der Arbeitsmärkte und bietet zugleich einer breiteren Öffentlichkeit entsprechende Informationen an."[35]
Homepage: www.iza.org
Fachgebiete: Arbeitsmarkt; Arbeitsmarktforschung; Demografie; Migration; Wirtschaftsforschung; Wirtschaftspolitik; Wirtschaftswissenschaften
Forschungsdatenzentrum:
- Internationales Datenservicezentrum des Forschungsinstituts zur Zukunft der Arbeit (siehe Nr. 109)

Portal:
- International Data Service Center (siehe Nr. 150)

[32] Fraunhofer-Informationszentrum Raum und Bau (Fraunhofer IRB)

„Das Fraunhofer IRB erschließt Fachwissen für alle Gebiete des Planens und Bauens: Bauingenieurwesen und Bautechnik, Bauplanung, Architektur und

---

[34] www.forschungsgruppe.de > über die Forschungsgruppe > Forschungsgruppe Wahlen e.V.. Zugegriffen: 01. Juni 2015

[35] www.iza.org/de/webcontent/about/index. Zugegriffen: 01. Juni 2015

Denkmalpflege, Stadt- und Regionalplanung, Raumordnung, Baurecht und -wirtschaft."[36]
Homepage: www.irb.fraunhofer.de
Fachgebiete: Raumordnung; Raumplanung; Regionalplanung; Stadtentwicklung; Stadtplanung; Wohnen
Datenbanken:
- FORS® - Forschungsdokumentation Raumordnung Städtebau Wohnungswesen (siehe Nr. 305)
- ORLIS - Die kommunale Literaturdatenbank (siehe Nr. 334)
- RSWlit® - Literaturhinweise zu Raumordnung, Städtebau, Wohnungswesen (siehe Nr. 352)

Portal:
- Fachportal Stadt- und Raumplanung (siehe Nr. 133)

[33] Fraunhofer-Institut für System- und Innovationsforschung (ISI)

„Das Fraunhofer-Institut für System- und Innovationsforschung ISI analysiert Entstehung und Auswirkungen von Innovationen. Wir erforschen die kurz- und langfristigen Entwicklungen von Innovationsprozessen und die gesellschaftlichen Auswirkungen neuer Technologien und Dienstleistungen. Auf dieser Grundlage stellen wir unseren Auftraggebern aus Wirtschaft, Politik und Wissenschaft Handlungsempfehlungen und Perspektiven für wichtige Entscheidungen zur Verfügung. Unsere Expertise liegt in der fundierten wissenschaftlichen Kompetenz sowie einem interdisziplinären und systemischen Forschungsansatz."[37]
Homepage: www.isi.fraunhofer.de
Fachgebiete: Technikfolgenabschätzung; Technikforschung; Wissenschaftsforschung

[34] Friedrich-Ebert-Stiftung (FES)

„Die FES ist die älteste politische Stiftung Deutschlands. Benannt ist sie nach Friedrich Ebert, dem ersten demokratisch gewählten Reichspräsidenten. Als parteinahe Stiftung orientieren wir unsere Arbeit an den Grundwerten der Sozialen

---

[36] www.irb.fraunhofer.de. Zugegriffen: 01. Juni 2015
[37] www.isi.fraunhofer.de/isi-de/index.php. Zugegriffen: 01. Juni 2015

Demokratie: Freiheit, Gerechtigkeit und Solidarität. Als gemeinnützige Institution agieren wir unabhängig und möchten den pluralistischen gesellschaftlichen Dialog zu den politischen Herausforderungen der Gegenwart befördern. ... Die zentrale Aufgabe der FES ist politische Bildung und Beratung. Wir vermitteln grundlegendes Wissen über Politik und ermöglichen den Zugang zu aktuellen Debatten."[38]

Homepage: www.fes.de

Fachgebiete: Geschichte der deutschen und internationalen Arbeiterbewegung; Politik; politische Geschichte; Sozialgeschichte

Datenbanken:
- Archiv der sozialen Demokratie der Friedrich-Ebert-Stiftung (siehe Nr. 284)
- Bibliothekskatalog der Friedrich-Ebert-Stiftung (siehe Nr. 286)

[35] GBI-Genios Deutsche Wirtschaftsdatenbank GmbH

„GENIOS, die Nr. 1 für Online-Wirtschaftsinformationen in Deutschland, bietet Ihnen direkten Zugriff auf rund 1.000 qualifizierte Datenbanken mit mehreren hundert Millionen Dokumenten."

„wiso ist das Hochschulangebot von GBI-Genios. Hier finden Sie Fachinformationen zu den Wirtschafts- und Sozialwissenschaften, zu technischen Studiengängen und zur Psychologie. ... wiso bietet Ihnen einen einfachen Zugang zu allen wichtigen Referenzdatenbanken sowie den Volltexten ausgewählter Zeitschriften und eBooks. ... Die Kooperation mit bedeutenden Verlagen und wissenschaftlichen Instituten ermöglicht es uns, Ihnen mit wiso ein einmaliges Portfolio an Qualitätsinhalten anzubieten:
- 14 Mio. Literaturnachweise
- 6 Mio. Volltexte aus rund 400 Fachzeitschriften
- 130 Mio. Artikel aus der Tages- und Wochenpresse
- 66 Mio. Firmeninformationen
- 700.000 Marktdaten
- 2.100 elektronische Bücher"[39]

Homepage: www.genios.de

Fachgebiete: fachübergreifend; Pädagogik; Politikwissenschaft; Psychologie; Soziologie; Wirtschaftswissenschaften

---

[38] www.fes.de/de/stiftung/ueber-die-fes. Zugegriffen: 01. Juni 2015

[39] www.genios.de und https://www.wiso-net.de/popup/ueber_wiso. Zugegriffen: 01. Juni 2015

Portal:
- wiso (siehe Nr. 200)

[36] Gemeinsamer Bibliotheksverbund (GBV)

„Der GBV ist der gemeinsame Bibliotheksverbund der sieben Bundesländer Bremen, Hamburg, Mecklenburg-Vorpommern, Niedersachsen, Sachsen-Anhalt, Schleswig-Holstein, Thüringen und der Stiftung Preußischer Kulturbesitz (SPK). Sitz der Verbundzentrale des GBV (VZG) ist Göttingen. ... Dem GBV gehören über 450 Bibliotheken an ... Die VZG betreibt ein zentrales Verbundsystem als Basis für Katalogisierung, Online-Fernleihe und Dokumentlieferdienste. Der über das Internet frei zugängliche Verbundkatalog des GBV (GVK) enthält mehr als 35,6 Mio. Titel mit über 85,7 Mio. Medieneinheiten aller relevanten bibliographischen Materialien."[40]
Homepage: www.gbv.de
Fachgebiete: Bildung; fachübergreifend; IT-Dienstleistungen für Bibliotheken; Kultur; Pädagogik; Politikwissenschaft; Psychologie; Soziologie
Portale:
- Gemeinsamer Verbundkatalog (siehe Nr. 136)
- Nationallizenzen / Sammlungen - Monographien (siehe Nr. 162)
- Nationallizenzen / Sammlungen - Zeitschriften (siehe Nr. 163)
- Suchkiste Nationallizenzen (siehe Nr. 191)

[37] Georg-Eckert-Institut - Leibniz-Institut für internationale Schulbuchforschung (GEI)

„Das Georg-Eckert-Institut betreibt anwendungsbezogene und multidisziplinäre Schulbuch- und Bildungsmedienforschung mit einem kulturwissenschaftlich-historischen Schwerpunkt. ... Einen Anziehungspunkt bildet seine Forschungsbibliothek mit einer weltweit einzigartigen Sammlung an Schulbüchern der Fächer Geschichte, Sozialkunde, Geographie und Religion. Mit dem Informations- und Kommunikationsportal Edumeres.net bietet das GEI einen virtuellen Zugang zur Schulbuch- und Bildungsmedienforschung."[41]
Homepage: www.gei.de
Fachgebiete: Bildungsforschung; Bildungswesen; Pädagogik; Schulbuch; Schule

---

[40] www.gbv.de/Verbundzentrale/ueber_die_VZG. Zugegriffen: 01. Juni 2015
[41] www.gei.de/das-institut.html. Zugegriffen: 01. Juni 2015

Datenbanken:
- GEI-Digital - Die digitale Schulbuchbibliothek (siehe Nr. 310)
- GEI-DZS - Datenbank der Zugelassenen Schulbücher (siehe Nr. 311)

[38] German Institute of Global and Area Studies (GIGA)

„Das GIGA ist eines der führenden europäischen Forschungsinstitute für Area Studies und Comparative Area Studies. Es arbeitet zu politischen, ökonomischen und sozialen Entwicklungen in den vier Weltregionen Afrika, Asien, Lateinamerika und Nahost. Zugleich forscht das GIGA aus vergleichender Perspektive zu Themen mit globaler Bedeutung."
Die MitarbeiterInnen „arbeiten in den vier vergleichenden Forschungsschwerpunkten zu den Themen
- Legitimität und Effizienz politischer Systeme
- Gewalt und Sicherheit
- Sozioökonomische Entwicklung in der Globalisierung
- Macht, Normen und Governance in den internationalen Beziehungen."[42]

Homepage: www.giga-hamburg.de
Fachgebiete: Comparative Area Studies; Friedensforschung; internationale Beziehungen; Konfliktforschung; Länderkunde; Politikwissenschaft
Datenbank:
- German Institute of Global and Area Studies - Online-Katalog (siehe Nr. 315)

[39] GESIS - Leibniz-Institut für Sozialwissenschaften

„GESIS - Leibniz-Institut für Sozialwissenschaften ist die größte deutsche Infrastruktureinrichtung für die Sozialwissenschaften. ... Organisatorisch gliedert sich GESIS in fünf wissenschaftliche Abteilungen, die mit ihrem forschungsbasierten Service- und Produktangebot den Forschungsprozess der empirischen Sozialforschung in seiner gesamten Breite abdecken. ... Quer zu den Abteilungen sind die Forschungsdatenzentren platziert, die nicht nur Zugang zu besonderen Daten, sondern auch Sonderaufbereitungen vorhandener Datensätze, Zusatzma-

---

[42] www.giga-hamburg.de/de/forschung und www.giga-hamburg.de/de/das-giga. Zugegriffen: 01. Juni 2015

terialien und Kontextinformationen sowie Beratungen auf der Basis der eigenen Forschungsarbeit anbieten."[43]

Homepage: www.gesis.org

Fachgebiete: empirische Sozialforschung; Informationstechnologie; Informationswissenschaft; Politikwissenschaft; Sozialwissenschaften; Soziologie; Surveydesign; Umfrageforschung

Datenbanken:
- CEWS-Literaturdatenbank (siehe Nr. 287)
- Datenbestandskatalog (siehe Nr. 292)
- FemConsult. Die Wissenschaftlerinnen-Datenbank (siehe Nr. 302)
- GESIS-Bibliothekskatalog (siehe Nr. 317)
- Gleichstellungsrecht in der Wissenschaft (siehe Nr. 318)
- histat - Zeitreihen zur Historischen Statistik von Deutschland online (siehe Nr. 319)
- Social Monitoring and Reporting in Europe (siehe Nr. 355)
- SOFIS - Sozialwissenschaftliches Forschungsinformationssystem (siehe Nr. 359)
- SOLIS - Sozialwissenschaftliches Literaturinformationssystem (siehe Nr. 360)

Forschungsdatenzentren:
- FDZ ALLBUS bei GESIS (siehe Nr. 89)
- FDZ German Microdata Lab (siehe Nr. 104)
- FDZ Internationale Umfrageprogramme bei GESIS (siehe Nr. 105)
- FDZ PIAAC bei GESIS (siehe Nr. 106)
- FDZ Wahlen bei GESIS (siehe Nr. 108)

Längsschnittuntersuchungen:
- Allgemeine Bevölkerungsumfrage der Sozialwissenschaften (siehe Nr. 206)
- Eurobarometer (siehe Nr. 224)
- European Social Survey (siehe Nr. 230)
- European Values Study (siehe Nr. 231)
- German Longitudinal Election Study (siehe Nr. 236)
- GESIS Panel (siehe Nr. 237)
- International Social Survey Programme (siehe Nr. 242)
- Landtagswahlstudien (siehe Nr. 245)

---

[43] www.gesis.org/das-institut. Zugegriffen: 01. Juni 2015

Portale:
- da|ra - Registrierungsagentur für Sozial- und Wirtschaftsdaten (siehe Nr. 120)
- datorium (siehe Nr. 122)
- Mikrodaten-Informationssystem (siehe Nr. 160)
- Portal des Kompetenzzentrums Frauen in Wissenschaft und Forschung (siehe Nr. 167)
- Social Indicators Monitor (siehe Nr. 181)
- Social Science Open Access Repository (siehe Nr. 182)
- SOFISwiki - Sozialwissenschaftliches Forschungsinformationssystem (siehe Nr. 184)
- Sozialwissenschaftliches Fachportal sowiport (siehe Nr. 185)
- ZACAT - GESIS Online Study Catalogue (siehe Nr. 202)
- Zusammenstellung sozialwissenschaftlicher Items und Skalen (siehe Nr. 203)

[40] Google Inc.

„Das Ziel von Google ist es, die Informationen der Welt zu organisieren und für alle zu jeder Zeit zugänglich und nutzbar zu machen."[44]
Homepage: www.google.de
Fachgebiete: Bildung; fachübergreifend; Kultur; Pädagogik; Politikwissenschaft; Psychologie; Soziologie
Portale:
- Google Books (siehe Nr. 141)
- Google Scholar (siehe Nr. 142)

[41] Hochschulbibliothekszentrum des Landes Nordrhein-Westfalen (hbz)

„Das Hochschulbibliothekszentrum des Landes Nordrhein-Westfalen (hbz) steht im Bereich des Bibliotheks- und Informationswesens für Wissen, Information und Innovation. Es ist eine zentrale Dienstleistungs- und Entwicklungseinrichtung für Bibliotheken und blickt auf 40 Jahre Erfahrung zurück."[45]
Homepage: www.hbz-nrw.de

---

[44] www.google.de/intl/de/about/company. Zugegriffen: 01. Juni 2015
[45] www.hbz-nrw.de. Zugegriffen: 01. Juni 2015

Fachgebiete: Bildung; fachübergreifend; Kultur; Pädagogik; Politikwissenschaft; Psychologie; Soziologie
Portale:
- Digitale Bibliothek (siehe Nr. 126)
- hbz-Verbunddatenbank (siehe Nr. 143)

[42] Infratest dimap

„infratest dimap [ist] einer der leistungsstärksten Anbieter von Wahl- und Politikforschung in Deutschland [und ist] bei Bundestags-, Landtags-, Kommunalwahlen und den Wahlen zum europäischen Parlament für die ARD aktiv."[46]
Homepage: www.infratest-dimap.de
Fachgebiete: Meinungsforschung; Nachwahlbefragung; Politische Einstellungen und Verhaltensweisen; politische Willensbildung; Umfrageforschung; Wahlen; Wahlforschung; Wahlverhalten

[43] Institut de l'information scientifique et technique (INIST) des Centre national de la recherche scientifique (CNRS) (INIST-CNRS)

„Das Institut de l'Information Scientifique et Technique wurde als Einheit des CNRS 1988 in Vandoeuvre-les-Nancy gegründet, mit der Aufgabe, den Zugang zu den Ergebnissen weltweiter Forschungsarbeiten in verschiedenen Fachgebieten zu erleichtern. ... Das Inist nutzt eine der größten Sammlungen wissenschaftlicher Publikationen Europas, um eine Reihe von Dienstleistungen in der Informationssuche anzubieten:
- Dokumentlieferung
- elektronischer Katalog der Dokumentbestände
- bibliografische Datenbanken
- Informationsportal für den gemeinsamen Zugang zu digitalen Quellen"[47]

Homepage: www.inist.fr
Fachgebiete: Bildung; fachübergreifend; Kultur; Pädagogik; Politikwissenschaft; Psychologie; Soziologie
Portal:
- OpenGrey (siehe Nr. 165)

---

[46] www.infratest-dimap.de/ueber-uns. Zugegriffen: 01. Juni 2015
[47] www.inist.fr/?Das-Institut-Prasentation&lang=de. Zugegriffen: 01. Juni 2015

[44] Institut für Arbeitsmarkt- und Berufsforschung der Bundesagentur für Arbeit (IAB)

„Aufgabe des IAB ist es, kontinuierliche und langfristige Forschung zur Entwicklung der Beschäftigung und des Arbeitsmarktes unter Berücksichtigung regionaler Differenzierungen und der Wirkungen der aktiven Arbeitsförderung sowie Forschungen zu den Wirkungen der Leistungen der Eingliederung und der Leistungen zur Sicherung des Lebensunterhalts durchzuführen. Die Ergebnisse dieser Forschungen werden zum einen in wissenschaftlichen Fachzeitschriften platziert und zum anderen Entscheidungsträgern aus Politik und Praxis in Form wissenschaftlicher Politikberatung sowie der Öffentlichkeit und Fachöffentlichkeit in Form geeigneter Publikationen zur Verfügung gestellt. ... Charakteristikum des IAB ist der umfassende, interdisziplinäre und empirische Ansatz seiner Forschung. In den Forschungsarbeiten werden alle relevanten Bereiche des Arbeitsmarktes untersucht, Arbeitsmarktprozesse aus vielen Perspektiven beleuchtet, vielfältige Aspekte analysiert und differenzierte Problemlösungen entwickelt. Dabei nutzt das IAB aussagekräftige Datenbestände insbesondere aus arbeitsmarktbezogenen administrativen Prozessen (Prozessdaten) und aus eigenen Erhebungen."[48]

Homepage: www.iab.de
Fachgebiete: Arbeit; Arbeitsmarkt; Arbeitsmarktentwicklung; Arbeitsmarktforschung; Arbeitsmarktpolitik; Berufsforschung; Beschäftigungsentwicklung
Forschungsdatenzentrum:
- FDZ der Bundesagentur für Arbeit im Institut für Arbeitsmarkt- und Berufsforschung (siehe Nr. 92)

Längsschnittuntersuchungen:
- IAB-Betriebspanel (siehe Nr. 240)
- IAB-Erhebung des gesamtwirtschaftlichen Stellenangebots (siehe Nr. 241)
- Linked-Employer-Employee-Daten des IAB (siehe Nr. 246)
- Panel Arbeitsmarkt und soziale Sicherung (siehe Nr. 257)
- Stichprobe der Integrierten Arbeitsmarktbiografien (siehe Nr. 269)

Portale:
- Arbeitsmarktpolitisches Informationssystem (siehe Nr. 111)
- Informationsplattform des IAB (siehe Nr. 147)

---

[48] www.iab.de/de/forschung-und-beratung.aspx. Zugegriffen: 01. Juni 2015

[45] Institut für Forschungsinformation und Qualitätssicherung (iFQ)

„Das Institut für Forschungsinformation und Qualitätssicherung (iFQ) ist eine Einrichtung der Wissenschaftsforschung mit Sitz in Berlin. Das iFQ
- informiert über das deutsche und internationale Forschungs- und Wissenschaftssystem,
- analysiert dessen Entwicklungen sowie insbesondere Stärken und Schwächen der Forschungsförderung und Wissenschaftsgovernance und
- berät verschiedene Akteure aus Hochschulen und Forschungseinrichtungen, Verwaltung und Politik.

Charakteristisch für das iFQ ist die Verzahnung von Forschung und Service. ... Das iFQ versteht sich als eine zentrale Einrichtung der im internationalen Vergleich noch entwicklungsfähigen Wissenschaftsforschung in Deutschland."
„ ... die Gemeinsame Wissenschaftskonferenz [hat] entschieden, dass das Institut für Forschungsinformation und Qualitätssicherung (iFQ) mit Sitz in Berlin zum Januar 2016 in das DZHW eintreten soll, um die Leistungsfähigkeit des neuen Forschungszentrums auch auf den Gebieten der Wissenschaftsforschung auf Dauer zu gewährleisten."[49]
Homepage: www.forschungsinfo.de
Fachgebiete: Bibliometrie; Hochschule; Wissenschaftsforschung
Datenbank:
- Promotionsnoten in Deutschland (siehe Nr. 340)

[46] Institut für Schulentwicklungsforschung (IFS)

„Das Institut für Schulentwicklungsforschung (IFS) an der TU Dortmund beschäftigt sich sowohl mit der Beschreibung, Erklärung und Optimierung der Organisation und Steuerung von Schulen und des Schulsystems als auch mit der Analyse von Bildungsprozessen und Bildungserfolgen von Schülerinnen und Schülern verschiedener Altersgruppen in unterschiedlichen Kontexten. Neben den Schülerinnen und Schülern stehen dabei auch Eltern, Lehrkräfte, Schulleitungen und institutionelle Rahmenbedingungen im Blickfeld der Forschung. Ein besonderer Fokus liegt zudem auf der Untersuchung von Reform- und Entwicklungsprozessen von Schulen und des Schulsystems sowie auf den Voraussetzungen und Wirkungen dieser Prozesse."[50]

---

[49] www.forschungsinfo.de/Institut/ueber_ifq.asp und
www.forschungsinfo.de/Presse/dokumente/pm_27-06-2014.html. Zugegriffen: 01. Juni 2015

[50] www.ifs.tu-dortmund.de > Das IFS. Zugegriffen: 01. Juni 2015

Homepage: www.ifs.tu-dortmund.de
Fachgebiete: Bildung; Bildungsforschung; Bildungsplanung; Bildungspolitik; Bildungsreform; Lehrende; Lernende; Pädagogik; Schule; Schulentwicklungsforschung
Längsschnittuntersuchungen:
- Internationale Grundschul-Lese-Untersuchung (siehe Nr. 243)
- Trends in International Mathematics and Science Study (siehe Nr. 274)

[47] Institut für Verkehrsforschung des Deutschen Zentrums für Luft- und Raumfahrt

„In der Verkehrsforschung, -planung und -politik besteht erheblicher Bedarf nach detaillierten Informationen über das Verkehrsgeschehen und Mobilitätsverhalten. Entsprechend zahlreich und vielfältig sind Statistiken, empirische Studien und Mobilitätserhebungen. Viele relevante Datenquellen sind oft nur einer kleinen Gruppe gut informierter Nutzer bekannt, oder aber ihre Einsatzmöglichkeiten sind durch unzureichende methodische Zusatzinformationen eingeschränkt. Die im DLR-Institut für Verkehrsforschung angesiedelte ‚Clearingstelle Verkehr' schließt als zentrale Anlaufstelle diese Informationslücke. Das Angebot richtet sich sowohl an Wissenschaftler und Einrichtungen, die Daten selbst erheben als auch an jene, die diese Forschungsergebnisse nutzen möchten. Dies sind neben wissenschaftlichen Institutionen insbesondere Vertreter aus Verkehrsplanung und -politik."[51]
Homepage: www.dlr.de/cs
Fachgebiete: Mobilität; Verkehr; Verkehrsforschung; Verkehrsplanung; Verkehrspolitik
Längsschnittuntersuchung:
- Deutsches Mobilitätspanel (siehe Nr. 216)

[48] Institute for Futures Studies (IF)

"The Institute for Futures Studies is an independent research foundation. ... The Institute for Futures Studies conducts advanced research within the social sciences."[52]
Homepage: www.iffs.se/en

---

[51] www.dlr.de/cs. Zugegriffen: 01. Juni 2015
[52] www.iffs.se/en/about-the-institute. Zugegriffen: 01. Juni 2015

Fachgebiete: fachübergreifend; Pädagogik; Politikwissenschaft; Psychologie; Soziologie
Längsschnittuntersuchung:
- World Values Survey (siehe Nr. 281)

[49] Kooperativer Bibliotheksverbund Berlin-Brandenburg (KOBV)

„Der Kooperative Bibliotheksverbund Berlin-Brandenburg (KOBV) ist der Zusammenschluss aller Hochschulbibliotheken, aller öffentlichen Bibliotheken und zahlreicher Forschungs-, Behörden- und Spezialbibliotheken in Berlin und Brandenburg"[53]
Homepage: www.kobv.de
Fachgebiete: Bildung; fachübergreifend; Kultur; Pädagogik; Politikwissenschaft; Psychologie; Soziologie
Portale:
- KOBV-Volltextserver (siehe Nr. 156)
- Kooperativer Bibliotheksverbund Berlin-Brandenburg (KOBV) - Portal (siehe Nr. 158)

[50] Leibniz-Institut für Bildungsverläufe (LIfBi)

„Das Leibniz-Institut für Bildungsverläufe e.V. (LIfBi) an der Otto-Friedrich-Universität Bamberg verfolgt als Vereinszweck die Förderung der bildungswissenschaftlichen Längsschnittforschung in Deutschland. Hierzu stellt LIfBi am Standort Bamberg grundlegende, überregional und international bedeutsame, forschungsbasierte Infrastrukturen für die empirische Bildungsforschung zur Verfügung."[54]
Homepage: www.lifbi.de
Fachgebiete: Bildung; Bildungschancen; Bildungsforschung; Bildungssoziologie; Bildungssystem; Familienforschung
Forschungsdatenzentrum:
- FDZ des Leibniz-Instituts für Bildungsverläufe e. V. an der Otto-Friedrich-Universität Bamberg (siehe Nr. 100)

---

[53] www.kobv.de. Zugegriffen: 01. Juni 2015
[54] www.lifbi.de. Zugegriffen: 01. Juni 2015

Längsschnittuntersuchungen:
- NEPS-Studie Bildung im Erwachsenenalter und lebenslanges Lernen - Startkohorte Erwachsene (siehe Nr. 251)
- NEPS-Studie Bildung von Anfang an - Startkohorte Neugeborene (siehe Nr. 252)
- NEPS-Studie Frühe Bildung in Kindergarten und Grundschule - Startkohorte Kindergarten (siehe Nr. 253)
- NEPS-Studie Hochschulstudium und Übergang in den Beruf - Startkohorte Studierende (siehe Nr. 254)
- NEPS-Studie Schule und Ausbildung - Bildung von Schülerinnen und Schülern ab Klassenstufe 9 - Startkohorte Klasse 9 (siehe Nr. 255)
- NEPS-Studie Wege durch die Sekundarstufe I - Bildungswege von Schülerinnen und Schülern ab Klassenstufe 5 - Startkohorte Klasse 5 (siehe Nr. 256)

[51] Leibniz-Institut für die Pädagogik der Naturwissenschaften und Mathematik (IPN)

„Der Auftrag des IPN ist es, durch seine Forschungen die Pädagogik der Naturwissenschaften und der Mathematik weiter zu entwickeln und zu fördern. Die Arbeiten des IPN umfassen Grundlagenforschung in Fragen des Lehrens und Lernens. Die aktuellen pädagogischen Fragestellungen und Projekte werden interdisziplinär in Teams aus Wissenschaftlerinnen und Wissenschaftlern der Naturwissenschaften, Mathematik, Fachdidaktiken, Pädagogik und Psychologie bearbeitet."[55]
Homepage: www.ipn.uni-kiel.de
Fachgebiete: Lehrende; Lernende; Pädagogik; Psychologie

[52] Leibniz-Institut für Länderkunde (ifl)

„Demografischer Wandel, Entwicklung von Städten, Ursachen und Folgen von Wanderungsbewegungen - die Forschungsthemen des Leibniz-Instituts für Länderkunde sind breit gefächert. Sie reichen von räumlichen Strukturen und aktuellen raumwirksamen Entwicklungen in Europa bis hin zu theoretischen und historischen Grundlagen der Regionalen Geographie. Das Institut entwickelt zudem

---

[55] www.ipn.uni-kiel.de/de/das-ipn. Zugegriffen: 01. Juni 2015

innovative Formen der Visualisierung von geographischem Wissen und untersucht deren Wirkungsweisen."[56]
Homepage: www.ifl-leipzig.de
Fachgebiete: Bevölkerung; Demografie; Geodaten; Migration; Raumordnung; Raumplanung; Regionalforschung; Stadtentwicklung
Portal:
- Nationalatlas.de (siehe Nr. 161)

[53] Leibniz-Zentrum für Psychologische Information und Dokumentation (ZPID)

„Das Leibniz-Zentrum für Psychologische Information und Dokumentation (ZPID) ist die überregionale Dokumentations- und Informationseinrichtung für das Fach Psychologie in den deutschsprachigen Ländern. Es ist das Forschungsdatenzentrum für die Psychologie. Das ZPID informiert Wissenschaft und Praxis aktuell und umfassend über psychologisch relevante Literatur, Testverfahren, audiovisuelle Medien, Primärdaten und Psychologieressourcen im Internet."[57]
Homepage: www.zpid.de
Fachgebiete: audiovisuelle Medien; Psychologie; Sozialpsychologie
Datenbanken:
- Elektronisches Testarchiv (siehe Nr. 299)
- PsychAuthors (siehe Nr. 346)
- Psychology in Europe (siehe Nr. 347)
- PSYNDEX (siehe Nr. 349)

Forschungsdatenzentrum:
- FDZ PsychData des Leibniz-Zentrums für Psychologische Information und Dokumentation (siehe Nr. 107)

Portale:
- PsychLinker - Katalog psychologierelevanter Links (siehe Nr. 170)
- Psychologie Suchmaschine PsychSpider (siehe Nr. 171)
- PubPsych (siehe Nr. 173)

---

[56] www.ifl-leipzig.de. Zugegriffen: 01. Juni 2015
[57] www.zpid.de > Das ZPID. Zugegriffen: 01. Juni 2015

[54] Library of Congress (LoC)

"The Library of Congress is the nation's oldest federal cultural institution and serves as the research arm of Congress. It is also the largest library in the world, with millions of books, recordings, photographs, maps and manuscripts in its collections."[58]
Homepage: www.loc.gov
Fachgebiete: Bildung; fachübergreifend; Kultur; Pädagogik; Politikwissenschaft; Psychologie; Soziologie
Datenbank:
- Library of Congress Online Catalog (siehe Nr. 331)

[55] LIS - Cross-National Data Center in Luxembourg

"LIS, formerly known as The Luxembourg Income Study, is a data archive and research center dedicated to cross-national analysis. LIS is home to two databases, the Luxembourg Income Study Database, and the Luxembourg Wealth Study Database. The Luxembourg Income Study Database (LIS), under constant expansion, is the largest available database of harmonised microdata collected from multiple countries over a period of decades. The newer Luxembourg Wealth Study Database (LWS) is the only cross-national wealth microdatabase in existence."[59]
Homepage: www.lisdatacenter.org
Fachgebiete: Einkommen; Surveydesign; Umfrageforschung; Wohlfahrtsentwicklung
Längsschnittuntersuchungen:
- Luxembourg Income Study (siehe Nr. 247)
- Luxembourg Wealth Study (siehe Nr. 248)

[56] Mannheimer Zentrum für Europäische Sozialforschung (MZES)

„Das MZES erforscht die Entwicklung europäischer Gesellschaften und ihrer politischen Systeme. Schwerpunkte liegen auf der vergleichenden Analyse europäischer Nationalstaaten wie auch der Untersuchung des europäischen Integrationsprozesses. Die Forschung am MZES ist theorieorientiert und der empirisch-

---

[58] www.loc.gov/about. Zugegriffen: 01. Juni 2015
[59] www.lisdatacenter.org/about-lis. Zugegriffen: 01. Juni 2015

analytischen Tradition sozialwissenschaftlicher Methodologie verpflichtet. Sie stützt sich auf länderübergreifend vergleichende und mehrebenenanalytische Ansätze und verknüpft soziologische mit politikwissenschaftlichen Perspektiven."[60]
Homepage: www.mzes.uni-mannheim.de
Fachgebiete: europäische Integration; Europäische Union; Politikwissenschaft
Längsschnittuntersuchung:
- European Election Studies (siehe Nr. 229)

[57] Max-Planck-Institut für Bildungsforschung (MPIB-Berlin)

„Am Max-Planck-Institut für Bildungsforschung dreht sich alles um die menschliche Entwicklung und Bildungsprozesse. Wissenschaftler unterschiedlicher Fachrichtungen arbeiten in interdisziplinären Projekten zusammen - darunter Psychologen, Erziehungswissenschaftler, Soziologen und Mediziner, aber auch Historiker, Ökonomen, Informatiker und Mathematiker. Inhaltlich geht es zum Beispiel um die Frage, wie Menschen selbst unter ungünstigen Bedingungen wie Zeitdruck und Informationsflut sinnvolle Entscheidungen treffen, welche Auswirkungen die Institution Schule auf die Entwicklungs- und Lernprozesse der Schüler hat, wie sich das Zusammenspiel von Verhalten und Gehirn im Laufe des Lebens verändert, oder auch um menschliche Gefühle und wie sich diese im historischen Kontext verändern und auf den Lauf der Geschichte ausgewirkt haben."[61]
Homepage: www.mpib-berlin.mpg.de
Fachgebiete: Bildung; Bildungsforschung; Entwicklungspsychologie; Lernende; Schule

[58] Max-Planck-Institut für demografische Forschung (MPIDR)

„Das Max-Planck-Institut für demografische Forschung (MPIDR) in Rostock ... untersucht die Struktur und Dynamik von Populationen. Die Wissenschaftler des Instituts erforschen politikrelevante Themen, wie den demografischen Wandel, Altern, Geburtendynamik und die Verteilung der Arbeitszeit über die Lebensspanne, genauso wie evolutionsbiologische und medizinische Aspekte des Al-

---

[60] www.mzes.uni-mannheim.de/d7/de/mzes. Zugegriffen: 01. Juni 2015
[61] www.mpib-berlin.mpg.de/de/institut/profil. Zugegriffen: 01. Juni 2015

terns. Das MPIDR ist eine der größten demografische Forschungseinrichtungen in Europa und zählt international zu den Spitzeninstituten in dieser Disziplin."[62]
Homepage: www.demogr.mpg.de
Fachgebiete: Alternsforschung; Demografie; Gerontologie; Sozialpolitik
Datenbanken:
- Comparative Family Policy Database (siehe Nr. 288)
- Generations & Gender Contextual Database (siehe Nr. 313)
- Human Fertility Database (siehe Nr. 320)
- Human Life-Table Database (siehe Nr. 321)
- Human Mortality Database (siehe Nr. 322)
- International Database on Longevity (siehe Nr. 326)
- Kannisto-Thatcher Database on Old Age Mortality (siehe Nr. 329)

[59] Max-Planck-Institut für Gesellschaftsforschung (MPIfG)

„Das Max-Planck-Institut für Gesellschaftsforschung ... betreibt anwendungsoffene Grundlagenforschung mit dem Ziel einer empirisch fundierten Theorie der sozialen und politischen Grundlagen moderner Wirtschaftsordnungen. Im Mittelpunkt steht die Untersuchung der Zusammenhänge zwischen ökonomischem, sozialem und politischem Handeln. Mit einem vornehmlich institutionellen Ansatz wird erforscht, wie Märkte und Wirtschaftsorganisationen in historisch-institutionelle, politische und kulturelle Zusammenhänge eingebettet sind, wie sie entstehen und wie sich ihre gesellschaftlichen Kontexte verändern. Das Institut schlägt eine Brücke zwischen Theorie und Politik und leistet einen Beitrag zur politischen Diskussion über zentrale Fragen moderner Gesellschaften."[63]
Homepage: www.mpifg.de
Fachgebiete: Gesellschaft; Gesellschaftstheorie; Politikwissenschaft; Sozialwissenschaften; Wirtschaftsforschung; Wirtschaftswissenschaften
Portal:
- elibrary - Das Suchportal der Bibliothek des Max-Planck-Instituts für Gesellschaftsforschung (siehe Nr. 129)

---

[62] www.demogr.mpg.de > Institut > Wer und wo wir sind. Zugegriffen: 01. Juni 2015
[63] www.mpifg.de. Zugegriffen: 01. Juni 2015

[60] Munich Center for the Economics of Aging (MEA)

„Aufgabe des MEA, dem Munich Center for the Economics of Aging, ist es, mikro- und makroökonomische Aspekte des demographischen Wandels zu antizipieren und zu begleiten. Durch den Aufbau von empirischen Modellen und daraus folgenden Prognosen leitet das MEA Handlungsempfehlungen für Wirtschaft und Politik ab. Darüber hinaus dienen diese Modelle, die sich auf deutsche, europäische und globale Daten stützen, dazu, die Abhängigkeit der langfristigen wirtschaftlichen Entwicklungen von politischen Parametern abzubilden. ... Das MEA verbindet wissenschaftliche Forschung und wissenschaftliche Beratung und ist Mitglied interdisziplinärer sowie internationaler Forschungsnetzwerke, um den Wissenstransfer zu fördern. Aufgrund seiner internationalen und insbesondere europäischen Ausrichtung ist das MEA in der Lage, die Auswirkungen und alternativen politischen Begleitmaßnahmen des demographischen Wandels auch im internationalen Rahmen zu analysieren und auf diese Weise von den Erfahrungen anderer Länder zu lernen."[64]

Homepage: www.mea.mpisoc.mpg.de
Fachgebiete: Alternsforschung; Arbeitsmarkt; Demografie; Sozialpolitik; Wirtschaft
Forschungsdatenzentrum:
- FDZ des Survey of Health, Ageing and Retirement in Europe (siehe Nr. 103)

Längsschnittuntersuchungen:
- Sparen und Altersvorsorge in Deutschland (siehe Nr. 268)
- Survey of Health, Ageing and Retirement in Europe (siehe Nr. 273)

[61] National Center for Biotechnology Information (NCBI)

"The National Center for Biotechnology Information advances science and health by providing access to biomedical and genomic information."[65]
Homepage: www.ncbi.nlm.nih.gov
Fachgebiete: Gesundheit; Medizin
Portal:
- PubMed (siehe Nr. 172)

---

[64] www.mea.mpisoc.mpg.de > Über MEA. Zugegriffen: 01. Juni 2015
[65] www.ncbi.nlm.nih.gov. Zugegriffen: 01. Juni 2015

[62] Nationale Kohorte (NaKo)

„Ein Netzwerk deutscher Forschungseinrichtungen aus der Helmholtz-Gemeinschaft, den Universitäten, der Leibniz-Gemeinschaft und der Ressortforschung hat deutschlandweit die Initiative für den Aufbau einer groß angelegten Langzeit-Bevölkerungsstudie ergriffen, um
- die Ursachen von Volkskrankheiten wie z.B. Herz-Kreislauferkrankungen, Krebs, Diabetes, Demenzerkrankungen und Infektionskrankheiten aufzuklären,
- Risikofaktoren zu identifizieren,
- Wege einer wirksamen Vorbeugung aufzuzeigen
sowie
- Möglichkeiten der Früherkennung von Krankheiten zu identifizieren."[66]

Homepage: www.nationale-kohorte.de
Fachgebiete: Bevölkerung; Epidemiologie; Gesundheit; Gesundheitsforschung; Kindheit

[63] Online Computer Library Center (OCLC)

„Seit über 45 Jahren hilft OCLC Bibliotheken dabei, ihre Zusammenarbeit so zu gestalten, dass die Nutzer Informationen schneller und effizienter erhalten. ... Mit über 40 Jahren Erfahrung in der Entwicklung und dem Betrieb von Bibliotheksverwaltungssystemen ist OCLC Deutschland ein führender Anbieter von erweiterten IT-Lösungen für Bibliotheken."[67]
Homepage: www.oclc.org
Fachgebiet: IT-Dienstleistungen für Bibliotheken
Portal:
- WorldCat (siehe Nr. 201)

[64] Organisation for Economic Co-operation and Development (OECD)

„Das Ziel der Organisation für wirtschaftliche Zusammenarbeit und Entwicklung (OECD) ist es, eine Politik zu befördern, die das Leben der Menschen weltweit in wirtschaftlicher und sozialer Hinsicht verbessert. Die OECD bietet Regierun-

---

[66] www.nationale-kohorte.de. Zugegriffen: 01. Juni 2015
[67] www.oclc.org/de-DE/about.html. Zugegriffen: 01. Juni 2015

gen ein Forum zur Zusammenarbeit - hier können sie Erfahrungen austauschen und Lösungen für gemeinsame Probleme suchen. In Kooperation mit den Staaten versuchen wir herauszufinden, welche Faktoren die Wirtschaft, die Gesellschaft oder die Umwelt verändern. Wir messen Produktivität und weltweite Waren- und Finanzströme. Wir analysieren und vergleichen Daten, um künftige Trends vorauszusagen. Und wir setzen internationale Standards - ob in der Landwirtschaft, in der Steuerpolitik oder bei der Sicherheit von Chemikalien. Wir beschäftigen uns auch mit Fragen des Alltags: Wie hoch sind die Steuern und Abgaben, die ein Arbeitnehmer zahlt? Wie viel Freizeit hat er oder sie? Statten die Schulsysteme einzelner Länder unsere Kinder mit dem Wissen aus, das sie brauchen, um in modernen Gesellschaften ihren Mann zu stehen? Wie belastbar sind unsere Rentensysteme? Auf der Grundlage unserer Analysen sprechen wir Politikempfehlungen aus."[68]

Homepage: www.oecd.org

Fachgebiete: Freizeit; Gesellschaft; internationale Organisation; Schule; sozialer Wandel; Wirtschaft

Längsschnittuntersuchungen:
- Programme for International Student Assessment (siehe Nr. 259)
- Programme for the International Assessment of Adult Competencies (siehe Nr. 260)

[65] Österreichische Bibliothekenverbund und Service GmbH (OBVSG)

„Die OBVSG ist die Dienstleistungs- und operative Leitungseinrichtung für den Österreichischen Bibliothekenverbund (OBV). Dieser ist ein Katalogisierungs- und Dienstleistungsverbund vorwiegend für wissenschaftliche Bibliotheken, aber auch offen für andere Bibliothekstypen. Derzeit arbeiten ca. 80 Bibliotheken im Verbund zusammen."[69]

Homepage: www.obvsg.at

Fachgebiet: IT-Dienstleistungen für Bibliotheken

Portal:
- Suchmaschine des Österreichischen Bibliothekenverbundes (siehe Nr. 192)

---

[68] www.oecd.org/berlin/dieoecd. Zugegriffen: 01. Juni 2015
[69] www.obvsg.at/wir-ueber-uns/aufgaben. Zugegriffen: 01. Juni 2015

[66] Österreichische Nationalbibliothek (ÖNB)

„Als zentrale Archivbibliothek des Landes erhält die Österreichische Nationalbibliothek auf der Grundlage des österreichischen Mediengesetzes Bibliotheksstücke von allen in Österreich erschienenen Publikationen inklusive der elektronischen (Offline- und Online-) Medien (Pflichtexemplare). ... Bezüglich im Ausland erschienener Literatur liegen ihre Sammelschwerpunkte auf den Auslandsaustriaca sowie den Geisteswissenschaften im Allgemeinen."[70]
Homepage: www.onb.ac.at
Fachgebiete: Bildung; fachübergreifend; Kultur; Pädagogik; Politikwissenschaft; Psychologie; Soziologie
Portal:
- QuickSearch (siehe Nr. 174)

[67] Population Europe

"Our collaborative network builds upon a unique knowledge base that includes the leading research centres of Europe. The partner institutes of Population Europe cover a broad array of topics and utilise innovative methods in the field of population studies. We collaborate further with some of the most recognised international institutions working on population and policy issues."[71]
Homepage: www.population-europe.eu
Fachgebiete: Bevölkerung; Demografie
Portal:
- Population Europe Resource Finder & Archive (siehe Nr. 166)

[68] ProQuest

"ProQuest connects people to information anywhere they study, work, invent or seek to learn. Researchers are empowered to discover, grow and thrive with an extraordinary collection of content from 90,000 authoritative publishers that spans six centuries and is delivered in multiple formats. Expert abstracting and indexing as well as innovative technologies enable precision searching, enhanced discovery, and better outcomes for every type of researcher, from K-12, commu-

---

[70] www.onb.ac.at/about/sammelrichtlinien.htm. Zugegriffen: 01. Juni 2015
[71] www.population-europe.eu/AboutUs/Overview.aspx. Zugegriffen: 01. Juni 2015

nity college, and graduate students to faculty, patents, R&D, and information professionals."[72]

Homepage: www.proquest.com
Fachgebiete: Bildung; fachübergreifend; Kultur; Pädagogik; Politikwissenschaft; Psychologie; Soziologie
Datenbanken:
- ASSIA: Applied Social Sciences Index and Abstracts (siehe Nr. 285)
- IBSS: International Bibliography of the Social Sciences (siehe Nr. 324)
- PAIS International (siehe Nr. 335)
- Periodicals Archive Online (siehe Nr. 336)
- Periodicals Index Online (siehe Nr. 337)
- Physical Education Index (siehe Nr. 338)
- ProQuest Dissertations & Theses Database (siehe Nr. 341)
- ProQuest Dissertations & Theses Open (siehe Nr. 342)
- ProQuest Political Science (siehe Nr. 343)
- ProQuest Social Science Journals (siehe Nr. 344)
- ProQuest Sociology (siehe Nr. 345)
- Social Services Abstracts (siehe Nr. 356)
- Sociological Abstracts (siehe Nr. 358)
- Worldwide Political Science Abstracts (siehe Nr. 367)

[69] Rat für Sozial-und Wirtschaftsdaten (RatSWD)

„Der Rat für Sozial- und Wirtschaftsdaten (RatSWD) ist ein unabhängiges Gremium bestehend aus empirisch arbeitenden Wissenschaftlerinnen und Wissenschaftlern sowie Vertreterinnen und Vertretern wichtiger Datenproduzenten. Er wurde 2004 vom Bundesministerium für Bildung und Forschung eingerichtet mit der Zielsetzung die Forschungsdateninfrastruktur für die empirische Forschung nachhaltig zu verbessern und somit zu ihrer internationalen Wettbewerbsfähigkeit beizutragen. ... Der RatSWD hat sich als institutionalisierter Ort des Austauschs und der Vermittlung zwischen den Interessen von Wissenschaft und Datenproduzenten etabliert und erfüllt dabei eine wichtige Rolle als Kommunikations- und Koordinations-Plattform. Das Gremium nimmt in den Sozial-, Verhaltens und Wirtschaftswissenschaften in Bezug auf die Standardsetzung und Qualitätssicherung sowie die weitere Entwicklung der Forschungsda-

---

[72] www.proquest.com/researchers. Zugegriffen: 01. Juni 2015

tenzentren und Datenservicezentren eine beratende und initiierende Funktion wahr."[73]

Homepage: www.ratswd.de

Fachgebiete: fachübergreifend; Pädagogik; Politikwissenschaft; Psychologie; Sozialwissenschaften; Soziologie; Wirtschaftswissenschaften

Forschungsdatenzentren:
- Datenservicezentrum Betriebs- und Organisations-Daten (siehe Nr. 87)
- FDZ „Gesundheitsmonitoring" am Robert Koch-Institut (siehe Nr. 88)
- FDZ ALLBUS bei GESIS (siehe Nr. 89)
- FDZ am Institut zur Qualitätsentwicklung im Bildungswesen (siehe Nr. 90)
- FDZ Bildung am DIPF (siehe Nr. 91)
- FDZ der Bundesagentur für Arbeit im Institut für Arbeitsmarkt- und Berufsforschung (siehe Nr. 92)
- FDZ der Bundeszentrale für gesundheitliche Aufklärung (siehe Nr. 93)
- FDZ der Rentenversicherung (siehe Nr. 94)
- FDZ der Statistischen Ämter der Länder (siehe Nr. 95)
- FDZ des Beziehungs- und Familienpanels (siehe Nr. 96)
- FDZ des Bundesinstituts für Berufsbildung (siehe Nr. 97)
- FDZ des Deutschen Jugendinstituts (siehe Nr. 98)
- FDZ des Deutschen Zentrums für Altersfragen (siehe Nr. 99)
- FDZ des Leibniz-Instituts für Bildungsverläufe e. V. an der Otto-Friedrich-Universität Bamberg (siehe Nr. 100)
- FDZ des Sozio-oekonomischen Panels (siehe Nr. 101)
- FDZ des Statistischen Bundesamtes (siehe Nr. 102)
- FDZ des Survey of Health, Ageing and Retirement in Europe (siehe Nr. 103)
- FDZ German Microdata Lab (siehe Nr. 104)
- FDZ Internationale Umfrageprogramme bei GESIS (siehe Nr. 105)
- FDZ PIAAC bei GESIS (siehe Nr. 106)
- FDZ PsychData des Leibniz-Zentrums für Psychologische Information und Dokumentation (siehe Nr. 107)
- FDZ Wahlen bei GESIS (siehe Nr. 108)
- Internationales Datenservicezentrum des Forschungsinstituts zur Zukunft der Arbeit (siehe Nr. 109)
- SFB 882 FDZ (siehe Nr. 110)

---

[73] www.ratswd.de/ratswd/aufgaben. Zugegriffen: 01. Juni 2015

[70] Robert Koch-Institut (RKI)

„Das Robert Koch-Institut ist das nationale Public-Health-Institut für Deutschland. Mit Public Health wird die Gesundheit der Bevölkerung bezeichnet. Die wichtigsten Arbeitsbereiche des Robert Koch-Instituts sind die Bekämpfung von Infektionskrankheiten und die Analyse langfristiger gesundheitlicher Trends in der Bevölkerung. Im Hinblick auf das Erkennen neuer gesundheitlicher Risiken nimmt das RKI eine ‚Antennenfunktion' im Sinne eines Frühwarnsystems wahr. ... Es erhebt und bewertet Daten, die dem Schutz der Gesundheit der Bevölkerung dienen und entwickelt Empfehlungen zur Gesundheitsförderung und Krankheitsvermeidung."[74]
Homepage: www.rki.de
Fachgebiete: Epidemiologie; Gesundheit; Gesundheitsforschung; Gesundheitspolitik; Krankheit; Medizin; Public Health
Forschungsdatenzentrum:
- FDZ „Gesundheitsmonitoring" am Robert Koch-Institut (siehe Nr. 88)

Längsschnittuntersuchungen:
- Gesundheit in Deutschland aktuell (siehe Nr. 238)
- Studie zur Gesundheit Erwachsener in Deutschland (siehe Nr. 270)
- Studie zur Gesundheit von Kindern und Jugendlichen in Deutschland (siehe Nr. 271)

[71] Schweizerische Nationalbibliothek (NB)

„Die Aufgabe der Schweizerischen Nationalbibliothek ist es, gedruckte oder auf anderen Informationsträgern gespeicherte Informationen, die einen Bezug zur Schweiz haben, zu sammeln, zu erschliessen, zu erhalten und zu vermitteln."[75]
Homepage: www.nb.admin.ch
Fachgebiete: Bildung; fachübergreifend; Kultur; Pädagogik; Politikwissenschaft; Psychologie; Soziologie
Portal:
- Helveticat (siehe Nr. 145)

---

[74] www.rki.de/DE/Content/Institut/Leitbild/Leitbild_node. Zugegriffen: 01. Juni 2015
[75] www.nb.admin.ch > Die NB > Auftrag. Zugegriffen: 01. Juni 2015

[72] Servicestelle für Elektronische ForschungsförderInformationen (ELFI)

„ELFI ist die Servicestelle für ELektronische ForschungsförderInformationen im deutschsprachigen Raum. Wir betreiben eine Datenbank, die Informationen zur Forschungsförderung sammelt und gezielt aufbereitet. Diese werden Wissenschaftlern, Forschungsreferenten, Studierenden sowie Unternehmen per Internet zur Verfügung gestellt."[76]
Homepage: www.elfi.info
Fachgebiete: fachübergreifend; Forschungsförderung; Pädagogik; Politikwissenschaft; Psychologie; Soziologie
Datenbank:
- ELFI-Datenbank (siehe Nr. 300)

[73] Springer VS

„Springer VS ist der führende Verlag für klassische und digitale Lehr- und Fachmedien im Bereich Sozialwissenschaften im deutschsprachigen Raum. Das Programm steht für hochwertige Inhalte und kompetenten Service rund um die Themen Soziologie | Politik | Pädagogik | Medien | Ethik | Philosophie | Geschichte. ... Dabei beinhaltet das Portfolio gedruckte Bücher und eBooks, Zeitschriften sowie Online-Angebote. ... Im Jahr 2012 ist Springer VS aus dem 2004 gegründeten VS Verlag (Westdeutscher Verlag 1947 | Leske + Budrich 1974) sowie dem deutschsprachigen sozialwissenschaftlichen Programm des Springer-Verlags entstanden und ist Teil von Springer Science+Business Media."[77]
Homepage: www.springer.com/springer+vs
Fachgebiete: Pädagogik; Politikwissenschaft; Sozialwissenschaften; Soziologie
Portal:
- SpringerLink (siehe Nr. 187)

[74] Staats- und Universitätsbibliothek Hamburg Carl von Ossietzky

„Die Staats- und Universitätsbibliothek Hamburg Carl von Ossietzky (Stabi) ist Hamburgs größte wissenschaftliche Allgemeinbibliothek und gleichzeitig die zentrale Bibliothek der Universität Hamburg und der anderen Hochschulen der

---

[76] www.elfi.info. Zugegriffen: 01. Juni 2015
[77] www.springer.com/springer+vs/Über+uns?SGWID=0-1750619-0-0-0#mainnav-Springer VS. Zugegriffen: 01. Juni 2015

Stadt. Sie dient der Literatur- und Informationsversorgung von Wissenschaft, Kultur, Presse, Wirtschaft und Verwaltung. Für die Freie und Hansestadt Hamburg versieht sie die Aufgaben einer Landes- und Archivbibliothek. Gemeinsam mit den Bibliotheken der Universität Hamburg und der Ärztlichen Zentralbibliothek des UKE bildet sie das Bibliothekssystem Universität Hamburg."[78]
Homepage: www.sub.uni-hamburg.de
Fachgebiete: Bildung; fachübergreifend; Kultur; Pädagogik; Politikwissenschaft; Psychologie; Soziologie
Datenbank:
- Webis - Sammelschwerpunkte an deutschen Bibliotheken (siehe Nr. 365)

Portale:
- Beluga (siehe Nr. 113)
- Library Online Tour and Self-Paced Education (siehe Nr. 159)
- Virtuelle Fachbibliothek Politikwissenschaft (siehe Nr. 198)

[75] Staatsbibliothek zu Berlin - Preußischer Kulturbesitz (SBB-PK / SPK)

„Als größte wissenschaftliche Universalbibliothek Deutschlands ist die Staatsbibliothek zu Berlin - Preußischer Kulturbesitz ein Zentrum der nationalen und internationalen Literaturversorgung. Über 11 Millionen Bände umfasst allein ihr seit mehr als 350 Jahren gewachsener Druckschriftenbestand, hinzu kommen über 2,2 Millionen weitere Druckwerke und andere oft unikale Materialien in den Sondersammlungen - darunter abendländische und orientalische Handschriften, Musikautographe, Autographe und Nachlässe, Karten, historische Zeitungen - sowie mehr als 10 Millionen Mikroformen und im Bildarchiv über 12 Millionen Motive. Eine ständig wachsende Zahl an Datenbanken und anderen elektronischen Ressourcen ergänzen die Bestände."[79]
Homepage: www.staatsbibliothek-berlin.de
Fachgebiete: Bildung; fachübergreifend; Kultur; Pädagogik; Politikwissenschaft; Psychologie; Soziologie
Datenbank:
- Zeitschriftendatenbank (siehe Nr. 368)

---

[78] www.sub.uni-hamburg.de/bibliotheken/staatsbibliothek/portrait.html. Zugegriffen: 01. Juni 2015

[79] www.staatsbibliothek-berlin.de > Die Staatsbibliothek > Porträt. Zugegriffen: 01. Juni 2015

Portal:
- stabikat+ (siehe Nr. 188)

[76] Statistisches Amt der Europäischen Union (Eurostat)

„Die wichtigste Aufgabe Eurostats ist die Verarbeitung und Veröffentlichung vergleichbarer statistischer Daten auf europäischer Ebene. Wir bemühen uns um eine gemeinsame statistische ‚Sprache' für Begriffe, Methoden, Strukturen und technische Normen. Eurostat selbst erhebt keine Daten. Das tun die Statistikbehörden der Mitgliedstaaten. Sie prüfen und analysieren nationale Daten und übermitteln sie an Eurostat. Unsere Aufgabe ist es, die Daten zu konsolidieren und zu gewährleisten, daß sie vergleichbar sind, d.h. nach einer einheitlichen Methodik erstellt werden. Eurostat ist der einzige Lieferant statistischer Daten auf europäischer Ebene, und die Daten, die wir herausgeben, sind soweit wie möglich harmonisiert."[80]
Homepage: http://ec.europa.eu/eurostat
Fachgebiet: amtliche statistische Informationen
Längsschnittuntersuchungen:
- Arbeitskräfteerhebung der Europäischen Union (siehe Nr. 208)
- Erhebung über die berufliche Weiterbildung (siehe Nr. 221)
- Erhebung über Erwachsenenbildung (siehe Nr. 223)
- Europäische Gesundheitsumfrage (siehe Nr. 227)
- EU-Statistik über Einkommen und Lebensbedingungen (siehe Nr. 232)
- Gemeinschaftsstatistiken zur Informationsgesellschaft (siehe Nr. 235)
- Verdienststrukturerhebung (siehe Nr. 275)

Portale:
- Geografische Informationssystem der Europäische Kommission (siehe Nr. 139)
- Portal on Collaboration in Research and Methodology for Official Statistics (siehe Nr. 169)

[77] Statistisches Bundesamt (destatis)

„Das Statistische Bundesamt ist der führende Anbieter amtlicher statistischer Informationen in Deutschland. Wir sind rund 2 400 Beschäftigte, die in Wiesba-

---

[80] http://ec.europa.eu/eurostat/about/overview/what-we-do. Zugegriffen: 01. Juni 2015

den, Bonn und Berlin statistische Informationen erheben, sammeln, aufbereiten, darstellen und analysieren. ... Wir garantieren, dass unsere Einzeldaten neutral, objektiv sowie wissenschaftlich unabhängig sind und vertraulich behandelt werden. ... In Wiesbaden betreiben wir die größte Spezialbibliothek für Statistik in Deutschland."[81]

Homepage: www.destatis.de
Fachgebiet: amtliche statistische Informationen
Datenbanken:
- Regionaldatenbank Deutschland (siehe Nr. 351)
- Zensusdatenbank (siehe Nr. 370)

Forschungsdatenzentrum:
- FDZ des Statistischen Bundesamtes (siehe Nr. 102)

Längsschnittuntersuchungen:
- Einkommens- und Verbrauchsstichprobe (siehe Nr. 219)
- Erhebung über die private Nutzung von Informations- und Kommunikationstechnologien (siehe Nr. 222)
- EU-Statistik über Einkommen und Lebensbedingungen (siehe Nr. 232)
- Mikrozensus (siehe Nr. 250)

Portale:
- Gemeinsames neues statistisches Informationssystem der statistischen Ämtern des Bundes und der Länder (siehe Nr. 137)
- Informationssystem der Gesundheitsberichterstattung (siehe Nr. 148)

[78] Stiftung Preußischer Kulturbesitz (SPK)

„Die Stiftung Preußischer Kulturbesitz ist eine weltweit renommierte Kultureinrichtung und ein bedeutender Akteur in den Geistes- und Sozialwissenschaften. Zu ihr gehören Museen, Bibliotheken, Archive und Forschungsinstitute. Ihre Sammlungen haben universalen Charakter. Sie dokumentieren die kulturelle Entwicklung der Menschheit von den Anfängen bis in die Gegenwart, in Europa wie in anderen Kontinenten. Sie sind in Brandenburg und Preußen entstanden und enzyklopädisch gewachsen. ... Unter dem Dach der Stiftung sind fünf Einrichtungen vereint: die Staatlichen Museen zu Berlin, die Staatsbibliothek zu

---

[81] www.destatis.de > Über uns. Zugegriffen: 01. Juni 2015

Berlin, das Geheime Staatsarchiv Preußischer Kulturbesitz, das Ibero-Amerikanische Institut und das Staatliche Institut für Musikforschung."[82]
Homepage: www.preussischer-kulturbesitz.de
Fachgebiete: audiovisuelle Medien; Bildung; fachübergreifend; Kultur; Pädagogik; Politikwissenschaft; Psychologie; Soziologie
Portale:
- Archivportal-D (siehe Nr. 112)
- Deutsche Digitale Bibliothek (siehe Nr. 124)

[79] Stiftung Wissenschaft und Politik - Deutsches Institut für Internationale Politik und Sicherheit (SWP)

„Seit mehr als 50 Jahren berät die Stiftung Wissenschaft und Politik den Bundestag und die Bundesregierung ebenso wie die Wirtschaft und eine interessierte Fachöffentlichkeit in außenpolitischen Fragen. Waren dies zu Beginn der Stiftungsarbeit vor allem Fragen der Abrüstung, reicht das Spektrum heute von der klassischen Sicherheitspolitik bis hin zu Aspekten des Klimaschutzes und politischer Herausforderungen angesichts knapper Ressourcen."[83]
Homepage: www.swp-berlin.org
Fachgebiete: Außenpolitik; internationale Beziehungen; Politik; Politikwissenschaft; politische Willensbildung; Sicherheitspolitik
Datenbank:
- World Affairs Online (siehe Nr. 366)

Portal:
- IREON - Fachportal Internationale Beziehungen und Länderkunde (siehe Nr. 154)

[80] Thomson Reuters Corporation

"Thomson Reuters is the world's leading source of intelligent information for businesses and professionals. We combine industry expertise with innovative technology to deliver critical information to leading decision makers in the fi-

---

[82] www.preussischer-kulturbesitz.de > Über uns > Profil der SPK. Zugegriffen: 01. Juni 2015
[83] www.swp-berlin.org/de/ueber-uns.html. Zugegriffen: 01. Juni 2015

nancial and risk, legal, tax and accounting, intellectual property and science and media markets, powered by the world's most trusted news organization."[84]
Homepage: http://thomsonreuters.com
Fachgebiete: Bildung; fachübergreifend; Pädagogik; Politikwissenschaft; Psychologie; Soziologie; Wirtschaft
Portal:
- Web of Science (siehe Nr. 199)

[81] Umweltbundesamt (UBA)

„Als Deutschlands zentrale Umweltbehörde kümmern wir uns darum, dass es in Deutschland eine gesunde Umwelt gibt, in der Menschen so weit wie möglich vor schädlichen Umwelteinwirkungen, wie Schadstoffen in Luft oder Wasser, geschützt leben können. Unsere Themenpalette ist breit - von der Abfallvermeidung über den Klimaschutz bis zur Zulassung von Pflanzenschutzmitteln. Daten über den Zustand der Umwelt zu erheben, Zusammenhänge zu erforschen, Prognosen für die Zukunft zu erstellen und mit diesem Wissen die Bundesregierung, wie etwa das Bundesumweltministerium, für ihre Politik zu beraten, ist unser Auftrag. Aber auch die Öffentlichkeit in Umweltfragen zu informieren und für Ihre Fragen da zu sein, gehört zu unseren Aufgaben."[85]
Homepage: www.umweltbundesamt.de
Fachgebiete: Energie; Gesundheit; Klima; Ökologie; Technikfolgenabschätzung; Umwelt; Umweltbelastung; Umweltpolitik; Verkehr
Datenbank:
- Umweltforschungsdatenbank (siehe Nr. 364)

Längsschnittuntersuchung:
- Deutsche Umweltstudie zur Gesundheit (siehe Nr. 213)

[82] Universitäts- und Stadtbibliothek Köln

„Die Universitäts- und Stadtbibliothek Köln versorgt als zentrale wissenschaftliche Serviceeinrichtung sowohl Studierende und Mitarbeiter der Universität als auch Einwohner der Stadt und der Region mit Literatur, Wissen und Information. ... Mit umfangreichen Spezialbeständen und Sammelschwerpunkten (Betriebswirtschafts-

---

[84] http://thomsonreuters.com/about-us. Zugegriffen: 01. Juni 2015
[85] www.umweltbundesamt.de/das-uba/wer-wir-sind. Zugegriffen: 01. Juni 2015

lehre, Sozialwissenschaften, Versicherungslehre, Kulturkreis Belgien / Luxemburg, rheinisches Schrifttum, Europäische Union, Island-Sammlung) spricht die Bibliothek besonders auch überregionale und außeruniversitäre Kundenkreise an."[86]
Homepage: www.ub.uni-koeln.de
Fachgebiete: Bildung; fachübergreifend; Kultur; Pädagogik; Politikwissenschaft; Psychologie; Soziologie; Wirtschaftswissenschaften

[83] Universitätsbibliothek Bielefeld

„Die Universitätsbibliothek Bielefeld ist mit über 2 Millionen Büchern und Zeitschriften nicht nur die zentrale Hochschulbibliothek für die 1967 gegründete Universität Bielefeld"[87]
Homepage: www.ub.uni-bielefeld.de/biblio
Fachgebiete: fachübergreifend; Pädagogik; Politikwissenschaft; Psychologie; Soziologie
Forschungsdatenzentrum:
- Datenservicezentrum Betriebs- und Organisations-Daten (siehe Nr. 87)

Portal:
- Bielefeld Academic Search Engine (siehe Nr. 114)

[84] Universitätsbibliothek Johann Christian Senckenberg Frankfurt am Main

„Die Universitätsbibliothek Frankfurt am Main zählt mit ihren umfangreichen Beständen und Sammlungen ... zu den zentralen wissenschaftlichen Bibliotheken in der Bundesrepublik Deutschland."[88]
Homepage: www.ub.uni-frankfurt.de
Fachgebiete: Bildung; fachübergreifend; Kultur; Pädagogik; Politikwissenschaft; Psychologie; Soziologie
Portal:
- HeBIS-Portal (siehe Nr. 144)

---

[86] www.ub.uni-koeln.de > Über uns > Profil. Zugegriffen: 01. Juni 2015
[87] www.ub.uni-bielefeld.de/biblio/profil. Zugegriffen: 01. Juni 2015
[88] www.ub.uni-frankfurt.de > Über uns. Zugegriffen: 01. Juni 2015

Institutionen

[85] Universitätsbibliothek Regensburg

„Die Bibliothek bietet ein breites Spektrum an Diensten und Serviceleistungen an. Ihre Aufgabe ist die wissenschaftsorientierte Beschaffung, Bereitstellung und Erschließung von Medien aller Art."[89]
Homepage: www.uni-regensburg.de/bibliothek
Fachgebiete: Bildung; fachübergreifend; Kultur; Pädagogik; Politikwissenschaft; Psychologie; Soziologie
Datenbanken:
- Datenbank-Infosystem (siehe Nr. 291)
- Elektronische Zeitschriftenbibliothek (siehe Nr. 298)

[86] Wissenschaftszentrum Berlin für Sozialforschung (WZB)

„Das Wissenschaftszentrum Berlin für Sozialforschung (WZB) betreibt problemorientierte Grundlagenforschung. Untersucht werden Entwicklungen, Probleme und Innovationschancen moderner Gesellschaften. Die Forschung ist theoriegeleitet, praxisbezogen, oft langfristig angelegt und meist international vergleichend. Das WZB forscht zu diesen thematischen Schwerpunkten:
- Bildung, Arbeit und Lebenschancen
- Markt und Entscheidung
- Gesellschaft und wirtschaftliche Dynamik
- Internationale Politik und Recht
- Wandel politischer Systeme
- Migration und Diversität"[90]

Homepage: www.wzb.eu
Fachgebiete: Arbeitsmarktforschung; Berufsforschung; Bildungsforschung; Gesellschaft; Gesellschaftstheorie; internationale Politik; Migration; Politikwissenschaft; Sozialwissenschaften; Soziologie; Wirtschaft

---

[89] www.bibliothek.uni-regensburg.de/ubr/profil.htm. Zugegriffen: 01. Juni 2015
[90] www.wzb.eu/de/ueber-das-wzb. Zugegriffen: 01. Juni 2015

Forschungsdatenzentren

Vorbemerkungen

Für Textquellen gibt es mit Bibliotheken und Archiven schon immer eine traditionsreiche, allgemein zugängliche, qualitätsgeleitet sammelnde und bestandssichernde Infrastruktur. Für Forschungsdaten fehlt eine derart ausgebaute Infrastruktur derzeit noch.

Für eine Vielzahl von Datenproduzenten (z. B. die Statistischen Ämter, die Sozialversicherungen) sind Zugänglichkeit und Archivierung ihrer Datenbestände nicht einheitlich geregelt. Sozialwissenschaftliche Umfragedaten werden seit 1960 in Deutschland insbesondere durch die heutige GESIS-Abteilung Datenarchiv für Sozialwissenschaften (früher Zentralarchiv für Empirische Sozialforschung – ZA) aufbereitet, archiviert und der wissenschaftlich interessierten Öffentlichkeit zugänglich gemacht.

Mit dem Rat für Sozial- und Wirtschaftsdaten (RatSWD, siehe Nr. 69) wird die Institutionalisierung einer modernen informationellen Infrastruktur seit 2004 unterstützt. Der Rat „nimmt in den Sozial-, Verhaltens- und Wirtschaftswissenschaften in Bezug auf die Standardsetzung und Qualitätssicherung sowie die weitere Entwicklung bei den Forschungsdatenzentren und Datenservicezentren eine beratende, initiierende und qualitätssichernde Rolle wahr."[91] Damit soll eine nachhaltige Verbesserung der Forschungsdateninfrastruktur für die empirische Forschung erreicht werden. Die Datenservice- und die Forschungsdatenzentren (FDZ) bieten Zugang zu den in hoher Qualität aufbereiteten Forschungsdaten und den Daten der amtlichen Statistik.

Die Entwicklung der Forschungsdateninfrastruktur vollzieht sich nach wie vor sehr dynamisch. Zum Redaktionsschluss waren 29 Datenzentren durch den RatSWD akkreditiert. Dem inhaltlichen Rahmen des Buches folgend, werden in diesem Kapitel 24 von ihnen näher beschrieben.

Die Darstellung der Datenservice- und die Forschungsdatenzentren basiert weitgehend auf den im Internetangebot des RatSWD publizierten Informationen zu den akkreditierten Datenzentren. Im Kapitel „Längsschnittuntersuchungen" dieses Buches werden aus dem breiten Angebot der FDZ nur solche aufgeführt, die noch nicht abgeschlossen sind und mindesten drei Erhebungswellen umfassen (einschließlich aktuell laufender Vorbereitungen für eine dritte Welle).

---

[91] www.ratswd.de/ratswd/aufgaben. Zugegriffen 03. Juni 2015

Inhalt

Datenservicezentrum Betriebs- und Organisations-Daten (DSZ-BO) 67
Forschungsdatenzentrum „Gesundheitsmonitoring" am Robert
Koch-Institut (FDZ-RKI) 68
Forschungsdatenzentrum ALLBUS bei GESIS 69
Forschungsdatenzentrum am Institut zur Qualitätsentwicklung im
Bildungswesen (IQB) 70
Forschungsdatenzentrum Bildung am DIPF (FDZ Bildung) 70
Forschungsdatenzentrum der Bundesagentur für Arbeit im Institut für
Arbeitsmarkt- und Berufsforschung (FDZ BA/IAB) 72
Forschungsdatenzentrum der Bundeszentrale für gesundheitliche Aufklärung
(FDZ-BZgA) 73
Forschungsdatenzentrum der Rentenversicherung (FDZ-RV) 74
Forschungsdatenzentrum der Statistischen Ämter der Länder (FDZ Länder) 75
Forschungsdatenzentrum des Beziehungs- und Familienpanels (FDZ pairfam) . 75
Forschungsdatenzentrum des Bundesinstituts für Berufsbildung (BIBB-FDZ) .. 76
Forschungsdatenzentrum des Deutschen Jugendinstituts (FDZ-DJI) 77
Forschungsdatenzentrum des Deutschen Zentrums für Altersfragen
(FDZ-DZA) 78
Forschungsdatenzentrum des Leibniz-Instituts für Bildungsverläufe
e. V. an der Otto-Friedrich-Universität Bamberg (FDZ-LIfBi) 79
Forschungsdatenzentrum des Sozio-oekonomischen Panels (FDZ-SOEP) 80
Forschungsdatenzentrum des Statistischen Bundesamtes (FDZ-Bund) 81
Forschungsdatenzentrum des Survey of Health, Ageing and Retirement in
Europe (FDZ-Share) 83
Forschungsdatenzentrum German Microdata Lab (FDZ GML) 84
Forschungsdatenzentrum Internationale Umfrageprogramme bei GESIS 85
Forschungsdatenzentrum PIAAC bei GESIS 86
Forschungsdatenzentrum PsychData des Leibniz-Zentrums für
Psychologische Information und Dokumentation (FDZ-ZPID) 87
Forschungsdatenzentrum Wahlen bei GESIS 88
Internationales Datenservicezentrum des Forschungsinstituts zur Zukunft
der Arbeit (FDZ-IDSC) 89
SFB 882 Forschungsdatenzentrum 90

[87] Datenservicezentrum Betriebs- und Organisations-Daten (DSZ-BO)

„Das DSZ-BO an der Universität Bielefeld ist ein zentrales Archiv für quantitative und qualitative Betriebs- und Organisationsdaten. Es archiviert diese, informiert über deren Bestand und stellt Datensätze für sekundäranalytische Zwecke zur Verfügung. Über die Archivierung von Studien und Datensätzen wird eine langfristige Sicherung und nachhaltige Verfügbarkeit der Daten gewährleistet. In Absprache mit den verantwortlichen Wissenschaftlerinnen und Wissenschaftlern wird der Zugang zu einzelnen Datensätzen als Scientific-Use-Files, via Datenfernverarbeitung oder im Rahmen von Gastaufenthalten ermöglicht. Das DSZ-BO bietet ausführliche Informationen zu aktuellen Forschungsprojekten und -publikationen, erarbeitet Konzepte zur methodischen Beratung, Fort- und Weiterbildung und berät bei Fragen zur Erhebung und -analyse von Organisationsdaten.

Datenangebot:
Betriebs- und Unternehmensdaten: Verknüpfte Personen-Betriebsbefragung im Anschluss an den ALLBUS 2008 (2009), BEATA-Beschäftigten-Partnerdatensatz (2008-2009), Wissenstransfer im Krankenhaus (2006), Wissenstransfer im Kontext sozialer Arbeit (2007-2008), Betriebsräte und Wissensmanagement (2001-2002), SFB580-B2-Betriebsdaten (2002/04/06), VGIO-Veränderungsprozesse und Gerechtigkeit in Organisationen (1999), Betriebliche Vorschlagswesen in Deutschland (1985-2005), Betriebsvereinbarungen in der Wahrnehmung von Personalverantwortlichen (2003), Innovationsverhalten Klein- und Mittelständischer Unternehmen (2003), Schweizer Betriebsbefragung zur Weiterbildung (2008), Betriebsklima-Daten (1994-2002)
Qualitative Daten: VGIO-Veränderungsprozesse und Gerechtigkeit in Organisationen (1999), NAR-Nachhaltigkeit von Arbeit und Rationalisierung (2004-2005), InnoKenn-Innovationsfähigkeit von Unternehmen (2007-2009), SFB580-B8 Demografischer Wandel und der Arbeitsmarkt des öffentlichen Sektors (2006-2007)"[92]
Homepage: www.uni-bielefeld.de/dsz-bo
Fachgebiete: Arbeitswelt; Betriebs- und Organisationsuntersuchungen; industrielle Beziehungen; Mitbestimmung; Wirtschaft
Portal:
– Studienportal (siehe Nr. 190)

---

[92] www.ratswd.de/forschungsdaten/fdz-bo. Zugegriffen: 28. Mai 2015

[88] Forschungsdatenzentrum „Gesundheitsmonitoring" am Robert Koch-Institut (FDZ-RKI)

„Das Forschungsdatenzentrum ‚Gesundsheitsmonitoring' am Robert Koch-Institut (RKI) stellt die Daten bevölkerungsrepräsentativer Gesundheitssurveys in Form von Public Use Files (PUFs) zur Verfügung. Das Hauptanliegen von Gesundheits-surveys besteht darin, unter optimalem Einsatz von Mitteln maximale Information zum Gesundheitszustand und zum Gesundheitsverhalten der Wohnbevölkerung in Deutschland zu gewinnen. Die Methodik, d.h. das Stichprobendesign, die Grundlagen zu Operationalisierung und Messung sowie Datenerhebungstechniken, ist weitgehend angelehnt an die bewährten Verfahren der empirischen Sozialforschung. Dabei werden im Rahmen von Health Interview Surveys (HIS) etablierte Befragungstechniken wie das Ausfüllen von Fragebogen, die Telefonabfrage (CATI), das Computer-Assistierte-Persönliche-Interview (CAPI) bzw. die Online-Befragung per Internet oder E-Mail angewendet. Der wesentliche Unterschied im Vergleich zu rein sozialwissenschaftlichen Erhebungen liegt in den zusätzlichen Untersuchungen, Tests und medizinisch-biochemischen Messungen, die neben den Befragungsergebnissen einen deutlichen Mehrwert ergeben; dieser Teil wird international als Health Examination Survey (HES) bezeichnet. ...

Datenangebot:
Gesundheitsdaten: Nationaler Gesundheitssurvey der Deutschen Herz-Kreislauf Präventionsstudie (DHP, 1984-1992), Gesundheitssurvey Ost/West (1990-1992), Bundesgesundheitssurvey (BGS98, 1998-1999), Kinder- und Jugendgesundheitssurvey (KiGGS, 2003-2006), Telefonischer Gesundheitssurvey (GSTel03, 2003), Gesundheit in Deutschland aktuell (GEDA, 2009/10)"[93]

Homepage: www.rki.de > Gesundheitsmonitoring

Fachgebiete: Gesundheit; Gesundheitspolitik; Gesundheitsstatus; Jugend; Kindheit; Krankheit

Längsschnittuntersuchungen:
- Gesundheit in Deutschland aktuell (siehe Nr. 238)
- Studie zur Gesundheit Erwachsener in Deutschland (siehe Nr. 270)
- Studie zur Gesundheit von Kindern und Jugendlichen in Deutschland (siehe Nr. 271)

---

[93] www.ratswd.de/forschungsdaten/fdz-rki. Zugegriffen: 28. Mai 2015

[89] Forschungsdatenzentrum ALLBUS bei GESIS

„Das Forschungsdatenzentrum ALLBUS (Allgemeine Bevölkerungsumfrage der Sozialwissenschaften) gibt allen wissenschaftlich interessierten Personen geregelten und nutzerfreundlichen Zugang zu einem der zentralen Surveyprogramme Deutschlands, das organisatorisch von GESIS getragen wird. Im ALLBUS-Surveyprogramm werden seit 1980 regelmäßig im Abstand von zwei Jahren repräsentative Querschnittssamples der Bevölkerung mit einem teils konstanten, teils variablen Erhebungsprogramm befragt. Die erhobenen hochwertig aufbereiteten und ausführlich dokumentierten Daten ermöglichen:
- Untersuchung von sozialen Lagen, Einstellungen, Werten und Verhaltensweisen in Deutschland
- Analysen des sozialen Wandels im Zeitverlauf (social monitoring)
- die Untersuchung methodischer Fragestellungen
- Datenbereitstellung für Personen in Forschung und Ausbildung

Die Daten liegen in verschiedenen nutzerfreundlich aufbereiteten Versionen vor und stehen unmittelbar nach ihrer Aufbereitung und Dokumentation allen Interessenten in Forschung und Ausbildung zur Verfügung. Einzelheiten der Erhebungen werden jeweils in speziellen ALLBUS-Methodenberichten dokumentiert. Diese verschiedenen Materialien werden durch ein umfangreiches Internetangebot ergänzt. Alle Analysen des ALLBUS können von den Nutzern unabhängig und eigenständig publiziert werden. ...
Datenangebot:
Personendaten: ALLBUS-Einzelstudien, Vollversionen (1980-2012), ALLBUScompact (1980-2012), ALLBUS-Zeitreihen (ALLBUS-Kumulation) (1980-2012)"[94]
Homepage: www.gesis.org/fdzallbus
Fachgebiete: Lebensbedingungen; Lebensqualität; soziale Ungleichheit; sozialer Wandel; Werte; Wertewandel
Längsschnittuntersuchung:
- ALLBUS - Allgemeine Bevölkerungsumfrage der Sozialwissenschaften (siehe Nr. 206)

---

[94] www.ratswd.de/forschungsdaten/fdz-allbus. Zugegriffen: 28. Mai 2015

[90] Forschungsdatenzentrum am Institut zur Qualitätsentwicklung im Bildungswesen (IQB)

„Das Forschungsdatenzentrum (FDZ) am Institut zur Qualitätsentwicklung im Bildungswesen (IQB) archiviert, dokumentiert und stellt die Datensätze aus den großen nationalen und internationalen Schulleistungsstudien (z.b. IGLU oder PISA) für Re- und Sekundäranalysen zur Verfügung. ...
Datenangebot:
Personen- und Organisationsdaten: Leistungs- und Fragebogendaten der großen nationalen und internationalen Schulleistungsstudien: Deutsch-Englisch-Schülerleistungen-International (DESI, 2003/04), Erhebung zum Lese- und Mathematikverständnis: Entwicklungen in den Jahrgangsstufen 4 bis 6 in Berlin (ELEMENT, 2003-2005), Internationale Grundschul-Lese-Untersuchung (IGLU, 2001/06), IQB Ländervergleich Sprachen in Deutsch, Englisch und Französisch (2008/09), Berichtsteildatensatz ‚Mathematik-Gesamterhebung Rheinland-Pfalz: Kompetenzen, Unterrichtsmerkmale, Schulkontext' (MARKUS 2000), Programme for International Student Assessment (PISA, 2000/03/06), Qualitätsuntersuchung an Schulen zum Unterricht in Mathematik (QuaSUM 1999)"[95]
Homepage: www.iqb.hu-berlin.de/fdz
Fachgebiete: Bildung; Bildungschancen; Bildungsforschung; Kompetenzmessung; Schule
Längsschnittuntersuchungen:
- Internationale Grundschul-Lese-Untersuchung (siehe Nr. 243)
- Programme for International Student Assessment (siehe Nr. 259)
- Trends in International Mathematics and Science Study (siehe Nr. 274)

[91] Forschungsdatenzentrum Bildung am DIPF (FDZ Bildung)

„Das Forschungsdatenzentrum Bildung ist eine zentrale Anlaufstelle für Wissenschaftler/-innen der empirischen Bildungsforschung in Bezug auf die Archivierung und Bereitstellung von qualitativen Forschungsdaten (AV-Daten) und den daraus abgeleiteten textuellen und numerischen Materialien (Transkripte, Kodierungen, Ratings, Beschreibungen u. ä.) einerseits sowie von Erhebungsinstrumenten der quantitativen Forschung (Fragebogen und Skalen) andererseits. Im FDZ Bildung werden relevante Datensets und Instrumente für eine Sekundärnutzung erschlossen und datenschutzkonform über ein zentrales Repositorium bereitgestellt. Kontextuelle Informationen zur Studie, in der die jeweiligen Instru-

---

[95] www.ratswd.de/forschungsdaten/fdz-iqb. Zugegriffen: 28. Mai 2015

mente entwickelt bzw. Daten erhoben wurden, sowie Nachweise von zugehörigen Publikationen komplettieren das Angebot. Inhaltlich fokussiert das FDZ Bildung (bisher) auf Instrumente und Datensets der Forschung zu Schule und Unterricht. Beobachtungs- und Interviewdaten können in Form von (anonymisierten) Transkripten und Kodierungen frei zugänglich eingesehen werden. Aus Gründen des Datenschutzes ist die Freigabe der originären audiovisuellen bzw. auditiven Daten auf eine wissenschaftliche Nachnutzung beschränkt und erfordert eine Registrierung. Die dokumentierten Skalen und Fragebögen sind über die Datenbank zur Qualität von Schule (DaQS) frei einsehbar und für eigene Erhebungen nachnutzbar. ...

Datenangebot:
(Stand: 1. September 2014)
AV-Daten, Audio-Daten, Transkripte, Kodierungen, Ratings:
Rund 700 Datensets der Studien
- Studie Audiovisuelle Aufzeichnung von Schulunterricht in der DDR
- Studie Pythagoras: Unterrichtsqualität, Lernverhalten und mathematisches Verständnis
- Studie DESI Videostudie - Deutsch Englisch Schülerleistung International

Skalen und Fragebögen
Rund 4000 Skalen der Studien
- DESI - Deutsch Englisch Schülerleistungen International
- Evaluation des BLK- Modellprogramms: Demokratie lernen und leben
- IGLU 2001 - Internationale Grundschul-Lese-Untersuchung
- IGLU 2006 - Internationale Grundschul-Lese-Untersuchung
- KESS 7 - Kompetenzen und Einstellungen von Schülerinnen und Schülern, Jahrgangsstufe 7
- Persönliche Ziele von SchülerInnen
- PISA 2000 - Programme for International Student Assessment
- PISA 2003 - Programme for International Student Assessment
- Politische Orientierungen bei Schülern im Rahmen schulischer Anerkennungsbeziehungen
- Pythagoras: Unterrichtsqualität, Lernverhalten und mathematisches Verständnis
- QuaSSU - QualitätsSicherung in Schule und Unterricht
- SEL - Schulentwicklung und Lehrerarbeit
- StEG- Studie zur Entwicklung von Ganztagsschulen

- TIMSS 2007 - Trends in International Mathematics and Science Study"[96]

Homepage: www.fachportal-paedagogik.de/forschungsdaten_bildung
Fachgebiete: audiovisuelle Medien; Bildung; Bildungsforschung; Erziehung; Schule; Unterricht
Portal:
- Portal forschungsdaten-bildung.de (siehe Nr. 168)

[92] Forschungsdatenzentrum der Bundesagentur für Arbeit im Institut für Arbeitsmarkt- und Berufsforschung (FDZ BA/IAB)

„Das FDZ der BA im IAB ist eine Serviceeinrichtung mit dem Ziel den Zugang zu den Mikrodaten der BA und des IAB für die nicht-kommerzielle empirische Forschung mit transparenten und standardisierten Regeln zu erleichtern. ...
Datenangebot:
Betriebsdaten: IAB-Betriebspanel (IABB), Betriebs-Historik-Panel (BHP), IAB-Erhebung des gesamtwirtschaftlichen Stellenangebots (EGS)
Personen- und Haushaltsdaten: Stichprobe der Integrierten Arbeitsmarktbiografien (SIAB), Panel ‚Arbeitsmarkt und soziale Sicherung' (PASS), Arbeiten und Lernen im Wandel (ALWA), Querschnittsbefragung ‚Lebenssituation und Soziale Sicherung 2005' (LSS 2005), IAB-Beschäftigtenstichproben (IABS), BA-Beschäftigtenpanel (BAP), Stichprobe der Integrierten Erwerbsbiografien des IAB (IEBS), Kundenbefragung zur Analyse von Organisationsformen im SGB II (2007/08)
Integrierte Betriebs- und Personendaten: Linked-Employer-Employee-Daten des IAB (LIAB), Panel ‚WeLL' - Arbeitnehmerbefragung für das Projekt ‚Berufliche Weiterbildung als Bestandteil Lebenslangen Lernens'"[97]
Homepage: http://fdz.iab.de
Fachgebiete: Arbeit; Arbeitsmarktentwicklung; berufliche Weiterbildung; Berufsverlauf; Beschäftigung; Beschäftigungssituation in Betrieben; betriebliche Ausbildung; Erwerbstätigkeit; soziale Sicherung
Längsschnittuntersuchungen:
- IAB-Betriebspanel (siehe Nr. 240)
- IAB-Erhebung des gesamtwirtschaftlichen Stellenangebots (siehe Nr. 241)
- Linked-Employer-Employee-Daten des IAB (siehe Nr. 246)

---

[96] www.ratswd.de/forschungsdaten/fdz-dipf. Zugegriffen: 28. Mai 2015
[97] www.ratswd.de/forschungsdaten/fdz-iab. Zugegriffen: 28. Mai 2015

- Panel Arbeitsmarkt und soziale Sicherung (siehe Nr. 257)
- Stichprobe der Integrierten Arbeitsmarktbiografien (siehe Nr. 269)

[93] Forschungsdatenzentrum der Bundeszentrale für gesundheitliche Aufklärung (FDZ-BZgA)

„Zentrale Aufgabe der BZgA ist es, bundesweit Prävention und Gesundheitsförderungskampagnen zu implementieren. Zur wissenschaftlichen Fundierung und Evaluation ihrer Maßnahmen sowie zur Einschätzung der Erreichbarkeit der Bevölkerung mit den jeweiligen Kampagnen führt sie bundesweit repräsentative Befragungen durch, die in regelmäßigen Abständen wiederholt werden. Die Daten umfassen Informationen zu Wissen, Einstellungen, Verhalten der Allgemeinbevölkerung in Bezug auf HIV/AIDS, den Konsum von Alkohol und Tabak sowie illegalen Drogen, Glücksspiel und Glücksspielsucht, Jugendsexualität, Organ- und Gewebespende, Verhütungsverhalten und Impfverhalten. ...

Datenangebot:
Suchtprävention: Die Drogenaffinität Jugendlicher in der Bundesrepublik Deutschland (seit 1973 alle drei bis vier Jahre); Förderung des Nichtrauchens bei Jugendlichen (‚rauchfrei' - Studie) (2003, 2005 und 2007); Jugendliche, junge Erwachsene und Alkohol (Alkoholsurvey) (2010 und 2012); Glücksspielverhalten und Glücksspielsucht in Deutschland (2007, 2009 und 2011) HIV/AIDS Prävention; AIDS im öffentlichen Bewusstsein (jährlich seit 1987)
Sexualaufklärung: Jugendsexualität (1980, 1994, 1996, 1998, 2001, 2006, 2010); Verhütungsverhalten Erwachsener (2000, 2003, 2007, 2011)
Weitere Themen der gesundheitlichen Aufklärung: Wissen, Einstellung und Verhalten von Eltern zum Thema Impfen im Kindesalter (2010); Organ- und Gewebespende (2010)"[98]
Homepage: www.bzga.de/forschung/studien-untersuchungen/studien
Fachgebiete: AIDS; Alkohol; Drogen; Erziehung; Familie; Gesundheit; Gesundheitspolitik; Jugend; Jugendforschung; Sexualität; soziale Probleme; Sucht
Längsschnittuntersuchungen:
- AIDS im öffentlichen Bewusstsein der Bundesrepublik Deutschland (siehe Nr. 204)
- Die Drogenaffinität Jugendlicher in der Bundesrepublik Deutschland (siehe Nr. 218)
- Jugendsexualität (siehe Nr. 244)

---

[98] www.ratswd.de/forschungsdaten/fdz-bzga. Zugegriffen: 28. Mai 2015

[94] Forschungsdatenzentrum der Rentenversicherung (FDZ-RV)

„Das Forschungsdatenzentrum der Rentenversicherung (FDZ-RV) stellt der nicht-kommerziellen Wissenschaft prozessproduzierte Mikrodatensätze der Deutschen Rentenversicherung Bund nach transparenten und standardisierten Regeln zur Verfügung. ... Unter Einhaltung datenschutzrechtlicher Regeln werden vom FDZ-RV Mikrodatensätze in Form von faktisch anonymisierten Scientific Use Files und absolut anonymisierten Public Use Files erzeugt. Diese werden auf Antrag und nach Vertragsabschluss für wissenschaftliche Forschungsvorhaben zur Verfügung gestellt. Das FDZ-RV unterstützt Wissenschaftlerinnen und Wissenschaftler in Lehre und Forschung bei der Auswahl der Daten, hilft bei ihrer Interpretation und führt Nutzerworkshops durch.
Datenangebot:
Versicherung und Rentenanwartschaften: Versicherungskontenstichprobe (Biografiedaten VSKT, ab 2005), Vollendete Versichertenleben (VVL, ab 2004) Sondererhebung BASID (Daten des IAB und VSKT gematcht 2007), Aktiv Versicherte (AKVS, ab 2004)
Alterssicherung: Rentenwegfall (RTWF, 2003-2006), Versichertenrentenzugang (RTZN, ab 2003), Versichertenrentenbestand (RTBN, ab 2003)
Themendaten: Demografie und Sterblichkeit (SUFDEMO, ab 1993), Versichertenrentenzugang, Erwerbsminderung (RTZN-EM, ab 2003)
Medizinische und berufliche Rehabilitation: Abgeschlossene Rehabilitationen (ab 2006), Daten zur Rehabilitation und Rente im Versicherungsverlauf (ab 2009)"[99]
Homepage: www.fdz-rv.de
Fachgebiete: ältere Arbeitnehmer; Arbeitswelt; berufliche Rehabilitation; Bevölkerungsentwicklung; Bevölkerungsstruktur; Demografie; Lebenserwartung; Mortalität; Rehabilitation; Renten; soziale Sicherung
Längsschnittuntersuchungen:
- Aktiv Versicherte (siehe Nr. 205)
- Rehabilitation (siehe Nr. 262)
- Versichertenrentenbestand (siehe Nr. 276)
- Versichertenrentenzugang (siehe Nr. 277)
- Versicherungskontenstichprobe (siehe Nr. 278)
- Vollendete Versichertenleben (siehe Nr. 279)

---

[99] www.ratswd.de/forschungsdaten/fdz-rv. Zugegriffen: 28. Mai 2015

[95] Forschungsdatenzentrum der Statistischen Ämter der Länder (FDZ Länder)

„Das Forschungsdatenzentrum der Statistischen Ämter der Länder ist eine Arbeitsgemeinschaft der statistischen Landesämter mit zahlreichen regionalen Standorten. Mit ihm verfolgen die statistischen Ämter der Länder das Ziel, der Wissenschaft einen nutzerorientierten Zugang zu den Mikrodaten der amtlichen Statistik anzubieten. Das Datenangebot umfasst die Mikrodaten aus über hundert amtlichen Statistiken in unterschiedlichen Themenbereichen. Neben standardisierten Scientific-Use-Files auf CD/DVC bietet das Forschungsdatenzentrum auch einen individuellen Datenzugang für Gastwissenschaftler in seinen regionalen Standorten sowie über Datenfernverarbeitung an. Für Lehrzwecke an Hochschulen werden zu ausgesuchten Statistiken auch frei zugängliche CAMPUS-Files angeboten. Von 2004 bis 2010 wurde der Aufbau des Forschungsdatenzentrums der Statistischen Ämter der Länder vom Bundesministerium für Bildung und Forschung (BMBF) gefördert. Seit 2011 wird es als Arbeitsgemeinschaft der statistischen Ämter der Länder dauerhaft betrieben."[100]
Datenangebot: siehe Forschungsdatenzentrum des Statistischen Bundesamtes (FDZ-Bund) (siehe Nr. 102)
Homepage: www.forschungsdatenzentrum.de
Fachgebiete: amtliche statistische Informationen; Arbeitsmarkt; Bevölkerungsentwicklung; Bildung; Einkommen; Familie; Gesundheit; Gesundheitswesen; Hochschule; Informationstechnologie; Jugendhilfe; Justiz; Konsum; Kriminalität; Lebensbedingungen; Migration; Mobilität; Mortalität; Umwelt; Wirtschaft; Zeitverwendung

[96] Forschungsdatenzentrum des Beziehungs- und Familienpanels (FDZ pairfam)

„Das Beziehungs- und Familienpanel pairfam (Panel Analysis of Intimate Relationships and Family Dynamics) ist eine multidisziplinäre Längsschnittstudie zur Erforschung familialer und partnerschaftlicher Lebensformen in Deutschland. Das von der DFG als Langfristvorhaben geförderte Projekt startete 2008 mit einer Ausgangsstichprobe von 12.402 bundesweit zufällig ausgewählten Ankerpersonen der Geburtsjahrgänge 1971-73, 1981-83 und 1991-93. Diese werden über einen Zeitraum von 14 Jahren in jährlichem Abstand wiederholt befragt. Parallel dazu finden Interviews mit dem Partner sowie ab der zweiten Welle mit

---

[100] www.ratswd.de/forschungsdaten/fdz---. Zugegriffen: 28. Mai 2015

den (Stief)Eltern und ggf. im Haushalt der Ankerperson lebenden Kindern statt. Die für Forschungszwecke als Scientific-Use-File zugänglichen pairfam-Daten bieten ein weltweit einzigartiges Analysepotenzial bezüglich der Entwicklung von Paar- und Generationenbeziehungen in unterschiedlichen Lebensphasen. ... Der Zugang zu den Daten des Beziehungs- und Familienpanels pairfam ist an den Abschluss eines Nutzungsvertrags gebunden, auf dessen Grundlage die Daten intern auch an weitere Personen aus dem Forschungskontext weitergegeben werden können. ... An geschützten PC-Arbeitsplätzen in Chemnitz, München und Bremen besteht zudem die Möglichkeit, mit einem um zahlreiche Regionalindikatoren angereicherten Datensatz zu arbeiten. ...

Datenangebot:
Personen- und Paardaten: Ankerpersonen und Partner (Welle 1: 2008/09), Ankerpersonen und Partner, Eltern, Kinder (Welle 2: 2009/10), Ankerpersonen und Partner, Eltern, Kinder (Welle 3: 2010/11), Ankerpersonen und Partner, Eltern, Kinder (Welle 4: 2011/12), Ergänzungsstudie DemoDiff (Welle 1: 2009/10), Ergänzungsstudie DemoDiff (Welle 2/3: 2010/11), Ergänzungsstudie DemoDiff (Welle 4: 2011/12)"[101]
Homepage: www.pairfam.de
Fachgebiete: Ehescheidungen; Eheschließungen; Elternschaft; Familie; Familienforschung; Lebensbedingungen; Lebensqualität; Partnerschaft; sozialer Wandel; Werte
Längsschnittuntersuchung:
- Beziehungs- und Familienpanel (siehe Nr. 210)

[97] Forschungsdatenzentrum des Bundesinstituts für Berufsbildung (BIBB-FDZ)

„Das Forschungsdatenzentrum im Bundesinstitut für Berufsbildung (BIBB-FDZ) bietet auf der Grundlage der umfassenden BIBB-Mikrodatenbestände bedarfsorientierte Serviceleistungen für die (Berufs)Bildungsforschung an. Hierzu gehören unter anderem:
- Die Dokumentation und Aufbereitung von Betriebs- und Personendaten, die sich inhaltlich hauptsächlich mit dem Erwerb und der Verwertung von beruflichen Kenntnissen und Kompetenzen beschäftigen.
- Die Bereitstellung von Arbeitshilfen wie etwa (international vergleichbare) Klassifizierungsvorschläge für Berufe, Wirtschaftszweige oder regionale Zuordnungen.

---

[101] www.ratswd.de/forschungsdaten/fdz-pairfam. Zugegriffen: 28. Mai 2015

- Hilfestellungen und Tipps zum Umgang mit den BIBB-Datenbeständen.

Das Angebot wird für wissenschaftlich tätige Personen aufgebaut, die vom BIBB erhobene Mikrodatenbestände für eigene Auswertungen nutzen möchten. Die Zugangswege zu den Daten sind standardisiert (SUF, Gastwissenschaftleraufenthalte, Datenfernverarbeitung). ...
Datenangebot:
Personendaten: BIBB/BAuA-Erwerbstätigenbefragung (2006), BIBB-Schulabgängerbefragungen (2004-2006/08), BIBB-Schülerbefragung zu Berufsbezeichnungen (2005), BIBB-Übergangsstudie (2006), BIBB-Vertragslöserstudie (2002), Expertenmonitor (2005/07/08), Kosten und Nutzen beruflicher Weiterbildung aus Sicht der Individuen (2003), BIBB Studie zur Ausbildung aus Sicht der Auszubildenden (2008)
Betriebsdaten: Kosten und Nutzen betrieblicher Berufsausbildung (2000/07), Weiterbildungsmonitor (2007-2010), Ausbildungsbereitschaft von Betrieben (2004), Betriebs- und Kammerbefragung zur Aussetzung der Ausbildereignungsverordnung (2007), BIBB Erhebung zur Gestaltung und Durchführung der betrieblichen Ausbildung (2008)"[102]
Homepage: www.bibb.de/de/53.php
Fachgebiete: Ausbildung; berufliche Weiterbildung; Berufsbildung; Berufsverlauf; Berufswahl; betriebliche Ausbildung; Bildungsforschung; Lehrende; Lernende
Längsschnittuntersuchungen:
- BIBB-Schulabgängerbefragung (siehe Nr. 211)
- Expertenmonitor (siehe Nr. 233)
- Referenz-Betriebs-System (siehe Nr. 261)
- Weiterbildungsmonitor (siehe Nr. 280)

[98] Forschungsdatenzentrum des Deutschen Jugendinstituts (FDZ-DJI)

„Das Deutsche Jugendinstitut führt als außeruniversitäres Forschungsinstitut seit 1988 regelmäßig empirische Studien zum Aufwachsen von Kindern und Jugendlichen sowie zu Lebenslagen von Erwachsenen und Familien durch. Das Forschungsdatenzentrum ist im ‚Zentrum für Dauerbeobachtung und Methoden' angesiedelt. Es bereitet die Daten auf und bietet einen Datenzugang für Sekundäranalysen.

---

[102] www.ratswd.de/forschungsdaten/fdz-bibb. Zugegriffen: 28. Mai 2015

Datenangebot:
Aufwachsen in Deutschland (AID:A), Kinderbetreuungsstudie, Übergangspanel, Kinderpanel, Politische Partizipation, Jugendsurveys, Familiensurveys"[103]
Homepage: http://surveys.dji.de/index.php
Fachgebiete: Bildung; Familie; Freizeit; Jugend; Jugendforschung; Kindheit; Lebensbedingungen; Partnerschaft; Politische Partizipation; Sexualität
Längsschnittuntersuchung:
- Aufwachsen in Deutschland: Alltagswelten (siehe Nr. 209)

[99] Forschungsdatenzentrum des Deutschen Zentrums für Altersfragen (FDZ-DZA)

„Das FDZ-DZA stellt die faktisch anonymisierten Daten des Deutschen Alterssurveys (DEAS) und des Deutschen Freiwilligensurveys (FWS) dokumentiert und analysefreundlich der wissenschaftlichen Forschung für nicht-gewerbliche Zwecke kostenfrei für Sekundäranalysen zur Verfügung und berät Interessierte und Nutzer. ... Das Forschungsdatenzentrum des DZA (FDZ-DZA) stellt die faktisch anonymisierten und nutzerfreundlich aufbereiteten Mikrodaten aller abgeschlossenen Wellen des DEAS und des FWS als Scientific Use Files sowie umfangreiches Dokumentationsmaterial kostenlos für Zwecke der Forschung und Lehre zur Verfügung. Zudem besteht die Möglichkeit, um Nachbarschafts- und Regionalindikatoren angereicherte Daten an einem geschützten PC-Arbeitsplatz im DZA auszuwerten. Aus datenschutzrechtlichen Gründen ist der Bezug der Daten an den Abschluss eines Nutzungsvertrags gebunden. Interessierte können einen Nutzungsantrag auf der website des FDZ-DZA abrufen. ... Im Statistischen Informationssystem GeroStat des DZA können sich Interessierte zu ausgewählten Indikatoren aus dem DEAS einen ersten Eindruck in Zahlen verschaffen. ...

Datenangebot:
(Stand Mai 2014)
Basiserhebungs- und Paneldatensätze des Deutschen Alterssurveys (DEAS) 1996, 2002, 2008 und 2011.
Querschnittsdatensätze des Deutschen Freiwilligensurveys (FWS) 1999, 2004 und 2009"[104]
Homepage: www.dza.de/fdz.html

---

[103] www.ratswd.de/fdz-dji. Zugegriffen: 28. Mai 2015
[104] www.ratswd.de/forschungsdaten/fdz-dza. Zugegriffen: 28. Mai 2015

Fachgebiete: ältere Arbeitnehmer; Bevölkerungsstruktur; Demografie; Ehrenamt; freiwilliges Engagement; Gerontologie; Gesundheit; Krankheit; Lebensbedingungen; Lebensqualität; Renten; soziale Sicherung; Wohnen
Längsschnittuntersuchungen:
- Deutscher Alterssurvey (siehe Nr. 214)
- Deutscher Freiwilligensurvey (siehe Nr. 215)

[100] Forschungsdatenzentrum des Leibniz-Instituts für Bildungsverläufe e. V. an der Otto-Friedrich-Universität Bamberg (FDZ-LIfBi)

„LIfBi dient der Förderung der bildungswissenschaftlichen Längsschnittforschung in Deutschland und stellt hierzu am Standort Bamberg grundlegende, überregional und international bedeutsame, forschungsbasierte Infrastrukturen für die empirische Bildungsforschung zur Verfügung. Das Nationale Bildungspanel (National Educational Panel Study, NEPS) bildet den Kern der Struktur. Neben der Konzeption und Durchführung von NEPS ist das LIfBi im Rahmen der Studie PIAAC-L in die kooperative längsschnittliche Weiterverfolgung der PIAAC-Teilnehmerinnen und -Teilnehmer (Programme for the International Assessment of Adult Competencies) in Deutschland eingebunden. Darüber hinaus sind am LIfBi Forschungsvorhaben mit lokalem Fokus, wie z. B. das Projekt ‚Bildungslandschaft Oberfranken' (BiLO) angesiedelt. …
Datenangebot:
Startkohorte 2 (Kindergarten): Zielpersonen, Eltern, Erzieher/-innen, Kindergartenleitung (Welle 1: 2011, Welle 2: 2012)
Startkohorte 3 (5. Klasse): Zielpersonen, Eltern, Lehrer/-innen, Schulleitung (Welle 1: 2010/11, Welle 2: 2011/12)
Startkohorte 4 (9. Klasse): Zielpersonen, Eltern, Lehrer/-innen, Schulleitung (Welle 1: 2010/11, Welle 2: 2011, Welle 3: 2011, Welle 4: 2012)
Startkohorte 5 (Studierende): Zielpersonen (Welle 1: 2010/11, Welle 2: 2011, Welle 3: 2012)
Startkohorte 6 (Erwachsene): Zielpersonen (ALWA-Vorläuferstudie: 2007/08, Welle 2: 2009/10, Welle 3: 2010/11)
Zusatzstudie Thüringen (12. Klasse): Zielpersonen, Eltern, Lehrer/-innen (Querschnitt 1: 2010, Querschnitt 2: 2011)
Zusatzstudie Baden-Württemberg (12./13. Klasse): Zielpersonen, Lehrer/-innen, Schulleitung (Querschnitt 1: 2011, Querschnitt 2: 2012)"[105]
Homepage: www.neps-data.de/de-de/datenzentrum.aspx

---

[105] www.ratswd.de/fdz-lifbi. Zugegriffen: 28. Mai 2015

Fachgebiete: Bildung; Bildungschancen; Bildungsforschung; Erwachsenenbildung; Familie; Familienforschung; Hochschule; Kindergarten; lebenslanges Lernen; Lehrende; Lernende; Schule; Studium; Unterricht
Längsschnittuntersuchungen:
- NEPS-Studie Bildung im Erwachsenenalter und lebenslanges Lernen - Startkohorte Erwachsene (siehe Nr. 251)
- NEPS-Studie Bildung von Anfang an - Startkohorte Neugeborene (siehe Nr. 252)
- NEPS-Studie Frühe Bildung in Kindergarten und Grundschule - Startkohorte Kindergarten (siehe Nr. 253)
- NEPS-Studie Hochschulstudium und Übergang in den Beruf - Startkohorte Studierende (siehe Nr. 254)
- NEPS-Studie Schule und Ausbildung - Bildung von Schülerinnen und Schülern ab Klassenstufe 9 - Startkohorte Klasse 9 (siehe Nr. 255)
- NEPS-Studie „Wege durch die Sekundarstufe I - Bildungswege von Schülerinnen und Schülern ab Klassenstufe 5 - Startkohorte Klasse 5 (siehe Nr. 256)

[101] Forschungsdatenzentrum des Sozio-oekonomischen Panels (FDZ-SOEP)

„Das Forschungsdatenzentrum des Sozio-oekonomischen Panels (FDZ-SOEP) am DIW Berlin bietet umfassenden Service und organisiert den Zugang zu den Daten des Sozio-oekonomischen Panels, der größten Wiederholungsbefragung von Haushalten in Deutschland. Die Daten stehen als faktisch anonymisierte Daten der wissenschaftlichen Auswertung zur Verfügung. Die Zugangswege zu den Daten sind standardisiert (SUF, Gastwissenschaftleraufenthalte, Datenfernverarbeitung). Interessierte Wissenschaftler und Wissenschaftlerinnen erhalten auf Antrag die Möglichkeit, einen Datenweitergabevertrag abzuschließen, die Voraussetzung für die Nutzung des auf DVD weitergegebenen Scientific Use Files. Darüber hinaus unterstützt das Forschungsdatenzentrum des SOEP die Methodenausbildung an den Hochschulen durch Vorträge und Workshops. Ein Gästeprogramm ermöglicht die Nutzung der Daten vor Ort am FDZ, insbesondere auch der datenschutzrechtlich sensiblen Regionaldaten. Als besonderen Service bietet das Forschungsdatenzentrum des SOEP die Beratung von Wissenschaftlerinnen und Wissenschaftlern, die das SOEP als Referenzdaten bzw. Kontrollstichprobe für eigene Studien benutzen wollen. ...

Datenangebot:
Personen- und Haushaltsdaten: Längsschnittdaten (1984-2012), SOEPwide und SOEPlong, deutsche/englische Version, Brutto-Daten (1984-2012), Jugendfragebogen (2001-2012), Mutter-Kind 1 (2003-2012), Mutter-Kind 2 (2005-2012), Mutter-Kind 3 (2008-2012), Eltern-Kind 1 (2010), Hinterbliebenenbefragung (2009-2012), Auslandsbefragung (2008-2012), Verbleibsstudien (1992/2001/ 2006/2008), Interviewerbefragung (2006), Regionalindikatoren (1985-2012), Pretests (2001-2012)"[106]
Homepage: www.diw.de/SOEPfdz
Fachgebiete: Arbeitswelt; Berufsverlauf; Bildung; Demografie; Einkommen; Familie; Gesundheit; Konsum; Lebensqualität; sozialer Wandel; Wertewandel; Wohnen; Zeitverwendung
Längsschnittuntersuchung:
– Sozio-oekonomisches Panel (siehe Nr. 267)

[102] Forschungsdatenzentrum des Statistischen Bundesamtes (FDZ-Bund)

„Das Forschungsdatenzentrum des Statistischen Bundesamtes ermöglicht Ihnen den geregelten Zugang zu den amtlichen Mikrodaten. ... Amtliche Einzeldaten stehen sowohl als standardisierte Scientific Use Files auf CD-ROM, als auch als maßgeschneiderte onsite Scientific Use Files an Gastwissenschaftlerarbeitsplätzen in Wiesbaden, Berlin und Bonn, der wissenschaftlichen Öffentlichkeit zur Verfügung. Außerdem werden vor allem für die Lehre an Hochschulen und für internationalen Datenzugang Public Use Files und sogenannte Campus Files produziert. Amtliche Mikrodaten können über das Forschungsdatenzentrum auch mittels Ferndatenzugriff genutzt werden. ...
Datenangebot:
Sozialstatistiken: Mikrozensus (1973-2008), Volkszählung BRD (1970/87), Volkszählung DDR (1971/81), Zeitbudgeterhebung (1991/92 und 2001/02), Einkommens- und Verbrauchsstichprobe (1962/63), Europäisches Haushaltspanel (ECHP, 1994-1996), Gemeinschaftsstatistik über Einkommen und Lebensbedingungen (EU-SILC, 2005-2008), Erhebung über die private Nutzung von Informations- und Kommunikationstechnologien (IKT, 2004-2009), Statistik rechtskräftiger Urteile in Ehesachen (1995-2009), Statistik der Geburten, Sterbefälle und Eheschließungen (1991-2009), Einbürgerungsstatistik (2000-2008), Bevölkerungsfortschreibung und Wanderungsstatistik (2000-2009), Berufsbildungsstatistik (2008), Statistik der Studenten und Prüfungsstatistik (Wintersemester

---
[106] www.ratswd.de/forschungsdaten/fdz-soep. Zugegriffen: 28. Mai 2015

1995/96, 2008/09), Statistik der Studenten und Prüfungsstatistik (Sommersemester 1996-2009), Personal- und Stellenstatistik (1998-2009), Statistik der Habilitationen (1998-2009), Hochschulfinanzstatistik (1998-2005), Europäische Erhebung zur beruflichen Weiterbildung (CVTS, 2000-2006), Todesursachenstatistik (1992-2009), Krankenhausstatistiken (1993-2009), Stichprobendaten von Versicherten der gesetzlichen Krankenversicherung (2001/02), Pflegestatistiken (1999-2009), Kinder- und Jugendhilfestatistiken (1995-2010), Sozialhilfestatistik (1998-2004), Bundesstatistik zum Elterngeld (2007-2009)

Wirtschaftsstatistiken: AFiD-Panel Industriebetriebe (1995-2008), AFiD-Panel Industrieunternehmen (2003-2006), Monatsbericht für Betriebe im Bereich Verarbeitendes Gewerbe (1995-2007), Vierteljährliche Produktionserhebung und Investitionserhebung im Bereich Verarbeitendes Gewerbe (1995-2007), Erhebung für industrielle Kleinbetriebe im Bereich Verarbeitendes Gewerbe (1995-2002), Jahresbericht für Betriebe (2007) und Unternehmen (1995-2006) im Bereich Verarbeitendes Gewerbe, Investitionserhebung (1995-2007) und Kostenstrukturerhebung (1992-2009) im Bereich Verarbeitendes Gewerbe, Panel Kostenstrukturerhebung (1999-2002), AFiD-Panel Unternehmensregister (2002-2008), Unternehmensregister (2002-2008), Jahres- und Monatserhebung im Einzelhandel und Gastgewerbe (1994-2008), AFiD-Panel Handel (1999-2006), Gastgewerbe (1999-2006) und Dienstleistungen (2003-2007), Monatserhebung Tourismus (1993-2008), Dienstleistungsstatistik auf Grundlage der Strukturverordnung der EU (2000-2007), Monatsbericht im Bauhauptgewerbe (2003-2008), Jahreserhebung einschließlich Investitionserhebung im Bauhauptgewerbe und im Ausbaugewerbe (2003-2008), Statistik der Baugenehmigungen und der Baufertigstellungen (1995-2009), Statistik des Bauabgangs (2000-2009), AFiD-Modul Verdienste (2001/06), Verdienststrukturerhebung (2006), Gehalts- und Lohnstrukturerhebung (2001), Gewerbeanzeigenstatistik (1996-2008)

Finanz- und Steuerstatistiken: Finanzstatistiken (1992-2008), Steuerstatistiken (1992-2009)

Rechtspflegestatistiken: Strafverfolgungsstatistik (1995-2009), Strafvollzugsstatistik (1995-2009), Bewährungshilfestatistik (1995-2006)

Agrar-, Energie- und Umweltstatistiken: AFiD-Panel Agrarstruktur (1999/2001/2003/2005/2007) und (1999/2003/2007), Agrarstrukturerhebung (1999-2007), Landwirtschaftszählung (1999), Integrierte Erhebung über Bodennutzung und Viehbestände (1999-2007), AFiD-Panel Energieunternehmen (2003-2007), Kostenstrukturerhebung und Investitionserhebung der Unternehmen der Energie- und Wasserversorgung (2003-2007), AFiD-Panel Energiebetriebe (2003-2007), Monatsbericht der Betriebe in der Energie- und Wasserversorgung (2003-2008), Erhebung über Stromabsatz und Erlöse der Elektrizitäts- und Versorgungsunternehmen und Stromhändler (2001-2008), Jahreserhebung über Klärgas

(2005-2008), AFiD-Modul Energieverwendung (1995-2007), Erhebung über die Energieverwendung der Betriebe im Bergbau und Verarbeitenden Gewerbe (2003-2008), Jahreserhebung über Stromerzeugungsanlagen im Bergbau- und Verarbeitenden Gewerbe (2003-2008), AFiD-Modul Wasserversorgung und Abwasserbeseitigung (1998/2001/2004), Wasser- und Abwasserstatistiken (1995-2007), AFiDModul Umweltschutzgüter (2003-2005), Erhebung der Waren-, Bau- und Dienstleistungen für den Umweltschutz (2003-2005), AFiD-Modul Umweltschutzinvestitionen (2003-2005), Erhebung der Investitionen für den Umweltschutz (2003-2005)"[107]
Homepage: www.forschungsdatenzentrum.de
Fachgebiete: amtliche statistische Informationen; Arbeitsmarkt; Bevölkerungsentwicklung; Bildung; Einkommen; Familie; Gesundheit; Gesundheitswesen; Hochschule; Informationstechnologie; Jugendhilfe; Justiz; Konsum; Kriminalität; Lebensbedingungen; Lebenserwartung; Migration; Mobilität; Mortalität; Umwelt; Wirtschaft; Zeitverwendung
Längsschnittuntersuchungen:
- Einkommens- und Verbrauchsstichprobe (siehe Nr. 219)
- Erhebung über die berufliche Weiterbildung (siehe Nr. 221)
- Erhebung über die private Nutzung von Informations- und Kommunikationstechnologien (siehe Nr. 222)
- EU-Statistik über Einkommen und Lebensbedingungen (siehe Nr. 232)
- Mikrozensus (siehe Nr. 250)

[103] Forschungsdatenzentrum des Survey of Health, Ageing and Retirement in Europe (FDZ-Share)

„SHARE ist ein multidisziplinärer, international vergleichender Mikrodatensatz, der Informationen zu Gesundheitszustand, sozioökonomischer Lage sowie den sozialen und familiären Netzwerken von über 45.000 Befragten der Altersgruppe 50 plus enthält. An der ersten Datenerhebungswelle im Jahr 2004 nahmen elf Länder aus allen Regionen Europas teil. Die durch sie repräsentierte Vielfalt reicht von Skandinavien (Dänemark und Schweden) über Mitteleuropa (Österreich, Frankreich, Deutschland, Schweiz, Belgien und die Niederlande) bis zu den mediterranen Ländern (Spanien, Italien und Griechenland). 2005/06 wurden die ersten Daten in Israel erhoben. 2006 traten dem SHARE zwei ‚neue' EU-Mitglieder - die Tschechische Republik und Polen - sowie Irland bei, die 2006/07 an der zweiten Datenerhebungswelle teilnahmen. Die dritte Welle des

---

[107] www.ratswd.de/forschungsdaten/fdz-bund. Zugegriffen: 28. Mai 2015

Survey, SHARELIFE, erhob 2008/09 retrospektiv in vierzehn Ländern ausführliche Daten zu den Lebensgeschichten der Befragten. An der vierten Welle, die 2010/11 stattfinden wird, werden voraussichtlich auch Ungarn, Polen, Estland und Luxemburg beteiligt sein. SHARE ist auf die US-amerikanische Health and Retirement Study (HRS) und die English Longitudinal Study of Ageing (ELSA) abgestimmt. Die wissenschaftliche Stärke des Survey ist seine Panelform, durch die der dynamische Charakter des Alternsprozesses erfasst werden kann. Die multidisziplinäre Herangehensweise des SHARE ermöglicht es, diesen Prozess umfassend abzubilden. Strenge Verfahrensrichtlinien und -programme sichern die internationale Vergleichbarkeit des bereits im Vorfeld der Datenerhebungen darauf ausgerichteten Survey. ... SHARE-Daten sind kostenfrei erhältlich über das SHARE Research Data Center (www.share-project.org), das bei CentERdata, auf dem Campus der Universität Tilburg in den Niederlanden, angesiedelt ist.

Datenangebot:
Personen- und Paardaten: Datensätze Survey of Health, Ageing and Retirement in Europe: SHARE (Welle 1: 2004/05), SHARE (Welle 2: 2006/07), SHARELIFE (Welle 3: 2008/09)"[108]
Homepage: www.share-project.de/index.php?id=445
Fachgebiete: ältere Arbeitnehmer; Beschäftigung; Bildung; Einkommen; Familie; freiwilliges Engagement; Gerontologie; Gesundheit; Gesundheitsstatus; Krankheit; Lebensqualität; Renten; soziale Netzwerke; soziale Ungleichheit; Vermögen; Wohnen
Längsschnittuntersuchung:
- Survey of Health, Ageing and Retirement in Europe (siehe Nr. 273)

[104] Forschungsdatenzentrum German Microdata Lab (FDZ GML)

„Das Forschungsdatenzentrum erschließt Daten der amtlichen Statistik für die Forschung. Es bietet umfangreiche Dokumentationsmaterialien zum Mikrozensus, zu Einkommens- und Verbrauchsstichproben und zu europäischen Erhebungen an. Ein kompetenter wissenschaftlicher Service und detaillierte Informationsmöglichkeiten gehören ebenfalls zum Angebot.

Datenangebot:
Personendaten: European Union Labour Force Survey (EU-LFS), European Union Statistics on Income and Living Conditions (EU-SILC), European Adult Education Survey (AES), Household Budget Survey (HBS), Statistics on Information and Communications Technologies usage in households and by individu-

---
[108] www.ratswd.de/forschungsdaten/fdz-share. Zugegriffen: 28. Mai 2015

als (ICT), Structure of Earnings Survey (SES), European Community Household Panel (ECHP), Community Innovation Statistics (CIS)
Mikrozensus: Grundfiles ab 1973, GESIS-Files (1962-1969), Panel (1996-1999 und 2001- 2004), Regionalfile (2000), Mikrozensus-Zusatzerhebung ‚Berufliche und soziale Umschichtung der Bevölkerung' vom April 1971
Mikrodaten der amtlichen Statistik der DDR: Erhebung zur Inanspruchnahme kultureller und sozialer Leistungen in Arbeiter- und Angestelltenhaushalten (1988), Einkommensstichprobe in Arbeiter- und Angestelltenhaushalten (1988), Statistik des Haushaltsbudgets (1988/89) Volks- und Berufszählung 1970 mit Ergänzungsfragen, Einkommens- und Verbrauchsstichprobe (1962/63 und 1978-2008), Historische Arbeitsstätten- und Berufszählungen (1875-1970)"[109]
Homepage: www.gesis.org/das-institut/kompetenzzentren/fdz-german-microdatalab
Fachgebiete: Arbeit; Arbeitsmarkt; Bildung; DDR; Einkommen; Erwachsenenbildung; Europäische Union; Gesundheit; Informationstechnologie; Konsum; Lebensbedingungen; Migration; sozialer Wandel; Sozialstruktur; Zeitverwendung
Längsschnittuntersuchungen:
- Arbeitskräfteerhebung der Europäischen Union (siehe Nr. 208)
- Einkommens- und Verbrauchsstichprobe (siehe Nr. 219)
- Erhebung über Erwachsenenbildung (siehe Nr. 223)
- EU-Statistik über Einkommen und Lebensbedingungen (siehe Nr. 232)
- Mikrozensus (siehe Nr. 250)

[105] Forschungsdatenzentrum Internationale Umfrageprogramme bei GESIS

„Das Forschungsdatenzentrum (FDZ) ‚Internationale Umfrageprogramme' bietet Forschern herausgehobene Datenaufbereitung und Beratung für ausgewählte internationale Studienserien, die von GESIS intensiv betreut und zum Teil mit erhoben werden. Diese internationalen Studienprogramme haben gemeinsam, dass sie eine Vielzahl von Ländern und überwiegend lange Zeiträume abdecken. Dabei wird ein breites Daten- und Themenspektrum für die vergleichende Analyse optimal aufbereitet und erschlossen. ...
Datenangebot:
Umfragedaten aus 71 Ländern: International Social Survey Programme (ISSP, ab 1984), European Values Study (EVS, ab 1981), Eurobarometer (ab 1970),

---
[109] www.ratswd.de/forschungsdaten/fdz-datalab. Zugegriffen: 28. Mai 2015

Comparative Study of Electoral Systems (CSES, ab 1996), Providing an Infrastructure for Research on Electoral Democracy in the European Union (PIREDEU, Fortsetzung der European Election Studies)"[110]
Homepage: www.gesis.org/das-institut/kompetenzzentren/fdz-internationale-umfrageprogramme
Fachgebiete: Arbeit; Lebensbedingungen; Lebensqualität; Politische Einstellungen und Verhaltensweisen; Politische Partizipation; Wahlen; Wahlforschung; Werte; Wertewandel; Wirtschaft
Längsschnittuntersuchungen:
- Comparative Study of Electoral Systems (siehe Nr. 212)
- Eurobarometer (siehe Nr. 224)
- Europäische Erhebung über die Arbeitsbedingungen (siehe Nr. 225)
- Europäische Erhebung zur Lebensqualität (siehe Nr. 226)
- Europäische Unternehmenserhebung (siehe Nr. 228)
- European Election Studies (siehe Nr. 229)
- European Values Study (siehe Nr. 231)
- International Social Survey Programme (siehe Nr. 242)

[106] Forschungsdatenzentrum PIAAC bei GESIS

„Das Forschungsdatenzentrum PIAAC gibt wissenschaftlich interessierten Nutzern Zugang zu deutschen sowie internationalen Daten des Programme for the Assessment of Adult Competencies (PIAAC). Die erste Erhebungswelle zu PIAAC wurde in den Jahren 2011 und 2012, initiiert von der OECD, durchgeführt. Die Erhebung basierte auf einer repräsentativen Bevölkerungsstichprobe. Zunächst wurde ein computergestütztes Interview durchgeführt. Im Anschluss daran erfolgte die Kompetenzmessung, in der Regel am Computer. ...
Datenangebot:
Scientific-Use-File für Deutschland der ersten PIAAC-Welle (2012), weitere Wellen in PIAAC-L (ab 2014), Scientific-Use-Files der Ergänzungsstudien CiLL und ‚Studie zum Zusammenhang von Kompetenzen und Arbeitsmarktchancen von gering Qualifizierten in Deutschland', verschiedene Paradaten, wie zum Beispiel Regionaldaten und Interviewereinschätzungen"[111]
Homepage: www.gesis.org/piaac

---

[110] www.ratswd.de/forschungsdaten/fdz-internationaleumfrageprogramme. Zugegriffen: 28. Mai 2015
[111] www.ratswd.de/fdz-piaac. Zugegriffen: 28. Mai 2015

Fachgebiete: Bildung; Erwachsenenbildung; Kompetenzmessung; lebenslanges Lernen
Längsschnittuntersuchung:
- Programme for the International Assessment of Adult Competencies (siehe Nr. 260)

[107] Forschungsdatenzentrum PsychData des Leibniz-Zentrums für Psychologische Information und Dokumentation (FDZ-ZPID)

„Das Forschungsdatenzentrum PsychData des ZPID betreibt eine speziell auf die psychologische Forschung ausgerichtete Plattform für Datenarchivierung, -dokumentation und -austausch. PsychData unterstützt Psychologinnen und Psychologen dabei, ihre Forschungsdaten nachhaltig zu bewahren und der Scientific Community geregelt zur Verfügung zu stellen. ... Auf Grund der besonderen Sensibilität psychologischer Daten werden grundsätzlich sowohl mit Datengebern als auch mit Datennutzern Verträge abgeschlossen. Falls erforderlich, werden die Forschungsdaten nachträglich anonymisiert. Die Daten umfassen die gesamte Psychologie mit Schwerpunkt auf Datensätzen aus den Bereichen der Klinischen, der Entwicklungs-, der Pädagogischen, der Geronto- sowie der Arbeits- und Organisationspsychologie, die im Rahmen von Längsschnittstudien, groß angelegten Umfragestudien und Testentwicklungen erhoben wurden. ... Die Metadaten sind frei im Internet verfügbar und recherchierbar. Der Zugang zu den Forschungsdaten wird grundsätzlich vertraglich geregelt. Die Nutzung ist auf die fachkompetente wissenschaftliche Forschung und Lehre beschränkt. ...
Datenangebot:
Sozialpsychologie: Existentielle Schuld (1985), Kontrolliertes Interaktions-Tagebuch (KIT, 1994-1996), Verteilen und Austauschen (2000-2001), Wahrgenommene Ungerechtigkeit im wiedervereinigten Deutschland und seelische Gesundheit (1996), Daten Alter/ Rente Old Age and Autonomy (OASIS, 2001)
Gesundheitsdaten: Freiburger Beschwerdenliste (FBL 1993), Fragebogen zur Lebenszufriedenheit (FLZ 1994), Mehrdimensionaler Befindlichkeitsfragebogen (MDBF 1991), Ostdeutsche und Westdeutsche im Spiegel dreier Fragebogentests (1991), Skalen zur Erfassung von Hoffnungslosigkeit (1990)
Kognitionspsychologie: Affektive Kongruenzeffekte in der Stroop-Aufgabe (1996-1997), EEG-Studie mit sehenden und blinden Personen (2001-2002), Einfluss der Instruktion auf die Wirkung von Reizklassen in kategorialen Urteilen (1997-1998), Formale Modelle von Komplexitätseffekten und Altersunterschieden im Arbeitsgedächtnis (1996), Induzierung induktiven Denkens (1997-1998), Vergleich von Größenschätzungen und kategorialen Urteilen (1998-1999)

Verkehrspsychologie: Fahren unter Alkohol in Deutschland (1992-1994)
Bildungsdaten: Beruflich bedingte Belastung von Lehrkräften (1992-1993), Zufallserfahrungen und Studienfachwahl (1992), Wahlverhalten von Studienanfängern (1992)
Entwicklungspsychologie: Berliner Jugendlängsschnitt ‚Jugendentwicklung und Drogen' (1982-1988), Kölner Scheidungsstudie (1990-1996), Jugendliche Opfer und Täter (1999), Problematische Lebenssituationen und Symptome der psychosozialen Belastung bei polnischen und deutschen Jugendlichen (1989), Psychosoziale Belastungen Jugendlicher (1990-1991), Jugendsportstudie (1995), Kinder- und Jugendlichen-Hochleistungssport in langfristiger Perspektive (KHLS-D3 1986)
Persönlichkeitspsychologie: Trierer Persönlichkeitsfragebogen (TPF 1988), Annahmen über den Menschen - Umfrage bei Studierenden der Psychologie u.a. Fächer (2005), Freiburger Persönlichkeitsinventar (FPI-R., 1982-1999)"[112]
Homepage: http://psychdata.zpid.de
Fachgebiete: Entwicklungspsychologie; Gesundheit; Persönlichkeitspsychologie; Psychologie; Sozialpsychologie

[108] Forschungsdatenzentrum Wahlen bei GESIS

„Das Forschungsdatenzentrum ‚Wahlen' betreut den bei GESIS archivierten Datenbestand zu Bundes- und Landtagswahlen und ermöglicht Wissenschaftlern den Zugang zu diesen Daten. ... Die Daten liegen in verschiedenen nutzerfreundlich aufbereiteten Versionen vor und stehen unmittelbar nach ihrer Aufbereitung und Dokumentation allen Interessenten in Forschung und Ausbildung zur Verfügung. Das Forschungsdatenzentrum ‚Wahlen' bietet zudem Beratungen bei der Nutzung der Daten an. Ferner veranstaltet das Forschungsdatenzentrum ‚Wahlen' Workshops, bei denen einzelne Datensätze und Produkte vorgestellt werden und methodisches und statistisches Wissen vermittelt wird.
Datenangebot:
Personendaten: Datensätze zu allen Bundestagswahlen seit 1949 inklusive der German Longitudinal Election Study (GLES 2009), Kieler Wahlstudien (1976-1990), Landtagswahlen (ab 1962), Politbarometer (ab 1977), DeutschlandTrend (ab 2008), Forsa-Bus (ab 1991)"[113]
Homepage: www.gesis.org/fdzwahlen

---

[112] www.ratswd.de/forschungsdaten/fdz-zpid. Zugegriffen: 28. Mai 2015
[113] www.ratswd.de/forschungsdaten/fdz-wahlen. Zugegriffen: 28. Mai 2015

Fachgebiete: Politische Einstellungen und Verhaltensweisen; Politische Partizipation; politische Willensbildung; Wahlen; Wahlforschung
Längsschnittuntersuchungen:
- DeutschlandTrend (siehe Nr. 217)
- German Longitudinal Election Study (siehe Nr. 236)
- Landtagswahlstudien (siehe Nr. 245)
- Politbarometer (siehe Nr. 258)

[109] Internationales Datenservicezentrum des Forschungsinstituts zur Zukunft der Arbeit (FDZ-IDSC)

„Das internationale Datenservicezentrum des IZA soll dazu dienen, den Zugang und die Nutzbarkeit von arbeitsmarktrelevanten Mikrodaten zu verbessern. Insgesamt verfolgt das internationale Datenservicezentrum drei Ziele:
- Das Metainformationsportal zur Arbeitsmarktforschung soll für Sekundäranalysen relevante Informationen über internationale Datensätze zur Arbeitsmarktforschung bereitstellen. ...
- Für die wichtigsten Arbeitsmarktdatensätze soll ein indirekter Zugang ermöglicht werden. Die Auswahl dieser Datensätze soll auf der Grundlage der engen Kontakte des IZA zu internationalen Forschungsinstituten und Wissenschaftlern mit Hilfe des IZA-Fellow-Surveys erfolgen. ...
- Deutsche Datensätze sollen international verfügbar gemacht werden. In Kooperation mit den Forschungsdaten- und Datenservicezentren soll Wissenschaftlern aus dem Ausland durch die Nutzung einer Schalterstelle der Zugang zu bestimmten deutschen Datensätzen ermöglicht werden. ...

Datenangebot:
Betriebs- und Unternehmensdaten: German Time Use Survey (1991/2001), German Survey of Income and Expenditure (1962/2008), Ukrainian Longitudinal Monitoring Survey 2003-2007), The German Structure of Earnings Survey (ab 1951), European Union Labour Force Survey (1983/2009), European Union Structure of Earnings Survey (1995-2006), OECD Main Economic Indicators (1955-2011), OECD Employment Outlook (1993-2011), Luxembourg Income Study Database (1979-2008), German Microcensus (1973-2008), National Longitudinal Survey of Youth 1979 (1979-2010), Dutch Socio-Economic Panel (1984-2003), Penn World Tables (1950-2009), OECD Stan Database (1988-2009), Quadros De Pessoal (1984-2009), Rural-Urban Migration in China

(2008), Ukrainian Longitudinal Monitoring Survey (2003/04), WageIndicator Survey (2000-2010), Gift Exchange and Workers' Fairness Concerns (2010)"[114]
Homepage: http://idsc.iza.org/?page=15
Fachgebiete: Arbeit; Arbeitsmarkt; Beschäftigung; Einkommen
Portal:
– International Data Service Center (siehe Nr. 150)

[110] SFB 882 Forschungsdatenzentrum

„Das Forschungsdatenzentrum des Sonderforschungsbereiches 882 ‚Von Heterogenitäten zu Ungleichheiten' an der Universität Bielefeld ermöglicht externen Wissenschaftlern den Zugriff auf die im Sonderforschungsbereich generierten Forschungsdaten. Es handelt sich bei den generierten Daten vorwiegend um qualitative und quantitative Datensätze aus dem Bereich der Ungleichheitsforschung. ... Der Datenbestand umfasst beispielsweise ein Panel zum Thema Jugendkriminalität, verschiedene Interviewreihen zu den Themen Ethnizität, Väterliche Lebensführung und Recalls von Arbeitgebern, sowie weitere Panels, Interviewdaten und Experimentaldaten. Im weiteren Verlauf des Sonderforschungsbereiches wird der Datenbestand um die Datensätze zukünftiger Projekte erweitert werden. Externe Wissenschaftler können im Rahmen von wissenschaftlichen Projekten einen Antrag zur Nutzung von SFB 882 -Forschungsdaten stellen, mit denen sie an einem Gastwissenschaftlerarbeitsplatz des SFB 882 FDZ arbeiten können.

Datenangebot:
(im Aufbau befindlich) Panel Jugendkriminalität, Interviews zu Ethnizität, Interviews zu Väterlicher Lebensführung, Recalls von Arbeitgebern"[115]
Homepage: https://sfb882.uni-bielefeld.de/de/fdz-sfb882
Fachgebiete: Arbeitsmarkt; Bildung; Gesundheit; Jugend; Kriminalität; Migration; soziale Ungleichheit

---

[114] www.ratswd.de/forschungsdaten/fdz-iza. Zugegriffen: 28. Mai 2015
[115] www.ratswd.de/fdz-sfb882. Zugegriffen: 28. Mai 2015

Portale

Vorbemerkungen

Portale sind thematische Informationsplattformen. Sie bieten i.d.R. einen integrierten Zugang zu verschiedenen, oft sehr heterogenen, nationalen und internationalen Quellen, wie z.b. Datenbanken, Kataloge, Forschungsdaten, Linksammlungen, Fachinformationsführer oder Veranstaltungskalender. Portale sind ein konzentrierter Einstiegspunkt zu einer Vielzahl von Daten- und Informationsbeständen. Sie dienen der jeweiligen Fachcommunity (je nach Konzept des Betreibers) auch als Plattform für Kommunikation, für den Austausch von Informationen, die Distribution oder Dissemination von Forschungsergebnissen. Die direkte Beteiligung der Nutzerinnen und Nutzer ist vielfach möglich, etwa durch upload eigener Veröffentlichungen, die Mitwirkung in Diskussionsgruppen oder Hinweise auf Veranstaltungen.

Als Portale verstehen die Autoren auch die Verbundkataloge der Bibliotheken, wie bspw. den Gemeinsamen Verbundkatalog (GVK, siehe Nr. 136), die hbz-Verbunddatenbank (siehe Nr. 143), den Karlsruher Virtuellen Katalog (KVK, siehe Nr. 155) oder den Kooperativen Bibliotheksverbund Berlin-Brandenburg (KOBV, siehe Nr. 158) sowie die Virtuellen Fachbibliotheken.

Die Benutzungsoberflächen der Portale bieten sehr komfortable Such- und Beteiligungsfunktionen sowie eine gezielte Unterstützung des Rechercheprozesses an. Die überwiegende Mehrzahl der Angebote ist kostenfrei. Zuweilen erfordert die Nutzung der vollen Funktionalitäten eine Registrierung.

Bibliotheken und Institutionen erwerben Lizenzen für den Zugang zu den Informationsbeständen großer fächerübergreifender Plattformen. Oft gibt es bei solchen Plattformen keinen Zugang für Einzelnutzer außerhalb von Institutionen bzw. keine pay-per-use-Möglichkeiten. Wir verweisen in diesem Kapitel dennoch auf solche Angebote; zu den Zugangsmöglichkeiten geben die Bibliotheken vor Ort Auskunft.

Auch für die hier aufgenommenen Portale gilt, dass viele fachlich mehr als nur Soziologie, Politikwissenschaften, Pädagogik und Psychologie abdecken. Für das Register werden jedoch nur solche Begriffe verwendet, die für diese Kernfächer relevant sind. Für darüber hinaus gehende Angebote wird im Register der Begriff „fachübergreifend" zur ergänzenden Charakterisierung verwendet.

Inhalt

Arbeitsmarktpolitisches Informationssystem 95
Archivportal-D 95
Beluga 96
Bielefeld Academic Search Engine (BASE) 96
Bildung weltweit 97
Biographie-Portal 98
BMBF-Datenportal zu Bildung und Forschung 98
CESSDA - Data Catalogue 99
CORDIS 99
da|ra - Registrierungsagentur für Sozial- und Wirtschaftsdaten 99
DARIS - Daten- und Forschungsinformationsservice 100
datorium 101
Demografieportal des Bundes und der Länder 101
Deutsche Digitale Bibliothek (DDB) 102
Deutscher Bildungsserver 102
Digitale Bibliothek (DigiBib) 103
EconStor 103
Educational Media Research (EDUMERES) 104
elibrary - Das Suchportal der Bibliothek des Max-Planck-Instituts für
Gesellschaftsforschung 104
Europeana 105
Fachportal EconBiz 105
Fachportal Pädagogik 106
Fachportal Stadt- und Raumplanung 107
FORSbase 107
Gateway Bayern 108
Gemeinsamer Verbundkatalog (GVK) 108
Gemeinsames neues statistisches Informationssystem der statistischen
Ämter des Bundes und der Länder (GENESIS online) 109
Gemeinsames Statistik-Portal 109
Geografisches Informationssystem der Europäische Kommission (GISCO) 110
Geoportal.de 110
Google Books 111
Google Scholar 111
hbz-Verbunddatenbank 112
HeBIS-Portal 112
Helveticat 113

ICEland: Informationssystem für die Wissenschaftsressorts der
Länderministerien 113
Infoplattform des IAB 114
Informationssystem der Gesundheitsberichterstattung (IS-GBE) 114
Informationssystem Medienpädagogik (ism) 115
International Data Service Center (IDSC) 115
Internetlexikon „50 Klassiker der Soziologie" 116
Internetportal Sportpsychologie 116
Inter-university Consortium for Political and Social Research (ICPSR) 117
IREON - Fachportal Internationale Beziehungen und Länderkunde 117
Karlsruher Virtueller Katalog (KVK) 118
KOBV-Volltextserver 119
Kommunalweb - Das Portal für kommunale Forschung und Praxis 119
Kooperativer Bibliotheksverbund Berlin-Brandenburg (KOBV) - Portal 119
Library Online Tour and Self-Paced Education (LOTSE) 120
Mikrodaten-Informationssystem (MISSY) 120
Nationalatlas.de 121
Nationallizenzen / Sammlungen - Monographien 121
Nationallizenzen / Sammlungen - Zeitschriften 122
Open access Repositorium peDOCS 122
OpenGrey 123
Population Europe Resource Finder & Archive (PERFAR) 123
Portal des Kompetenzzentrums Frauen in Wissenschaft und Forschung
(CEWS-Portal) 124
Portal forschungsdaten-bildung.de 124
Portal on Collaboration in Research and Methodology for Official
Statistics (CROS) 125
PsychLinker - Katalog psychologierelevanter Links 125
Psychologie Suchmaschine PsychSpider 126
PubMed 127
PubPsych 127
QuickSearch 128
Raumbeobachtung.de 128
Regionaldatenbank Deutschland 129
Research Explorer (REx) 130
ResearchGate 130
RIsources 131
ScienceDirect 131
Social Indicators Monitor (SIMon) 132
Social Science Open Access Repository (SSOAR) 133

Social Science Research Network (SSRN) 133
SOFISwiki - Sozialwissenschaftliches Forschungsinformationssystem 134
Sozialwissenschaftliches Fachportal sowiport 134
Sportwissenschaftliches Informations-Forum SPORTIF 135
SpringerLink 136
stabikat+ 136
Statistisches Informationssystem GeroStat 136
Studienportal 137
Suchkiste Nationallizenzen 137
Suchmaschine des Österreichischen Bibliothekenverbundes 138
SWB Online-Katalog des Südwestdeutschen Bibliotheksverbundes
(SWB Online-Katalog) 138
Swissbib 139
UNdata 139
Urbadoc - Das europäische Datenbankangebot zu Kommunalpraxis
und -forschung 140
Virtuelle Bibliothek des EDZ der Universitätsbibliothek Mannheim 140
Virtuelle Fachbibliothek Politikwissenschaft 141
Web of Science 141
wiso 142
WorldCat 143
ZACAT - GESIS Online Study Catalogue 143
Zusammenstellung sozialwissenschaftlicher Items und Skalen (ZIS) 144

[111] Arbeitsmarktpolitisches Informationssystem

„Das Arbeitsmarktpolitische Informationssystem richtet sich an einen Nutzerkreis mit Bedarf an praktisch-informativen Hinweisen und Referenzen. Es spricht Wissenschaftlerinnen und Wissenschaftler aus dem Bereich der anwendungsbezogenen Arbeitsmarktforschung, Mitarbeiterinnen und Mitarbeiter der Bundesagentur für Arbeit, politische Akteure in Bund, Ländern und Gemeinden und eine an arbeitsmarktpolitischen Themen interessierte Fachöffentlichkeit gleichermaßen an."[116]
Homepage: www.iab.de > Informationsservice > Informationssysteme > Arbeitsmarktpolitisches Informationssystem
Zugang: kostenfrei
Produzent/Anbieter: Institut für Arbeitsmarkt- und Berufsforschung der Bundesagentur für Arbeit (siehe Nr. 44)
Nachweissprache: überwiegend deutsch
Fachgebiete: Arbeitsmarkt; Arbeitsmarktforschung; Arbeitsmarktpolitik; soziale Probleme; Sozialpolitik

[112] Archivportal-D

„Das Archivportal-D bietet einen spartenspezifischen Zugang zu den Daten der Deutschen Digitalen Bibliothek. Im Archivportal-D finden Sie Informationen über Archiveinrichtungen aus ganz Deutschland. Zudem werden archivische Erschließungsleistungen sowie digitalisiertes und digitales Archivgut für die Nutzung bereitgestellt. Das inhaltliche Angebot wird durch die Gewinnung neuer Datenlieferanten sukzessive ausgebaut. Wissenschaftlerinnen und Wissenschaftler sowie alle Nutzer von Archiven können im Archivportal-D übergreifend in allen Findmitteln der teilnehmenden Archiveinrichtungen recherchieren und sich Suchergebnisse und ggf. digitalisierte Archivalien aus Archiven unterschiedlichster Träger anzeigen lassen. Eine deutschlandweite archivübergreifende Recherche wird dadurch fachgerecht ermöglicht. ... Das von der Deutschen Forschungsgemeinschaft geförderte Vorhaben wird seit Oktober 2012 als Teilprojekt der Deutschen Digitalen Bibliothek umgesetzt. Die Verknüpfung mit der Deutschen Digitalen Bibliothek ermöglicht es, von wertvollen Synergien zu profitieren, so vor allem durch die Mitnutzung ihrer Prozesse zur Einbindung von Daten und Inhalten. Gleichzeitig wird das Archivportal-D in der Deutschen

---

[116] www.iab.de > Informationsservice > Informationssysteme. Zugegriffen: 26. Mai 2015

Digitalen Bibliothek mit Informationen aus Bibliotheken, Museen und anderen deutschen Kultur- und Wissenschaftseinrichtungen vernetzt."[117]
Homepage: www.archivportal-d.de
Zugang: kostenfrei
Produzent/Anbieter: Stiftung Preußischer Kulturbesitz (siehe Nr. 78)
Nachweissprache: Deutsch
Fachgebiete: Archive; Geschichte; Kultur

[113] Beluga

„Im Katalog ‚beluga' können Sie nicht nur Bücher und Medien der Stabi und der Fachbibliotheken finden, sondern auch Werke aus zahlreichen anderen wissenschaftlichen Hamburger Bibliotheken. Außerdem finden Sie dort mehrere Millionen elektronische Dokumente aus den deutschen Nationallizenzen, die frei für Sie zur Verfügung stehen."[118]
Homepage: http://beluga.sub.uni-hamburg.de
Zugang: kostenfrei
Produzent/Anbieter: Staats- und Universitätsbibliothek Hamburg Carl von Ossietzky (siehe Nr. 74)
Nachweissprache: mehrsprachig
Fachgebiete: Bildung; fachübergreifend; Kultur; Pädagogik; Politikwissenschaft; Psychologie; Soziologie

[114] Bielefeld Academic Search Engine (BASE)

„BASE (Bielefeld Academic Search Engine) ist eine der weltweit größten Suchmaschinen speziell für frei im Sinne des Open Access zugängliche wissenschaftliche Dokumente im Internet. ... Im Vergleich zu kommerziellen Suchmaschinen zeichnen BASE folgende Merkmale aus:
- Intellektuelle Auswahl der indexierten Quellen
- Exklusive Berücksichtigung fachlicher qualifizierter Dokumentenserver
- Transparenz der durchsuchten Datenquellen über ein entsprechendes Quellenverzeichnis

---

[117] www.archivportal-d.de/info/about. Zugegriffen: 26. Mai 2015
[118] www.sub.uni-hamburg.de/recherche. Zugegriffen: 26. Mai 2015

- Erschließung von Internetquellen des ‚Unsichtbaren Web', die in kommerziellen Suchmaschinen nicht indexiert werden oder in deren großen Treffermengen untergehen
- Präsentation der Suchergebnisse mit differenzierter Anzeige von bibliographischen Daten"[119]

Homepage: www.base-search.net
Zugang: kostenfrei; fachspezifische Zugänge/Auszüge u.a. auch über das Fachportal EconBiz (siehe Nr. 131) sowie das Fachportal Pädagogik (siehe Nr. 132)
Produzent/Anbieter: Universitätsbibliothek Bielefeld (siehe Nr. 83)
Nachweissprache: alle Sprachen
Fachgebiete: Bildung; fachübergreifend; Kultur; Pädagogik; Politikwissenschaft; Psychologie; Soziologie

[115] Bildung weltweit

„Bildung Weltweit, das Tor zu Bildungsinformationen aus dem Ausland, gehört zur Portalfamilie des ‚Deutschen Bildungsservers'. Es bietet allen Interessierten - Bildungsforschern und Bildungspraktikern - grundlegende Informationen und Internetquellen. Dabei wird die Bildungsforschung in anderen Ländern in Zukunft einen Schwerpunkt des Angebots auf Bildung Weltweit bilden. Der Bedarf an Bildungsinformationen aus dem Ausland ist in Zeiten der Globalisierung enorm gewachsen. Die Vertiefung der europäischen Integration, die Transformationsprozesse in Mittel- und Osteuropa, die Möglichkeiten der neuen Informations- und Kommunikationstechnologien sowie die Ergebnisse internationaler Schülerleistungsvergleiche haben dazu beigetragen. Interessenten, die nach pädagogischen Innovationen suchen oder internationale Vergleiche anstreben, stellt das Informationszentrum Bildung mit seinem Angebot Bildung Weltweit einen Fundus an Informationen zur Verfügung."[120]

Homepage: www.bildung-weltweit.de
Zugang: kostenfrei
Produzent/Anbieter: Deutsches Institut für Internationale Pädagogische Forschung (siehe Nr. 17)
Fachgebiete: berufliche Weiterbildung; Berufsbildung; Bildung; Bildungsforschung; Bildungssystem; Bildungswesen; Erwachsenenbildung; Grundschule;

---

[119] www.base-search.net/about/de. Zugegriffen: 26. Mai 2015
[120] www.bildung-weltweit.de > Über uns. Zugegriffen: 26. Mai 2015

Gymnasium; Hochschule; internationale Beziehungen; Pädagogik; schulische und berufliche Ausbildung; Vorschule

[116] Biographie-Portal

„Das ‚Biographie-Portal' beruht auf einer Kooperation zwischen der Bayerischen Staatsbibliothek, der Historischen Kommission bei der Bayerischen Akademie der Wissenschaften, der Österreichischen Akademie der Wissenschaften und der Stiftung Historisches Lexikon der Schweiz. ... Zusammen werden auf diese Weise weit über 100.000 wissenschaftlich fundierte Biographien aus allen gesellschaftlichen Bereichen und fast allen Epochen der deutschen, österreichischen und der schweizerischen Geschichte erschlossen. In Zukunft sollen weitere nationale und regionale biographische Nachschlagewerke in das Portal einbezogen werden."[121]
Homepage: www.biographie-portal.eu
Zugang: kostenfrei
Produzent/Anbieter: Bayerische Staatsbibliothek (siehe Nr. 3)
Nachweissprache: Deutsch
Fachgebiete: fachübergreifend; Geschichte; historische Sozialforschung; Kultur; Pädagogik; Politikwissenschaft; Psychologie; Soziologie

[117] BMBF-Datenportal zu Bildung und Forschung

„Das Datenportal enthält Zahlen und Fakten zu den Themenbereichen Wissenschaft, Forschung, Entwicklung und Innovation einerseits und Bildung andererseits. Diese werden um internationale Vergleiche ergänzt. Der Bereich FuE (Forschung und Entwicklung) umfasst dabei unter anderem Statistiken zu Forschungsausgaben des Staates und der Wirtschaft, zu FuE-Personal und zu Patenten. Im Bereich Bildung stehen unter anderem Statistiken zum Elementarbereich, zu Kindergärten, Tageseinrichtungen und Schulen, aber auch zu Hochschulen (u. a. Studierende, Hochschulpersonal), Weiterbildung und Ausbildungsförderung (BAföG, Meister-BAföG)."[122]
Homepage: www.datenportal.bmbf.de
Zugang: kostenfrei

---

[121] www.biographie-portal.eu/about. Zugegriffen: 26. Mai 2015
[122] www.datenportal.bmbf.de. Zugegriffen: 26. Mai 2015

Produzent/Anbieter: Deutsches Zentrum für Hochschul- und Wissenschaftsforschung (siehe Nr. 23)
Nachweissprache: überwiegend deutsch
Fachgebiete: Berufsbildung; Berufsforschung; Bildungsforschung; Bildungswesen; Erwachsenenbildung; Forschung; FuE-Aufwendungen; Grundschule; Gymnasium; Hochschule

[118] CESSDA - Data Catalogue

"The CESSDA Catalogue provides a seamless interface to datasets from social science data archives across Europe."[123]
Homepage: www.cessda.net/catalogue
Zugang: kostenfrei
Produzent/Anbieter: Council of European Social Science Data Archives - CESSDA
Nachweissprache: mehrsprachig
Fachgebiete: Arbeit; Berufstätigkeit; Demografie; fachübergreifend; Gesundheit; Politikwissenschaft; Psychologie; Raumplanung; Sozialpolitik

[119] CORDIS

„CORDIS ist das wichtigste öffentliche Repositorium und Portal der Europäischen Kommission für die Verbreitung von Informationen über alle EU-finanzierten Forschungsprogramme sowie ihrer Ergebnisse."[124]
Homepage: http://cordis.europa.eu
Zugang: kostenfrei
Produzent/Anbieter: Europäische Kommission
Nachweissprache: EU-Amtssprachen
Fachgebiete: Europäische Kommission; Forschung; Forschungsförderung

[120] da|ra - Registrierungsagentur für Sozial- und Wirtschaftsdaten

„da|ra bezeichnet die Registrierungsagentur für Sozial- und Wirtschaftsdaten, die von GESIS [GESIS - Leibniz-Institut für Sozialwissenschaften] und ZBW

---

[123] www.cessda.net/catalogue. Zugegriffen: 26. Mai 2015
[124] http://cordis.europa.eu/home_de.html. Zugegriffen: 26. Mai 2015

[ZBW - Deutsche Zentralbibliothek für Wirtschaftswissenschaften Leibniz-Informationszentrum Wirtschaft] gemeinsam betrieben wird. Im Sinne von Good Scientific Practice steht die Forderung, entstandene Primärdaten öffentlich zugänglich zu machen, damit nicht nur die endgültigen Forschungsergebnisse vorliegen, sondern auch der gesamte Forschungsprozess nachvollzogen werden kann. Aus diesem Grund bieten GESIS und ZBW einen Registrierungsservice für Forschungsdaten aus den Sozial- und Wirtschaftswissenschaften an. Mit dieser Infrastruktur werden die Voraussetzungen für eine dauerhafte Identifizierung, Sicherung, Lokalisierung und schließlich eine verlässliche Zitierbarkeit von Forschungsdaten geschaffen."[125]
Homepage: www.da-ra.de
Zugang: kostenfrei
Produzent/Anbieter: Deutsche Zentralbibliothek für Wirtschaftswissenschaften - Leibniz-Informationszentrum Wirtschaft (siehe Nr. 14); GESIS - Leibniz-Institut für Sozialwissenschaften (siehe Nr. 39)
Nachweissprache: Deutsch; Englisch
Fachgebiete: Bildung; fachübergreifend; Kultur; Pädagogik; Politikwissenschaft; Psychologie; Soziologie; Wirtschaftswissenschaften

[121] DARIS - Daten- und Forschungsinformationsservice

„DARIS hat es sich zum Ziel gesetzt, einen breiteren und effizienteren Gebrauch von existierenden quantitativen und qualitativen Daten zu fördern, um sich mit den Fragestellungen der sozialwissenschaftlichen Forschung in der Schweiz besser auseinanderzusetzen ... Dienstleistungen:
- Forschungsinventar: Wir halten eine durchsuchbare Online-Datenbank mit über 9500 Forschungsprojekten aus der Schweiz auf dem neuesten Stand. ...
- Datenservice: Hier finden und erhalten Sie die Schweizer Daten, die Sie für Ihre Forschung brauchen. ...
- Sozialindikatoren: Wir rücken interessante Fakten zu Schweizer Gesellschaft und Politik für Forschen und Lehren ins Licht...
- Datenmanagement: Wir helfen Forscherinnen und Forschern beim Umgang mit ihren Daten in einer modernen Forschungsumgebung...

---

[125] www.da-ra.de/de/ueber-uns. Zugegriffen: 26. Mai 2015

- Datenvisualisierung: Wir helfen Forscherinnen und Forschern, die Resultate ihrer Forschung visuell interessant darzustellen"[126]

Homepage: http://forscenter.ch > DARIS - Daten- und Forschungsinformationsservice
Zugang: kostenfrei
Produzent/Anbieter: FORS - Swiss Centre of Expertise in the Social Sciences (siehe Nr. 27)
Nachweissprache: Deutsch; Englisch; Französisch
Fachgebiete: Bildung; fachübergreifend; Kultur; Pädagogik; Politikwissenschaft; Psychologie; Soziologie

[122] datorium

„datorium ist ein Service für Sozial- und Wirtschaftswissenschaftlerinnen und -wissenschaftler zur eigenständigen Dokumentation, Sicherung und Veröffentlichung ihrer Forschungsdaten."[127]
Homepage: https://datorium.gesis.org
Zugang: kostenfrei
Produzent/Anbieter: GESIS - Leibniz-Institut für Sozialwissenschaften (siehe Nr. 39)
Nachweissprache: Deutsch; Englisch
Fachgebiete: Sozialwissenschaften; Soziologie; Wirtschaftswissenschaften

[123] Demografieportal des Bundes und der Länder

Das Demografieportal „möchte mit aufbereiteten Fakten informieren, zum Mitreden über die Themen der Demografiestrategie einladen und Kommunen sowie Projektinitiatoren mit Handlungshilfen bei der Gestaltung des demografischen Wandels unterstützen."[128]
Homepage: www.demografie-portal.de
Zugang: kostenfrei
Produzent/Anbieter: Bundesinstitut für Bevölkerungsforschung (siehe Nr. 8)

---

[126] http://forscenter.ch > DARIS – Daten- und Forschungsinformationsservice. Zugegriffen: 26. Mai 2015
[127] https://datorium.gesis.org. Zugegriffen: 26. Mai 2015
[128] www.demografie-portal.de > Über das Demografieportal. Zugegriffen: 26. Mai 2015

Nachweissprache: Deutsch
Fachgebiete: Altersaufbau; Demografie

[124] Deutsche Digitale Bibliothek (DDB)

„Ziel der Deutschen Digitalen Bibliothek (DDB) ist es, jedermann über das Internet freien Zugang zum kulturellen und wissenschaftlichen Erbe Deutschlands zu eröffnen, also zu Millionen von Büchern, Archivalien, Bildern, Skulpturen, Musikstücken und anderen Tondokumenten, Filmen und Noten. Als zentrales nationales Portal soll die DDB perspektivisch die digitalen Angebote aller deutschen Kultur- und Wissenschaftseinrichtungen miteinander vernetzen."[129]
Homepage: www.deutsche-digitale-bibliothek.de
Zugang: kostenfrei
Produzent/Anbieter: Stiftung Preußischer Kulturbesitz (siehe Nr. 78)
Nachweissprache: alle Sprachen
Fachgebiete: audiovisuelle Medien; Bildende Kunst; Bildung; fachübergreifend; Kultur; Pädagogik; Politikwissenschaft; Psychologie; Soziologie

[125] Deutscher Bildungsserver

„Der Deutsche Bildungsserver ist der zentrale Internet-Wegweiser zum Bildungssystem in Deutschland. Als von Bund und Ländern getragenes nationales Web-Portal stellt er allen mit Bildungsthemen befassten Professionen sowie einer breiten Öffentlichkeit qualitativ hochwertige, redaktionell gepflegte Informationsangebote zur Verfügung. ... In seiner Funktion als Meta-Server verweist das Portal primär auf Internet-Ressourcen, die u.a. von Bund und Ländern, der Europäischen Union, von Hochschulen, Schulen, Landesinstituten, Forschungs- und Serviceeinrichtungen und Einrichtungen der Fachinformation angeboten werden, strukturiert diese und präsentiert sie in fachlichen Kontexten."[130]
Homepage: www.bildungsserver.de
Zugang: kostenfrei
Produzent/Anbieter: Deutsches Institut für Internationale Pädagogische Forschung (siehe Nr. 17)
Nachweissprache: überwiegend deutsch

---

[129] www.deutsche-digitale-bibliothek.de > Über uns. Zugegriffen: 26. Mai 2015
[130] www.bildungsserver.de/pdf/Leitbild_DBS_gueltig.pdf. Zugegriffen: 26. Mai 2015

Fachgebiete: Bildungsforschung; Bildungssystem; Lehrende; Lernende; Pädagogik; schulische und berufliche Ausbildung; Unterricht

[126] Digitale Bibliothek (DigiBib)

„Mit der Metasuche der DigiBib können Sie gleichzeitig zahlreiche Kataloge und Datenbanken (auch kostenpflichtige) durchsuchen! Darüber hinaus zeigt Ihnen die DigiBib auf, in welcher Form die gefundene Literatur zur Verfügung gestellt werden kann: entweder als Volltext direkt am Bildschirm, als Aufsatzkopie über die Online-Fernleihe, als Printmedium in Ihrer Bibliothek bzw. aus einer anderen Bibliothek oder zum Kauf über einen Online-Buchhändler."[131]
Homepage: www.digibib.net
Zugang: kostenfrei
Produzent/Anbieter: Hochschulbibliothekszentrum des Landes Nordrhein-Westfalen (siehe Nr. 41)
Nachweissprache: alle Sprachen
Fachgebiete: Bildende Kunst; Bildung; fachübergreifend; Kultur; Pädagogik; Politikwissenschaft; Psychologie; Soziologie

[127] EconStor

„EconStor dient der freien Veröffentlichung wissenschaftlicher Literatur aus den Wirtschaftswissenschaften. Prinzipiell kann jede Forschungseinrichtung, die fachlich relevante wirtschaftswissenschaftliche Veröffentlichungen unter Open-Access-Bedingungen publizieren und dauerhaft sichern will, dies auf EconStor tun. ... Auf EconStor können unter anderem diese Dokumentarten veröffentlicht werden:
- Arbeits- und Diskussionspapiere
- Aufsätze aus Zeitschriften und Sammelwerken (als Postprints)
- Konferenzbeiträge
- Dissertationen und Habilitationsschriften, Diplomarbeiten
- Forschungsberichte und Gutachten
- Bücher und Festschriften
- komplette Ausgaben von Zeitschriftenheften"[132]

---

[131] www.hbz-nrw.de/recherche/digibib. Zugegriffen: 26. Mai 2015
[132] www.econstor.eu/dspace/about. Zugegriffen: 26. Mai 2015

Homepage: www.econstor.eu
Zugang: kostenfrei
Produzent/Anbieter: Deutsche Zentralbibliothek für Wirtschaftswissenschaften - Leibniz-Informationszentrum Wirtschaft (siehe Nr. 14)
Nachweissprache: überwiegend englisch
Fachgebiete: Wirtschaftsforschung; Wirtschaftswissenschaften

[128] Educational Media Research (EDUMERES)

„Edumeres.net, das virtuelle Netzwerk für die internationale Bildungsmedienforschung, bietet neben klassischen Informations-, Publikations- und Recherchezugängen eine nutzerorientierte Arbeits- und Forschungsumgebung an. Über diesen Zugang können auf kollaborativen Wegen neue Forschungsfragen generiert und diskutiert sowie abschließend als Open Access-Publikationen nachhaltig und zitierfähig gesichert werden."[133]
Homepage: www.edumeres.net
Zugang: kostenfrei
Produzent/Anbieter: Georg-Eckert-Institut - Leibniz-Institut für internationale Schulbuchforschung (siehe Nr. 37)
Nachweissprache: überwiegend deutsch
Fachgebiete: audiovisuelle Medien; Bildungsforschung; Pädagogik

[129] elibrary - Das Suchportal der Bibliothek des Max-Planck-Instituts für Gesellschaftsforschung

„elibrary ist der neue zentrale Sucheinstieg der Bibliothek des MPIfG. Das Discovery System weist die physischen und elektronischen Bestände der Institutsbibliothek nach und bietet darüber hinaus Titeldaten und je nach Lizenzlage Volltextzugang zu zahlreichen Quellen anderer Datenbanken. ... Sie suchen zurzeit gleichzeitig in mehr als 9 Millionen Datensätzen aus folgenden Quellen:
- Buch- und Aufsatzbestand der Institutsbibliothek (MPIfG Bibliothekskatalog)
- E-Book-Bibliothek der Max-Planck-Gesellschaft (MPG eBooks)
- Über 7 Mio. Artikel aus den Bereichen Soziologie, Politikwissenschaften, Wirtschaft und Recht der Datenbank Online Contents (OLC - Zeitschriftenartikel)

---

[133] www.edumeres.net/ueber-edumeresnet.html. Zugegriffen: 26. Mai 2015

- Über 70000 Artikel aus Open Access Zeitschriften (OA Artikel DOAJ)
- Making of the Modern World (Nationallizenzen)
- Publikationsdatenbank der Max-Planck-Gesellschaft mit Veröffentlichungen der Mitarbeiter des MPIfG (Institutionelles Repositorium)

Die Einbindung weiterer Quellen ist in Planung."[134]
Homepage: http://library.mpifg.de
Zugang: kostenfrei; Volltextzugang je nach Lizenzlage
Produzent/Anbieter: Max-Planck-Institut für Gesellschaftsforschung (siehe Nr. 59)
Nachweissprache: überwiegend englisch
Fachgebiete: Gesellschaftstheorie; Mitbestimmung; Politikwissenschaft; sozialer Wandel; Soziologie; Staat

[130] Europeana

"Entdecken Sie Millionen von Objekten aus einer großen Zahl von Europas führenden Galerien, Bibliotheken, Archiven und Museen. Bücher und Handschriften, Fotografien und Gemälde, Film und Fernsehen, Bildhauerei und Kunsthandwerk, Tagebücher und Karten, Noten und Tonaufnahmen ... Europeana ist die verlässliche Quelle für Kulturerbe, die die Europeana Foundation und zahllose europäische Kultureinrichtungen, Projekte und Partner Ihnen bieten."[135]
Homepage: www.europeana.eu
Zugang: kostenfrei
Produzent/Anbieter: National Library of the Netherlands - Koninklijke Bibliotheek
Nachweissprache: alle Sprachen
Fachgebiete: Bildende Kunst; Bildung; fachübergreifend; Kultur; Pädagogik; Politikwissenschaft; Psychologie; Soziologie

[131] Fachportal EconBiz

„EconBiz ist ein Rechercheportal für die Wirtschaftswissenschaften. ... Ziel ist es, einen zentralen Einstiegspunkt für alle Arten wirtschaftswissenschaftlicher Fachinformation und den direkten Zugang zum Volltext anzubieten. EconBiz bietet u. a.:

---

[134] www.mpifg.de/bib/elibrary_info_de.htm. Zugegriffen: 26. Mai 2015
[135] www.europeana.eu/portal/aboutus.html. Zugegriffen: 26. Mai 2015

- eine parallele Suche in wichtigen deutschen und internationalen wirtschaftswissenschaftlichen Datenbanken,
- Zugang zu Volltexten im Internet,
- einen Veranstaltungskalender für wirtschaftswissenschaftliche Veranstaltungen,
- den Informationsdienst EconDesk, der Ihnen Fragen zu Wirtschaftsthemen und zur Literaturrecherche beantwortet,
- den Recherchekurs LOTSE Wirtschaftswissenschaften."[136]

Homepage: www.econbiz.de
Zugang: kostenfrei
Produzent/Anbieter: Deutsche Zentralbibliothek für Wirtschaftswissenschaften - Leibniz-Informationszentrum Wirtschaft (siehe Nr. 14)
Nachweissprache: überwiegend englisch
Fachgebiet: Wirtschaftswissenschaften

[132] Fachportal Pädagogik

„Das Fachportal Pädagogik ist der zentrale Einstieg in die wissenschaftliche Fachinformation für Bildungsforschung, Erziehungswissenschaft und pädagogische Praxis. ... Im Mittelpunkt des Services stehen Literaturdatenbanken, Forschungsdatenquellen sowie umfassende Informationssammlungen zu verschiedenen Aspekten der Erziehungswissenschaft und Bildungsforschung. ... Folgende Module sind im Fachportal integriert:
- die Metasuche über eine Vielzahl Pädagogik-Datenbanken (kostenfrei)
- die FIS Bildung Literaturdatenbank (kostenfrei)
- der Dokumentenserver peDOCS (kostenfrei)
- Forschungsdaten Bildung - ein Angebot an Erhebungsinstrumenten und Forschungsdaten der empirischen Bildungsforschung (kostenfrei, teilweise Anmeldung erforderlich - Datenschutz)
- der Guide Bildungsforschung - ein Angebot an fachsystematischen Kontextinformationen (kostenfrei)
- Wissenschaftliches Arbeiten - eine Quellenauswahl an Materialien, die an das wissenschaftliche Arbeiten heranführt (kostenfrei)"[137]

Homepage: www.fachportal-paedagogik.de
Zugang: kostenfrei

---

[136] www.econbiz.de/eb/de/ueber-econbiz. Zugegriffen: 26. Mai 2015
[137] www.fachportal-paedagogik.de/wir_ueber_uns.html. Zugegriffen: 26. Mai 2015

Portale 107

Produzent/Anbieter: Deutsches Institut für Internationale Pädagogische Forschung (siehe Nr. 17)
Nachweissprache: überwiegend deutsch
Fachgebiete: Bildung; Bildungsforschung; Pädagogik

[133] Fachportal Stadt- und Raumplanung

„Dieses Portal bietet Planern und Forschern sowie Fachleuten von Kommunen und Immobilienunternehmen Informationen zu allen Arbeitsgebieten. Das Angebot umfasst die Recherche und direkte Bestellung von Fachliteratur, Informationen über Forschungsvorhaben und Forschungsergebnisse und Unterstützung bei der Veröffentlichung und dem Vertrieb von Fachpublikationen."[138]
Homepage: http://irb.fraunhofer.de/stadt-raumplanung
Zugang: kostenpflichtig; zum Teil auch kostenfreie Angebote vorhanden
Produzent/Anbieter: Fraunhofer-Informationszentrum Raum und Bau (siehe Nr. 32)
Nachweissprache: Deutsch
Fachgebiete: Raumplanung; Regionalforschung; Stadtplanung; Umwelt; Verkehr

[134] FORSbase

„FORSbase stellt neu das Forschungsinventar von FORS mit aktuell über 9'500 Projektbeschreibungen zur Verfügung, die online abgefragt werden können. Zudem bietet FORSbase Zugriff auf den Datenkatalog sowie auf Informationen über Forscher/innen und Institutionen in den Sozialwissenschaften innerhalb der Schweiz. FORSbase bietet Ihnen einen persönlichen Arbeitsbereich, um Ihre Forschungsprojekte zu dokumentieren und zu publizieren."[139]
Homepage: https://forsbase.unil.ch
Zugang: kostenfrei nach Registrierung
Produzent/Anbieter: FORS - Swiss Centre of Expertise in the Social Sciences (siehe Nr. 27)
Nachweissprache: Deutsch; Englisch; Französisch
Fachgebiete: Pädagogik; Politikwissenschaft; Psychologie; Soziologie

---

[138] http://irb.fraunhofer.de/stadt-raumplanung. Zugegriffen: 26. Mai 2015
[139] https://forsbase.unil.ch. Zugegriffen: 26. Mai 2015

[135] Gateway Bayern

„Das Gateway Bayern verzeichnet mehr als 23 Millionen Titelaufnahmen aus mehr als 150 Bibliotheken und über 55 Millionen Titel aus mehr als 23000 Zeitschriften."[140]
Homepage: www.gateway-bayern.de
Zugang: kostenfrei
Produzent/Anbieter: Bayerische Staatsbibliothek (siehe Nr. 3)
Nachweissprache: alle Sprachen
Fachgebiete: Bildung; fachübergreifend; Kultur; Pädagogik; Politikwissenschaft; Psychologie; Soziologie

[136] Gemeinsamer Verbundkatalog (GVK)

„Der gemeinsame Verbundkatalog des GBV ist der weltweit frei zugängliche Ausschnitt der Katalogisierungsdatenbank des GBV mit den für Fernleihe und Direktlieferdiensten relevanten Materialien. Im GVK sind über 37,1 Mio. Titel mit mehr als 89,2 Mio. Besitznachweisen von Büchern, Zeitschriften, Aufsätzen, Kongressberichten, Mikroformen, elektronischen Dokumenten, Datenträger, Musikalien, Karten etc. nachgewiesen. Zusätzlich sind die Zeitschriftennachweise der leihverkehrsrelevanten subito-Lieferbibliotheken aus Deutschland und Österreich sowie weiterer deutscher Universitätsbibliotheken enthalten. Die nachgewiesenen Bestände sind weitgehend über die Online-Fernleihe und den Dokumentlieferdienst subito bestellbar."[141]
Homepage: http://gso.gbv.de
Zugang: kostenfrei
Produzent/Anbieter: Gemeinsamer Bibliotheksverbund (siehe Nr. 36)
Nachweissprache: alle Sprachen
Fachgebiete: Bildung; fachübergreifend; Kultur; Pädagogik; Politikwissenschaft; Psychologie; Soziologie

---

[140] www.bib-bvb.de/web/gateway-bayern/home. Zugegriffen: 26. Mai 2015
[141] www.gbv.de/benutzer/datenbanken/datenbanken_des_GBV. Zugegriffen: 26. Mai 2015

[137] Gemeinsames neues statistisches Informationssystem der statistischen Ämter des Bundes und der Länder (GENESIS online)

„GENESIS-Online ist eine Datenbank, die tief gegliederte Ergebnisse der amtlichen Statistik enthält. Sie wird kontinuierlich ausgebaut. Der Tabellenabruf erfolgt unentgeltlich und kann variabel auf den individuellen Bedarf angepasst werden. Die Abspeicherung der Ergebnisse ist in verschiedenen Formaten möglich. Zusätzliche Nutzungsmöglichkeiten stehen registrierten Kunden gegen eine Jahresgebühr zur Verfügung. Bei GENESIS (Gemeinsames neues statistisches Informationssystem) handelt es sich um ein von den Statistischen Ämtern des Bundes und der Länder gemeinsam entwickeltes metadatengestütztes Statistisches Informationssystem. Mit GENESIS-Online wurde vom Statistischen Bundesamt ein webbasierter Zugang zu GENESIS entwickelt, der es ermöglicht, das Statistische Informationssystem per Internet zu nutzen."[142]
Homepage: https://www-genesis.destatis.de/genesis/online
Zugang: kostenfrei
Produzent/Anbieter: Statistisches Bundesamt (siehe Nr. 77)
Nachweissprache: Deutsch; Englisch
Fachgebiete: Arbeitsmarkt; Bevölkerung; Bildung; Einkommen; Forschung; Gesundheit; Gesundheitswesen; Kultur; öffentlicher Haushalt; Umwelt; Wahlen; Wirtschaft; Wohnen

[138] Gemeinsames Statistik-Portal

„Das Informationsangebot, das über das Portal erreichbar ist, besteht aus einer Vielzahl abrufbarer Datentabellen mit Angaben über die Bundesrepublik und deren Länder sowie dem Online-Zugang zu zwei statistischen Datenbanken. Die statistischen Ergebnisse werden systematisiert nach Sachgebieten angeboten, eine interne Suchmaschine ermöglicht die Begriffswortsuche, und es sind Links zu wichtigen statistischen Einrichtungen und Kontaktpartnern aufgelistet. Im Gemeindeverzeichnis finden Sie für alle Gemeinden Deutschlands die Einwohnerzahl, die Fläche, die Postleitzahl sowie Angaben zur Verwaltungsgliederung. Weiterhin gibt es ein Verzeichnis aller Veröffentlichungen, einen Link zu den neu geschaffenen Forschungsdatenzentren sowie in der amtlichen Statistik verwendete Klassifikationen und Systematiken. Mit dem Menüpunkt Online-Erhebung wird Auskunftspflichtigen die Möglichkeit geboten, ihre Daten online,

---

[142] https://www-genesis.destatis.de/genesis/online > Hilfe. Zugegriffen: 26. Mai 2015

also per Internet verschlüsselt an ihre zuständigen Landesämter zu übersenden."[143]
Homepage: www.statistikportal.de/Statistik-Portal
Zugang: kostenfrei
Produzent/Anbieter: Statistisches Bundesamt (siehe Nr. 77)
Nachweissprache: Deutsch; Englisch
Fachgebiete: Arbeitsmarkt; Bevölkerung; Bildung; Einkommen; Forschung; Gesundheit; Gesundheitswesen; Kultur; öffentlicher Haushalt; Umwelt; Wahlen; Wirtschaft; Wohnen

[139] Geografisches Informationssystem der Europäische Kommission (GISCO)

„Das GISCO ist ein Serviceangebot von Eurostat, durch das die Nutzung von GIS im Rahmen des Europäischen Statistischen Systems und in der Kommission unterstützt und gefördert wird. Das System dient der Verwaltung der geografischen Referenzdatenbank der Kommission und der Verbreitung ihrer Inhalte. Es produziert Karten und Raumanalysen, fördert die Georeferenzierung von Statistiken und bietet den GIS-Nutzern in der Kommission Unterstützung."[144]
Homepage: http://ec.europa.eu/eurostat/web/gisco
Zugang: kostenfrei
Produzent/Anbieter: Statistisches Amt der Europäischen Union (siehe Nr. 76)
Nachweissprache: Deutsch; Englisch; Französisch
Fachgebiet: Geodaten

[140] Geoportal.de

„Landkarten, Luftbilder, Themenkarten. Von Energie bis Naturschutz: Hier bei Geoportal.de können Sie Geodaten aus ganz Deutschland recherchieren. Viele Suchergebnisse können Sie sich schon heute als Karte anzeigen lassen und miteinander verknüpfen. Geoportal.de ist ein Service von Bund, Ländern und Kommunen."[145]
Homepage: www.geoportal.de
Zugang: kostenfrei

---

[143] www.statistikportal.de/Statistik-Portal/about.asp. Zugegriffen: 26. Mai 2015
[144] http://ec.europa.eu/eurostat/web/gisco. Zugegriffen: 26. Mai 2015
[145] www.geoportal.de. Zugegriffen: 26. Mai 2015

Produzent/Anbieter: Bundesamt für Kartographie und Geodäsie (siehe Nr. 5)
Nachweissprache: Deutsch; Englisch
Fachgebiete: Bevölkerung; Einkommen; Geodaten; Klima; Lebensbedingungen; Migration; Raumplanung; Umwelt; Verkehr; Wahlergebnisse; Wohnen

[141] Google Books

„Google Books (auch Google Bücher oder Google Buchsuche) ist die größte private Sammlung retrodigitalisierter Bücher. Sie befindet sich im Besitz des US-amerikanischen Unternehmens Google Inc. Die Sammlung ist in Auszügen öffentlich einsehbar. Nach eigenen Angaben ist ihr Ziel, das in Büchern niedergeschriebene Wissen vorwiegend durch Digitalisierung für eine Volltextsuche zur Verfügung zu stellen."[146]
Homepage: http://books.google.de
Zugang: kostenfrei
Produzent/Anbieter: Google Inc. (siehe Nr. 40)
Nachweissprache: alle Sprachen
Fachgebiete: Bildung; fachübergreifend; Kultur; Pädagogik; Politikwissenschaft; Psychologie; Soziologie

[142] Google Scholar

„Mit Google Scholar können Sie mühelos eine allgemeine Suche nach wissenschaftlicher Literatur durchführen. Sie können von einer Stelle aus viele verschiedene Bereiche und Quellen finden: Dazu gehören von Kommilitonen bewertete Seminararbeiten, Magister-, Diplom- sowie Doktorarbeiten, Bücher, Zusammenfassungen und Artikel, die aus Quellen wie akademischen Verlagen, Berufsverbänden, Magazinen für Vorabdrucke, Universitäten und anderen Bildungseinrichtungen stammen."[147]
Homepage: http://scholar.google.de
Zugang: kostenfrei
Produzent/Anbieter: Google Inc. (siehe Nr. 40)
Nachweissprache: alle Sprachen
Fachgebiete: Bildung; fachübergreifend; Kultur; Pädagogik; Politikwissenschaft; Psychologie; Soziologie

---

[146] http://de.wikipedia.org/wiki/Google_Books. Zugegriffen: 26. Mai 2015
[147] http://scholar.google.de/intl/de/scholar/about.html. Zugegriffen: 26. Mai 2015

[143] hbz-Verbunddatenbank

„Die hbz-Verbunddatenbank enthält die in kooperativer Katalogisierung erstellten Nachweise von ca. 19 Mio. Titeln und ca. 42 Mio. Bestandsdaten der Verbund-Bibliotheken in Nordrhein-Westfalen und Rheinland-Pfalz. Daneben sind die Nordrhein-Westfälische Bibliographie und alle Zeitschriften der Zeitschriftendatenbank (ZDB) in die hbz-Verbunddatenbank integriert. Zusätzlich weist sie 6,58 Mio. Titelsätze öffentlicher Bibliotheken für die Online-Fernleihe nach. ... Dabei werden Fremddaten (Deutsche Nationalbibliographie, British National Bibliography, Casalini Libri) und überregionale Normdaten bereitgestellt sowie der (gegenseitige) Zugriff auf die Daten anderer Bibliotheksverbünde ermöglicht."[148]
Homepage: http://okeanos-www.hbz-nrw.de/F
Zugang: kostenfrei
Produzent/Anbieter: Hochschulbibliothekszentrum des Landes Nordrhein-Westfalen (siehe Nr. 41)
Nachweissprache: alle Sprachen
Fachgebiete: Bildung; fachübergreifend; Kultur; Pädagogik; Politikwissenschaft; Psychologie; Soziologie

[144] HeBIS-Portal

Das Portal ermöglicht die gleichzeitigen Suche in zahlreichen hessischen Bibliothekskatalogen sowie das Suchen in weiteren nationalen Bibliotheksverbünden und internationalen Angeboten.
Homepage: www.portal.hebis.de
Zugang: kostenfrei
Produzent/Anbieter: Universitätsbibliothek Johann Christian Senckenberg Frankfurt am Main (siehe Nr. 84)
Nachweissprache: alle Sprachen
Fachgebiete: Bildung; fachübergreifend; Kultur; Pädagogik; Politikwissenschaft; Psychologie; Soziologie

---

[148] www.hbz-nrw.de/angebote/verbunddatenbank. Zugegriffen: 26. Mai 2015

[145] Helveticat

„Helveticat ist der Online-Katalog der Schweizerischen Nationalbibliothek (NB)- die Bibliothek für Helvetica! ... In Helveticat nachgewiesen sind alle Monografien sowie die laufenden Zeitungen und Zeitschriften, die sich in der NB befinden. In Helveticat nicht enthalten sind die Informationen des NB-Sachkatalogs vor 1998. Die abgeschlossenen Periodika sowie einige Spezial- und Sondersammlungen sind in andern Katalogen (vollständig) erschlossen."[149]
Homepage: http://opac.admin.ch
Zugang: kostenfrei
Produzent/Anbieter: Schweizerische Nationalbibliothek (siehe Nr. 71)
Nachweissprache: alle Sprachen
Fachgebiete: audiovisuelle Medien; Bildung; fachübergreifend; Kultur; Pädagogik; Politikwissenschaft; Psychologie; Soziologie

[146] ICEland: Informationssystem für die Wissenschaftsressorts der Länderministerien

„ICEland ist ein web-gestütztes Informationssystem, das umfangreiche Datenbestände, insbesondere aus den Themenbereichen Studienberechtigte, Studienanfänger/-innen und Studierende, Prüfungen und Absolventen/-innen sowie zu Personal und zur Hochschulfinanzierung zur Verfügung stellt. Das Kürzel ICE steht für ‚Information, Controlling, Entscheidung'. ... Die Nutzer des ICEland haben beschlossen, das Informationssystem auch für andere Institutionen aus dem öffentlichen Bereich und insbesondere auch für Hochschulen zu öffnen."[150]
Homepage: https://iceland.dzhw.eu/iceproject/index.html
Zugang: Für die Benutzung des ICE wird eine Benutzerkennung benötigt.
Produzent/Anbieter: Deutsches Zentrum für Hochschul- und Wissenschaftsforschung (siehe Nr. 23)
Nachweissprache: Deutsch
Fachgebiete: Berufsbildung; Berufsforschung; Bildungsforschung; Hochschule; Studium

---

[149] http://opac.admin.ch/cgi-bin/gw/chameleon?. Zugegriffen: 26. Mai 2015
[150] https://iceland.dzhw.eu > über ICE > ICE Kurzüberblick. Zugegriffen: 26. Mai 2015

[147] Infoplattform des IAB

„Die Infoplattform stellt Ihnen - stets aktuell - Literatur, Volltexte, Forschungsinformationen und weiterführende Links zu Themen aus der Arbeitsmarkt- und Berufsforschung zur Verfügung. Die Zusammenstellungen der IAB-Dokumentation ermöglichen Ihnen einen raschen und kompakten Überblick über die wissenschaftliche und politische Diskussion."[151]
Homepage: http://infosys.iab.de/infoplattform
Zugang: kostenfrei
Produzent/Anbieter: Institut für Arbeitsmarkt- und Berufsforschung der Bundesagentur für Arbeit (siehe Nr. 44)
Nachweissprache: überwiegend deutsch
Fachgebiete: Arbeitsmarkt; Arbeitsmarktforschung; Arbeitsmarktpolitik; Berufsforschung; Beschäftigungsentwicklung; Beschäftigungssituation in Betrieben; Qualifikation; soziale Probleme; Sozialpolitik

[148] Informationssystem der Gesundheitsberichterstattung (IS-GBE)

„Die Gesundheitsberichterstattung (GBE) des Bundes informiert über die gesundheitliche Lage und die gesundheitliche Versorgung der Bevölkerung in Deutschland. Sie stützt sich dabei auf daten- und indikatorengestützte Beschreibungen und Analysen. Die Themenfelder der GBE des Bundes sind so gewählt, dass sie alle Bereiche des Gesundheitswesens abdecken:
- Rahmenbedingungen des Gesundheitswesens
- Gesundheitliche Lage
- Gesundheitsverhalten und Gesundheitsgefährdungen
- Gesundheitsprobleme und Krankheiten
- Gesundheitsversorgung
- Gesundheitsausgaben, Kosten und Finanzierung des Gesundheitswesens"[152]

Homepage: www.gbe-bund.de
Zugang: kostenfrei
Produzent/Anbieter: Statistisches Bundesamt (siehe Nr. 77)
Nachweissprache: überwiegend deutsch
Fachgebiete: Bevölkerung; Gesundheit; Gesundheitswesen

---

[151] http://infosys.iab.de/infoplattform. Zugegriffen: 26. Mai 2015
[152] www.gbe-bund.de > Über uns > Angebot. Zugegriffen: 26. Mai 2015

[149] Informationssystem Medienpädagogik (ism)

„In unseren Datenbanken finden Sie mehr als 100.000 ausführlich annotierte Nachweise zu Fachliteratur, Lehr- und Lernmedien sowie Forschungsprojekten. Ziel des Informationssystems Medienpädagogik (ISM) ist die Förderung von Informations- und Medienkompetenz. Es richtet sich an alle, die mit dem Einsatz und der Nutzung von Medien in der allgemeinen und beruflichen Bildung sowie in den Hochschulen und der Weiterbildung befasst sind: Wissenschaftler/-innen, Lehrer/-innen, Erzieher/-innen, Eltern, Studierende und Schüler/-innen."[153]
Homepage: www.ism-info.de
Zugang: kostenfrei
Produzent/Anbieter: Deutsches Institut für Internationale Pädagogische Forschung (siehe Nr. 17)
Nachweissprache: überwiegend deutsch
Fachgebiete: berufliche Weiterbildung; Bildungsforschung; Bildungswesen; Erwachsenenbildung; Grundschule; Gymnasium; Hochschule; Kindheit; Lehrende; Lernende; Neue Medien; Pädagogik; schulische und berufliche Ausbildung

[150] International Data Service Center (IDSC)

"IDSC is IZA's organizational unit whose purpose is to serve the scientific and infrastructural computing needs of IZA and its affiliated communities. IDSC is dedicated to supporting all users of data from the novice researcher to the experienced data analyst. IDSC aims at becoming the place for economically minded technologists and technologically savvy economists looking for data support, data access support and data services about labor economics. IDSC is actively involved in organizing events ... for data professionals, data analysts, and scientific data users and young researchers to discuss and share findings and to establish contacts for future cooperation."[154]
Homepage: http://idsc.iza.org
Zugang: kostenfrei nach Registrierung
Produzent/Anbieter: Forschungsinstitut zur Zukunft der Arbeit (siehe Nr. 31)
Nachweissprache: überwiegend englisch
Fachgebiete: Arbeit; Arbeitsmarkt; Arbeitsmarktforschung; Qualifikation

---

[153] www.ism-info.de. Zugegriffen: 26. Mai 2015
[154] http://idsc.iza.org. Zugegriffen: 26. Mai 2015

[151] Internetlexikon „50 Klassiker der Soziologie"

„Das vom Jubiläumsfonds der Österreichischen Nationalbank geförderte Projekt ‚50 Klassiker der Soziologie' wurde als Internetlexikon konzipiert. Absicht war es, Lernenden wie Lehrenden zuverlässige Information im Internet anzubieten. Die Generierung des Personenkreises erfolgte auf Basis dreier in der Lehre häufig verwendeter personenbezogener Werke ... Die drei zentralen Teile des Internetlexikons (Biografien, Bibliografien und Nachlassverzeichnisse) beruhen auf eigenständigen Recherchen. ... Die Biografien beruhen auf umfangreichen Archiv- und Literaturrecherchen. Ziel war es, einen knappen Einblick in die Lebensgeschichte der betreffenden Person zu geben, wobei Bezüge zu anderen im Internetlexikon vorhandenen Personen durch entsprechende Links querverwiesen werden. ... Die Bibliografien zielen auf eine vollständige Erfassung der selbständigen Publikationen sowie der Herausgeberschaften der betreffenden Person ab. ... Völlig neuartig ist der Versuch, zu jeder Person auch den Standort des Nachlasses zu eruieren, mit Verweisen auf Kontaktmöglichkeiten, Beschreibungen der Nachlässe und - sofern im Internet zur Verfügung stehend - auf Kataloge. ... In der Rubrik Nachlass finden sich aber auch Hinweise auf andere personenbezogene Ressourcen, etwa auf Museen und Gedenkeinrichtungen zu einzelnen Klassikern sowie auf deren Texte im Internet. ... Neben diesen auf Eigenrecherchen beruhenden und somit in der Verantwortung des ‚Archivs für die Geschichte der Soziologie in Österreich' stehenden Informationen werden noch zusätzliche Serviceleistungen angeboten: Links zu anderen Websites."[155]

Homepage: http://agso.uni-graz.at/lexikon
Zugang: kostenfrei
Produzent/Anbieter: Archiv für die Geschichte der Soziologie in Österreich (siehe Nr. 2)
Nachweissprache: Deutsch
Fachgebiete: Geschichte der Soziologie; Soziologie

[152] Internetportal Sportpsychologie

Im Internetportal Sportpsychologie „finden Sie folgende Portale:
- Informationsportal rund um die Sportpsychologie für den Spitzensport
- Kontaktportal zur schnellen und direkten Suche seriöser und qualifizierter Expertinnen und Experten für die sportpsychologische Betreuung im Spitzensport

---

[155] http://agso.uni-graz.at/lexikon > Über das Lexikon. Zugegriffen: 26. Mai 2015

- Diagnostikportal zum Download sport(art)spezifischer Verfahren für den Spitzensport"[156]

Homepage: www.bisp-sportpsychologie.de
Zugang: kostenfrei
Produzent/Anbieter: Bundesinstitut für Sportwissenschaft (siehe Nr. 9)
Nachweissprache: überwiegend deutsch
Fachgebiete: angewandte Psychologie; Sport; Sportpsychologie; Sportwissenschaft

[153] Inter-university Consortium for Political and Social Research (ICPSR)

"ICPSR advances and expands social and behavioral research, acting as a global leader in data stewardship and providing rich data resources and responsive educational opportunities for present and future generations. An international consortium of more than 700 academic institutions and research organizations, ICPSR provides leadership and training in data access, curation, and methods of analysis for the social science research community. ICPSR maintains a data archive of more than 500,000 files of research in the social sciences. It hosts 16 specialized collections of data in education, aging, criminal justice, substance abuse, terrorism, and other fields."[157]
Homepage: www.icpsr.umich.edu > Find & Analyze Data
Zugang: kostenfrei
Produzent/Anbieter: ICPSR
Nachweissprache: Englisch
Fachgebiete: Bildung; Demografie; fachübergreifend; Politikwissenschaft; Politische Einstellungen und Verhaltensweisen; Sozialindikatoren; Umwelt

[154] IREON - Fachportal Internationale Beziehungen und Länderkunde

„IREON ist ein Gemeinschaftsangebot von renommierten deutschen und internationalen außen-, sicherheits- und entwicklungspolitischen Forschungsinstituten. Ihre Bibliotheken und Informationsabteilungen haben sich im Fachinformationsverbund Internationale Beziehungen und Länderkunde (FIV) zusammen ge-

---

[156] www.bisp-sportpsychologie.de. Zugegriffen: 26. Mai 2015
[157] www.icpsr.umich.edu > About. Zugegriffen: 26. Mai 2015

schlossen. Der FIV stellt Fachinformation für Wissenschaft und politische Praxis sowie für die fachlich interessierte Öffentlichkeit zur Verfügung. ... Auf arbeitsteiliger Basis produziert der FIV seit 1974 die Datenbasis World Affairs Online (WAO), eine der größten sozialwissenschaftlichen Literaturdatenbasen in Europa mit Schwerpunkten auf globalen und regionalen, außen- und sicherheitspolitischen, wirtschaftlichen und sozialen Entwicklungen weltweit."[158]
Homepage: www.ireon-portal.de
Zugang: kostenfrei
Produzent/Anbieter: Stiftung Wissenschaft und Politik - Deutsches Institut für Internationale Politik und Sicherheit (siehe Nr. 79)
Nachweissprache: überwiegend englisch
Fachgebiete: Außenpolitik; Entwicklungspolitik; internationale Beziehungen; Politikwissenschaft; Sicherheitspolitik

[155] Karlsruher Virtueller Katalog (KVK)

„Der KVK ist eine Meta-Suchmaschine zum Nachweis von mehr als 500 Millionen Büchern, Zeitschriften und anderen Medien in Bibliotheks- und Buchhandelskatalogen weltweit. Die eingegebenen Suchanfragen werden an mehrere Bibliothekskataloge gleichzeitig weitergereicht und die jeweiligen Trefferlisten angezeigt. Der KVK verfügt selbst über keine eigene Datenbank. Er ist von der Verfügbarkeit der Zielsysteme im Internet abhängig. Er kann auch nicht mehr Funktionalität bei der Recherche bieten als die einzelnen Zielsysteme selbst."[159]
Homepage: www.ubka.uni-karlsruhe.de/kvk.html
Zugang: kostenfrei
Produzent/Anbieter: Karlsruher Institut für Technologie
Nachweissprache: alle Sprachen
Fachgebiete: Bildung; fachübergreifend; Kultur; Pädagogik; Politikwissenschaft; Psychologie; Soziologie

---

[158] www.ireon-portal.de > Wir über uns. Zugegriffen: 26. Mai 2015
[159] www.ubka.uni-karlsruhe.de/kvk > KVK Hilfe & Infos. Zugegriffen: 26. Mai 2015

Portale 119

[156] KOBV-Volltextserver

„Im KOBV-Volltextserver finden Sie Texte zum Download mit Schwerpunkt auf den Fächern Jura, Medizin, Naturwissenschaften, Sozialwissenschaften, Technik und Wirtschaftswissenschaften."[160]
Homepage: http://volltexte.kobv.de
Zugang: kostenpflichtig; lizenzpflichtig
Produzent/Anbieter: Kooperativer Bibliotheksverbund Berlin-Brandenburg (siehe Nr. 49)
Nachweissprache: überwiegend englisch
Fachgebiete: Bildung; fachübergreifend; Kultur; Pädagogik; Politikwissenschaft; Psychologie; Soziologie

[157] Kommunalweb - Das Portal für kommunale Forschung und Praxis

„Kommunalweb bietet einen umfangreichen strukturierten Linkkatalog mit über 6.000 Links zu allen kommunalen Themen. Darüber hinaus werden kontinuierlich neue Bücher vorgestellt."[161]
Homepage: www.kommunalweb.de
Zugang: kostenfrei
Produzent/Anbieter: Deutsches Institut für Urbanistik (siehe Nr. 18)
Nachweissprache: überwiegend deutsch
Fachgebiete: Kommunalpolitik; Raumplanung; Rechts- und Verwaltungsfragen; Regionalforschung; Regionalplanung; Stadtentwicklung; Wohnen

[158] Kooperativer Bibliotheksverbund Berlin-Brandenburg (KOBV) - Portal

„Das KOBV-Portal ist das regionale Bibliotheksportal für Berlin und Brandenburg. Derzeit enthält die Version einen Datenbestand aus 50 Bibliotheken."[162]
Homepage: http://portal.kobv.de
Zugang: kostenfrei
Produzent/Anbieter: Kooperativer Bibliotheksverbund Berlin-Brandenburg (siehe Nr. 49)

---

[160] www.kobv.de > Services > Archivierung > Volltextserver. Zugegriffen: 26. Mai 2015
[161] www.difu.de > Informationsdienste. Zugegriffen: 26. Mai 2015
[162] http://portal.kobv.de. Zugegriffen: 26. Mai 2015

Nachweissprache: alle Sprachen
Fachgebiete: Bildung; fachübergreifend; Kultur; Pädagogik; Politikwissenschaft; Psychologie; Soziologie

[159] Library Online Tour and Self-Paced Education (LOTSE)

„In Lotse finden Sie Informationen und Tipps zum wissenschaftlichen Arbeiten, die Sie sich individuell und nach Ihrem Tempo und Anliegen erschließen können. Lotse erleichtert Ihnen die Orientierung, zum einen durch kurze Erklärungen zu Quellen und Informationsmitteln, zum anderen durch eine Auswahl kommentierter Linklisten - und das sowohl fach- und institutionenspezifisch als auch fachübergreifend. Zu den Themenbereichen Internetrecherche, Recherche in Datenbanken und Bibliographien, Plagiate und Zitieren sowie Strategien zur Literatursuche gibt es kleine Videos mit Tipps und Tricks sowie Literaturhinweisen. Außerdem können Sie zu jedem Thema ein Quiz in unserem Lotse-Moodle machen, um Ihre Kenntnisse selbst zu überprüfen. In der Rubrik Materialien und Tipps haben wir Skripte zu den Videos und Hinweise zu hilfreicher Software zusammengestellt."[163]
Homepage: http://lotse.sub.uni-hamburg.de
Zugang: kostenfrei
Produzent/Anbieter: Staats- und Universitätsbibliothek Hamburg Carl von Ossietzky (siehe Nr. 74)
Nachweissprache: überwiegend deutsch
Fachgebiete: Bildung; fachübergreifend; Kultur; Pädagogik; Politikwissenschaft; Psychologie; Soziologie

[160] Mikrodaten-Informationssystem (MISSY)

„Das Mikrodaten-Informationssystem MISSY bietet detaillierte Informationen zu Individualdatensätzen an. Im jetzigen Entwicklungsstadium stehen zunächst Metainformationen zum Mikrozensus, einer Erhebung der amtlichen Statistik, zur Verfügung. ... MISSY hat zum Ziel, die Verwendung der Mikrozensus Scientific Use Files für empirische Forschungsarbeiten zu erleichtern, und stellt hierzu ein umfassendes Online-Informationsangebot zur Verfügung. Das Daten-

---

[163] http://lotse.sub.uni-hamburg.de > Über uns. Zugegriffen: 26. Mai 2015

angebot von MISSY beinhaltet detaillierte Informationen zu den Mikrozensus Scientific Use Files seit 1973."[164]
Homepage: www.gesis.org/missy
Zugang: kostenfrei
Produzent/Anbieter: GESIS - Leibniz-Institut für Sozialwissenschaften (siehe Nr. 39)
Nachweissprache: Deutsch
Fachgebiete: Arbeitsmarktforschung; Bevölkerung; Demografie; Einkommen; Erwerbstätigkeit; Familie; Gesundheit; Migration; Sozialstruktur; Wohnen

[161] Nationalatlas.de

„nationalatlas.de führt das Projekt ‚Nationalatlas Bundesrepublik Deutschland' des Leibniz-Instituts für Länderkunde weiter. Die Website erschließt die Inhalte der zwölf Atlas-Bände und ergänzt diese um aktuelle und aktualisierte Themen. Daneben werden weitere (National-)Atlas-Projekte und deren Inhalte und Organisation vorgestellt. In verschiedenen räumlichen Kontexten (Deutschland, Europa) sind interaktive Visualisierungen und innovative Kartendarstellungen verfügbar, welche die Möglichkeiten innovativer räumlicher Darstellungsmethoden aufzeigen. Zusätzlich bietet das Portal Hinweise und Links auf spannende Projekte im World Wide Web."[165]
Homepage: www.nationalatlas.de
Zugang: kostenfrei
Produzent/Anbieter: Leibniz-Institut für Länderkunde (siehe Nr. 52)
Nachweissprache: Deutsch
Fachgebiete: Demografie; Raumordnung; Regionalforschung; Stadtsoziologie

[162] Nationallizenzen / Sammlungen - Monographien

„Das Portal bietet eine übergreifende Suchmöglichkeit über ... von der Deutschen Forschungsgemeinschaft als Nationallizenz finanzierte E-Book- und Textsammlungen."[166]
Homepage: http://gso.gbv.de/xslt/DB=1.50/LNG=DU

---

[164] www.gesis.org/missy/missy-home. Zugegriffen: 26. Mai 2015
[165] www.nationalatlas.de. Zugegriffen: 26. Mai 2015
[166] www.bibliothek.uni-regensburg.de/dbinfo > Allgemein / Fachübergreifend > Nationallizenzen / Sammlungen - Monographien. Zugegriffen: 26. Mai 2015

Zugang: kostenfrei; DFG-geförderte Nationallizenzen deutschlandweit frei zugänglich nach Registrierung unter www.nationallizenzen.de
Produzent/Anbieter: Gemeinsamer Bibliotheksverbund (siehe Nr. 36)
Nachweissprache: überwiegend englisch
Fachgebiete: Bildung; fachübergreifend; Kultur; Pädagogik; Politikwissenschaft; Psychologie; Soziologie

[163] Nationallizenzen / Sammlungen - Zeitschriften

„Das Portal bietet eine übergreifende Suchmöglichkeit auf Aufsatzebene mit Zugriff auf die Volltexte für ... von der Deutschen Forschungsgemeinschaft als Nationallizenz finanzierte Zeitschriften- und Zeitungsarchive. Ausgewertet sind circa 16.350 wissenschaftliche Zeitschriften aus allen Fachgebieten sowie ca. 450 Zeitungen."[167]
Homepage: http://gso.gbv.de/DB=1.55/LNG=DU
Zugang: kostenfrei; DFG-geförderte Nationallizenzen deutschlandweit frei zugänglich nach Registrierung unter www.nationallizenzen.de
Produzent/Anbieter: Gemeinsamer Bibliotheksverbund (siehe Nr. 36)
Nachweissprache: überwiegend englisch
Fachgebiete: fachübergreifend; Pädagogik; Politikwissenschaft; Psychologie; Soziologie

[164] Open access Repositorium peDOCS

„Das am Deutschen Institut für Internationale Pädagogische Forschung (DIPF) aufgebaute und gepflegte Repositorium peDOCS bündelt elektronische Volltexte der Bildungsforschung und Erziehungswissenschaft und stellt diese entsprechend der Berliner Erklärung für kostenfreien Zugang zu wissenschaftlicher Information zur Verfügung. Durch die Einbettung in das Fachportal Pädagogik - dem zentralen Einstieg in die pädagogische Fachinformation - und in den Deutschen Bildungsserver sowie durch die Auffindbarkeit in internationale Suchmaschinen ist eine globale Verfügbarkeit sichergestellt. Darüber hinaus betreibt peDOCS in Zusammenarbeit mit der Deutschen Nationalbibliothek (DNB) die Langzeit-

---

[167] www.bibliothek.uni-regensburg.de/dbinfo > Allgemein / Fachübergreifend > Nationallizenzen / Sammlungen - Zeitschriften. Zugegriffen: 26. Mai 2015

archivierung der eingestellten Texte, damit diese auch in Zukunft über peDOCS recherchierbar bleiben."[168]
Homepage: www.pedocs.de
Zugang: kostenfrei
Produzent/Anbieter: Deutsches Institut für Internationale Pädagogische Forschung (siehe Nr. 17)
Nachweissprache: überwiegend deutsch
Fachgebiete: Bildung; Bildungsforschung; Bildungswesen; Pädagogik

[165] OpenGrey

"OpenGrey is a multidisciplinary European database, covering science, technology, biomedical science, economics, social science and humanities."[169]
Homepage: www.opengrey.eu
Zugang: kostenfrei
Produzent/Anbieter: Institut de l'information scientifique et technique (INIST) des Centre national de la recherche scientifique (CNRS) (siehe Nr. 43)
Nachweissprache: überwiegend englisch
Fachgebiete: Bildung; fachübergreifend; Kultur; Pädagogik; Politikwissenschaft; Psychologie; Soziologie

[166] Population Europe Resource Finder & Archive (PERFAR)

"The Population Europe Resource Finder and Archive (PERFAR) is a tool which allows the user to explore the linkages between policies and population developments. Evidence-based decision-making and in-depth policy analysis largely depend on information and validated data which are easy to find. The data portal PERFAR ... offers a broad collection of policies related to population developments throughout Europe, a catalogue with links to socio-economic and demographic data, and an online repository for related research results. These tools enable the user to conduct comparative analyses of policies over space and time. PERFAR also represents an extremely valuable source of information for anyone interested in social policies and population change. Finally, PERFAR makes it easy to find key graphs and tables from diverse data providers."[170]

---

[168] www.pedocs.de > Informationen. Zugegriffen: 26. Mai 2015
[169] www.opengrey.eu/about. Zugegriffen: 26. Mai 2015
[170] www.perfar.eu/about-us. Zugegriffen: 26. Mai 2015

Homepage: www.perfar.eu
Zugang: kostenfrei
Produzent/Anbieter: Population Europe (siehe Nr. 67)
Nachweissprache: Englisch
Fachgebiete: Bevölkerung; Bevölkerungsentwicklung; Demografie; Erziehung; Familie; Gesundheit; Migration; Mobilität; Politik; Sozialpolitik

[167] Portal des Kompetenzzentrums Frauen in Wissenschaft und Forschung (CEWS-Portal)

„Das Kompetenzzentrum Frauen in Wissenschaft und Forschung (CEWS) ist ein Kompetenzzentrum des GESIS - Leibniz-Instituts für Sozialwissenschaften und der nationale Knotenpunkt zur Verwirklichung der Chancengleichheit von Frauen und Männern in Wissenschaft und Forschung in Deutschland. Das CEWS hat sich seit seiner Gründung im Jahre 2000 zur einschlägigen Infrastruktureinrichtung für das Themenfeld ‚Geschlechterverhältnisse und Gleichstellungspolitik in der Wissenschaft' im deutschsprachigen Raum entwickelt. In diesem Themenfeld führen die Mitarbeiterinnen und Mitarbeiter des CEWS Forschungen durch, um evidenzbasierte Beratung und Wissenstransfer zur Verfügung zu stellen."[171]
Homepage: www.gesis.org/cews
Zugang: kostenfrei
Produzent/Anbieter: GESIS - Leibniz-Institut für Sozialwissenschaften (siehe Nr. 39)
Nachweissprache: überwiegend deutsch
Fachgebiete: Frauen- und Geschlechterforschung; Gleichstellung; Vereinbarkeit von Beruf und Familie; Wissenschaftsforschung

[168] Portal forschungsdaten-bildung.de

„Das Angebot bietet für Forscherinnen und Forscher der Empirischen Bildungsforschung:
- Zugang zu Daten und Instrumenten für eigene empirische Forschungsvorhaben
- Informationen zum Datenmanagement (Dokumentieren, Datenschutz u.a.)

---

[171] www.gesis.org/cews/das-cews. Zugegriffen: 26. Mai 2015

- die Möglichkeit, eigene Forschungsdaten und Forschungsinstrumente sicher und nachhaltig zu archivieren

Das Angebot befindet sich derzeit im Aufbau und wird fortlaufend erweitert!"[172]
Homepage: www.forschungsdaten-bildung.de
Zugang: kostenfrei
Produzent/Anbieter: Forschungsdatenzentrum Bildung am DIPF (siehe Nr. 91)
Nachweissprache: Deutsch
Fachgebiete: Bildung; Bildungsforschung; Bildungssystem; Bildungswesen; Pädagogik

[169] Portal on Collaboration in Research and Methodology for Official Statistics (CROS)

"The CROS Portal is dedicated to the collaboration between researchers and Official Statisticians in Europe and beyond. It provides a working space and tools for dissemination and information exchange for statistical projects and methodological topics. Services provided include hosting of statistical communities, repositories of useful documents, research results, project deliverables, CVs of experts in statistical relevant areas, and discussion fora on different topics like the future research needs in Official Statistics."[173]
Homepage: www.cros-portal.eu
Zugang: kostenfrei
Produzent/Anbieter: Statistisches Amt der Europäischen Union (siehe Nr. 76)
Nachweissprache: Englisch
Fachgebiet: amtliche statistische Informationen

[170] PsychLinker - Katalog psychologierelevanter Links

„Der PsychLinker ist ein unter Mitwirkung von Fachwissenschaftlerinnen und Fachwissenschaftlern kooperativ betriebener, international ausgerichteter Katalog psychologierelevanter Links. Neben teilgebietsübergreifenden Informationsangeboten (u.a. Suchmaschinen, Stellenangebote, Studienberatung) enthält der PsychLinker vor allem teilgebietsspezifische Links, die entsprechend der psychologischen Fachsystematik inhaltlich geordnet sind. ... Der PsychLinker um-

---

[172] www.forschungsdaten-bildung.de. Zugegriffen: 26. Mai 2015
[173] www.cros-portal.eu > About the CROS-Portal. Zugegriffen: 26. Mai 2015

fasst derzeit etwa 5.000, mit einer intellektuell erstellten Kurzzusammenfassung versehene Links zu vielen Themen der Psychologie. ... Die Auswahl der dokumentierten Links orientiert sich an Qualitätskriterien, die sowohl Inhalt und Form als auch Prozesscharakteristika (z.b. regelmäßige Aktualisierung der Inhalte) des Angebotes berücksichtigen."[174]
Homepage: www.psychlinker.de
Zugang: kostenfrei
Produzent/Anbieter: Leibniz-Zentrum für Psychologische Information und Dokumentation (siehe Nr. 53)
Nachweissprache: überwiegend deutsch
Fachgebiete: angewandte Psychologie; Persönlichkeitspsychologie; Persönlichkeitstest; Psychologie; Sozialpsychologie; Sportpsychologie

[171] Psychologie Suchmaschine PsychSpider

„Die Psychologie Suchmaschine PsychSpider indiziert unter anderem:
- die Webseiten des ZPID
- PSYNDEX, die Literaturdatenbank für Psychologie
- den Datenbestand des Sondersammelgebiets Psychologie (SSG OPAC)
- das psychologische Segment des MEDLINE/PubMed Datenbestands der NLM
- Psychologie relevante bibliographische Datensätze der ERIC Collection (Education Resources Information Center)
- Fachgesellschaften, Veranstaltungen und Personal Homepages von Psychologinnen und Psychologen
- Fachzeitschriften
- psychologische Institute und Institutionen"[175]

Homepage: www.zpid.de/PsychSpider
Zugang: kostenfrei
Produzent/Anbieter: Leibniz-Zentrum für Psychologische Information und Dokumentation (siehe Nr. 53)
Nachweissprache: überwiegend englisch
Fachgebiete: angewandte Psychologie; Psychologie; Sozialpsychologie

---

[174] www.zpid.de/index.php?wahl=internet > PsychLinker. Zugegriffen: 26. Mai 2015
[175] www.zpid.de/PsychSpider. Zugegriffen: 26. Mai 2015

[172] PubMed

"PubMed comprises over 24 million citations for biomedical literature from MEDLINE®, life science journals, and online books. PubMed citations and abstracts include the fields of biomedicine and health, covering portions of the life sciences, behavioral sciences, chemical sciences, and bioengineering. PubMed also provides access to additional relevant web sites and links to the other NCBI molecular biology resources. PubMed is a free resource that is developed and maintained by the National Center for Biotechnology Information (NCBI), at the U.S. National Library of Medicine (NLM), located at the National Institutes of Health (NIH)."[176]
Homepage: www.ncbi.nlm.nih.gov/pubmed
Zugang: kostenfrei
Produzent/Anbieter: National Center for Biotechnology Information (siehe Nr. 61)
Nachweissprache: Englisch
Fachgebiete: Gesundheit; Medizin; Psychologie

[173] PubPsych

"PubPsych is a free information retrieval system for psychological resources. It offers a comprehensive and balanced selection of resources from a growing number of international databases with a European focus, covering the needs of academic and professional psychologists. PubPsych includes 891,778 datasets (May 2015) and offers, where available, full-text linking, links to additional information and link resolving. PubPsych aims to enhance the visibility of European and international psychological literature and thus provides
- an efficient research tool for European and international psychological literature
- a multilingual, familiar and user-friendly search interface
- state-of-the-art search engine technology
- access to records not covered in commercial international databases
- free access to an expanding range of international databases.

Databases included:
- PSYNDEX
- PASCAL
- ISOC-Psicología

---

[176] www.ncbi.nlm.nih.gov/pubmed > PubMed FAQs. Zugegriffen: 26. Mai 2015

- MEDLINE®
- ERIC
- NARCIS
- NORART
- PsychOpen
- PsychData"[177]

Homepage: www.pubpsych.de
Zugang: kostenfrei
Produzent/Anbieter: Leibniz-Zentrum für Psychologische Information und Dokumentation (siehe Nr. 53)
Nachweissprache: überwiegend englisch
Fachgebiete: angewandte Psychologie; Psychologie; Sozialpsychologie

[174] QuickSearch

„Mit dem Portal QuickSearch bietet die Österreichische Nationalbibliothek eine benutzerInnenfreundliche bestandsübergreifende Oberfläche für die Recherche in den Katalogen der Österreichischen Nationalbibliothek. Erstmals ist eine gemeinsame Suche in bisher getrennten Katalogen möglich. Sowohl die Abfrage nach Druckschriften als auch nach Sonderbeständen, digitalen Ressourcen und Bilder und Grafiken kann durchgeführt werden. Schnelle Orientierung in der Trefferliste bieten unterschiedliche Icons für die verschiedenen Medientypen wie Bücher, Zeitschriften, Musikdrucke etc."[178]
Homepage: http://search.obvsg.at/ONB
Zugang: kostenfrei
Produzent/Anbieter: Österreichische Nationalbibliothek (siehe Nr. 66)
Nachweissprache: alle Sprachen
Fachgebiete: Bildung; fachübergreifend; Kultur; Pädagogik; Politikwissenschaft; Psychologie; Soziologie

[175] Raumbeobachtung.de

„Raumbeobachtung.de bietet Informationen zu den Standort- und Lebensbedingungen in Deutschland und Europa. Aktuelle Analysen, interaktive Karten

---

[177] www.pubpsych.de > Über PubPsych. Zugegriffen: 26. Mai 2015
[178] www.onb.ac.at/kataloge/index.htm. Zugegriffen: 26. Mai 2015

und Grafiken machen anschaulich, wo sich die Regionen aufeinander zu bewegen, und wo es unterschiedliche Entwicklungen und Probleme gibt. Die thematischen Rubriken Stadtentwicklung, Raumentwicklung sowie Wohnen und Immobilien enthalten Analyse- und Prognoseergebnisse des BBSR [Bundesinstitut für Bau-, Stadt- und Raumforschung] - von der Stadtteilebene bis zu Regionen in Europa. Die interaktiven Karten und Grafiken stellen die Regionalinformationen anschaulich dar. Mit wenigen Schritten lassen sich thematische Karten für rund 100 Indikatoren erstellen. Anhand der Regionalprofile können Nutzer prüfen, wie ihr Landkreis im Vergleich zu Land und Bund abschneidet. Der Gender-Index beschreibt als Landkarte der Gleichstellung die Lebensverhältnisse von Frauen und Männern in der Bundesrepublik. Um die räumliche Entwicklung zu analysieren, nutzt das BBSR Raumabgrenzungen und Raumtypisierungen. Ausgewählte Referenzen und Karten sind in einem Download-Bereich abrufbar. Die Rubrik Über Raumbeobachtung stellt das räumliche Informationssystem des BBSR mit seinen Komponenten vor. Weiterhin erhalten Sie dort Hintergrundinformationen zur Entwicklung von Indikatoren und zu weiteren ‚Werkzeugen' der Raumbeobachtung."[179]
Homepage: www.raumbeobachtung.de
Zugang: kostenfrei
Produzent/Anbieter: Bundesinstitut für Bau-, Stadt- und Raumforschung (siehe Nr. 6)
Nachweissprache: Deutsch
Fachgebiete: Gesundheit; Gleichstellung; Lebensbedingungen; Lebensqualität; Raumentwicklung; Raumordnung; Stadtentwicklung; Umwelt; Verkehr; Wohnen

[176] Regionaldatenbank Deutschland

„Die ‚Regionaldatenbank Deutschland' ist eine Datenbank, die tief gegliederte Ergebnisse der amtlichen Statistik enthält. ... Der Tabellenabruf erfolgt unentgeltlich und kann variabel auf den individuellen Bedarf angepasst werden. Die Abspeicherung der Ergebnisse ist in verschiedenen Formaten möglich. Mit unserem Newsletter-Service informieren wir sie themenbezogen über alle neuen Datenbestände. Zusätzliche Nutzungsmöglichkeiten stehen registrierten Nutzern kostenfrei zur Verfügung."[180]
Homepage: www.regionalstatistik.de
Zugang: kostenfrei

---

[179] www.bbsr.bund.de > Themen > Raumbeobachtung. Zugegriffen: 26. Mai 2015
[180] www.regionalstatistik.de. Zugegriffen: 26. Mai 2015

Produzent/Anbieter: Statistisches Bundesamt (siehe Nr. 77)
Nachweissprache: Deutsch; Englisch
Fachgebiete: Arbeitsmarkt; Bevölkerung; Bildung; Einkommen; Forschung; Gesundheit; Gesundheitswesen; Kultur; öffentlicher Haushalt; Umwelt; Wahlen; Wirtschaft; Wohnen

[177] Research Explorer (REx)

„Das Forschungsverzeichnis der Deutschen Forschungsgemeinschaft (DFG) und des Deutschen Akademischen Austauschdienstes (DAAD) in Zusammenarbeit mit der Hochschulrektorenkonferenz (HRK). Der Research Explorer erschließt über 23.000 Institute an deutschen Hochschulen und außeruniversitären Forschungseinrichtungen nach geografischen, fachlichen und strukturellen Kriterien."[181]
Homepage: www.research-explorer.de
Zugang: kostenfrei
Produzent/Anbieter: Deutsche Forschungsgemeinschaft (siehe Nr. 12)
Nachweissprache: Deutsch
Fachgebiete: Bildung; fachübergreifend; Kultur; Pädagogik; Politikwissenschaft; Psychologie; Soziologie

[178] ResearchGate

"ResearchGate was built by scientists, for scientists. Founded in 2008 ... ResearchGate today has more than 6 million members. ... Our mission is to connect researchers and make it easy for them to share and access scientific output, knowledge, and expertise. On ResearchGate they find what they need to advance their research."[182]
Homepage: www.researchgate.net
Zugang: kostenfrei nach Registrierung
Produzent/Anbieter: ResearchGate GmbH
Nachweissprache: Englisch
Fachgebiete: Bildung; fachübergreifend; Kultur; Pädagogik; Politikwissenschaft; Psychologie; Soziologie

---

[181] www.research-explorer.de. Zugegriffen: 26. Mai 2015
[182] www.researchgate.net/about. Zugegriffen: 26. Mai 2015

[179] RIsources

„Mit RIsources (RI = Research Infrastructure) bietet die Deutsche Forschungsgemeinschaft (DFG) ein Informationsportal zu wissenschaftlichen Forschungsinfrastrukturen an, die Wissenschaftlerinnen und Wissenschaftlern Ressourcen und Dienstleistungen für Forschungsvorhaben bereitstellen. Eine Forschungsinfrastruktur kann sowohl an einem Ort lokalisierte als auch verteilte Einrichtungen umfassen, die auch Teil eines nationalen oder internationalen Netzwerks sein können. RIsources erschließt Forschungsinfrastrukturen,
- die ein anerkanntes, etabliertes wissenschaftliches und technologisches Angebot bieten,
- die einen freien Zugang erlauben oder diesen über einen transparenten Auswahlprozess auf der Basis von wissenschaftlicher Qualität und Machbarkeit des Projekts regeln,
- die über ein nachhaltiges Management verfügen und eine langfristige Perspektive besitzen. ...

Auf diese Weise soll dazu beigetragen werden, vorhandene Ressourcen effektiver zu nutzen, externen Nutzenden einen Zugang zu benötigten Technologien beziehungsweise Informationsquellen zu ermöglichen und dabei eine professionelle Unterstützung durch die Einrichtungen anzubieten. Das gilt zum Beispiel für die Datenanalyse oder das Erlernen neuer Techniken. Darüber hinaus erlaubt das Portal einen generellen Überblick über Forschungsinfrastrukturen an deutschen akademischen Einrichtungen."[183]

Homepage: http://risources.dfg.de
Zugang: kostenfrei
Produzent/Anbieter: Deutsche Forschungsgemeinschaft (siehe Nr. 12)
Nachweissprache: Deutsch
Fachgebiete: Bildung; fachübergreifend; Kultur; Pädagogik; Politikwissenschaft; Psychologie; Soziologie

[180] ScienceDirect

"ScienceDirect is a leading full-text scientific database offering journal articles and book chapters from almost 2,500 active journals and more than 30,000 books."[184]

---

[183] http://risources.dfg.de/about_de.html. Zugegriffen: 26. Mai 2015
[184] www.elsevier.com/online-tools/sciencedirect/using. Zugegriffen: 26. Mai 2015

Homepage: www.sciencedirect.com
Zugang: kostenpflichtig; Lizenz notwendig
Produzent/Anbieter: Elsevier Inc. (siehe Nr. 25)
Nachweissprache: überwiegend englisch
Fachgebiete: Bildung; fachübergreifend; Kultur; Pädagogik; Politikwissenschaft; Psychologie; Soziologie

[181] Social Indicators Monitor (SIMon)

„SIMon ist ein Online-Informationssystem, das einen komfortablen Zugang zu den Zeitreihendaten der Systeme sozialer Indikatoren des ZSi [Zentrum für Sozialindikatorenforschung] ermöglicht: Das European System of Social Indicators (europäische Daten) ist ein Instrument für ein kontinuierliches Monitoring des individuellen und gesellschaftlichen Well-Beings sowie des sozialstrukturellen Wandels in Europa. Die individuelle Wohlfahrt wird über das Konzept der Lebensqualität erfasst, das gesellschaftliche Well-Being über die Konzepte der sozialen Kohäsion und der Nachhaltigkeit. Das European System of Social Indicators umfasst die EU27 sowie darüber hinaus auch Norwegen und die Schweiz sowie Japan und die USA als außereuropäische Referenzgesellschaften. ... Das System Sozialer Indikatoren für Deutschland (deutsche Daten) ist ein Instrument für die gesellschaftliche Dauerbeobachtung: Die knapp 400 Indikatoren und über 3000 Zeitreihen, die das System Sozialer Indikatoren für Deutschland gegenwärtig umfasst, vermitteln ein detailliertes empirisches Bild der längerfristigen Wohlfahrtsentwicklung - objektive Lebensbedingungen und subjektive Lebensqualität - und des sozialen Wandels in Deutschland. Der Beobachtungszeitraum erstreckt sich vom Beginn der 1950er Jahre bis zur Gegenwart und umfasst damit mehr als ein halbes Jahrhundert. Das Indikatorensystem gliedert sich in 13 Lebens- und Politikbereiche und enthält zudem eine Reihe von übergreifenden allgemeinen Wohlfahrtsindikatoren."[185]

Homepage: http://gesis-simon.de
Zugang: kostenfrei nach Registrierung
Produzent/Anbieter: GESIS - Leibniz-Institut für Sozialwissenschaften (siehe Nr. 39)
Nachweissprache: überwiegend englisch
Fachgebiete: Lebensbedingungen; Lebensqualität; soziale Ungleichheit; sozialer Wandel; Sozialindikatoren; Sozialstruktur; Wohlfahrtsentwicklung

---

[185] www.gesis.org/soziale-indikatoren > Produkte > SIMon - Social Indicators Monitor. Zugegriffen: 26. Mai 2015

[182] Social Science Open Access Repository (SSOAR)

„Das Social Science Open Access Repository (SSOAR), ein Open-Access-Dokumentenserver für die Sozialwissenschaften, dient der Erschließung und Archivierung wissenschaftlicher Literatur (Volltexte) aus den deutschsprachigen wie internationalen Sozialwissenschaften. Sowohl das Verfügbarmachen als auch die Nutzung von Dokumenten sind über SSOAR entgeltfrei möglich. SSOAR wurde als DFG-gefördertes Gemeinschaftsprojekt des Centers für Digitale Systeme (CeDiS), des Instituts für Qualitative Forschung (IQF, beide Freie Universität Berlin) und GESIS - Leibniz Institut für Sozialwissenschaften aufgebaut."[186]
Homepage: www.ssoar.info
Zugang: kostenfrei
Produzent/Anbieter: GESIS - Leibniz-Institut für Sozialwissenschaften (siehe Nr. 39)
Nachweissprache: überwiegend deutsch
Fachgebiete: Bildung; fachübergreifend; Kultur; Pädagogik; Politikwissenschaft; Psychologie; Soziologie

[183] Social Science Research Network (SSRN)

"Social Science Research Network (SSRN) is a world wide collaborative of over 280,400 authors and more than 1.7 million users that is devoted to the rapid worldwide dissemination of social science research. Founded in 1994, it is composed of a number of specialized research networks in each of the social sciences. Each of SSRN's networks encourages the early distribution of research results by reviewing and distributing submitted abstracts and full text papers from scholars around the world. ... SSRN's email abstract eJournals cover over 1,000 different subject areas. The Abstract Database contains information on well over 606,900 scholarly working papers and forthcoming papers. The eLibrary currently contains over 504,500 downloadable electronic documents in Adobe Acrobat PDF format. ... SSRN supports the Open Access movement."[187]
Homepage: www.ssrn.com
Zugang: kostenfrei; z.T. nach Registrierung
Produzent/Anbieter: Social Science Electronic Publishing, Inc.
Nachweissprache: überwiegend englisch

---

[186] www.ssoar.info > Über SSOAR > Unsere Leistungen. Zugegriffen: 26. Mai 2015
[187] www.ssrn.com > FAQ. Zugegriffen: 26. Mai 2015

Fachgebiete: Bildung; fachübergreifend; Kultur; Pädagogik; Psychologie; Soziologie

[184] SOFISwiki - Sozialwissenschaftliches Forschungsinformationssystem

„SOFIS enthält ausführliche Beschreibungen von geplanten, laufenden und in den letzten zehn Jahren abgeschlossenen Forschungsarbeiten aus der Bundesrepublik Deutschland, aus Österreich und der Schweiz (Bestand Januar 2014: über 50.000 Projekte). Der aktuelle Gesamtbestand der Datenbank ist im GESIS-Angebot SOFISwiki durchsuchbar. ... Pro Jahr werden zwischen 5.000 und 7.000 Projektbeschreibungen neu oder in aktualisierter Version in die Datenbank aufgenommen. Der Neuigkeitswert dieser Projektnachweise ist hoch: Etwa zwei Drittel der Projekte sind zum Zeitpunkt der Abspeicherung noch in Arbeit, das restliche Drittel gerade abgeschlossen. ... SOFIS ist damit ein Instrument, mit dem man sich über das aktuelle Forschungsgeschehen informieren und Entwicklungen und Trends in den Sozialwissenschaften erkennen kann."[188]
Homepage: http://sofis.gesis.org/sofiswiki
Zugang: kostenfrei
Produzent/Anbieter: GESIS - Leibniz-Institut für Sozialwissenschaften (siehe Nr. 39)
Nachweissprache: überwiegend deutsch
Fachgebiete: Arbeitsmarktforschung; Berufsforschung; Demografie; Ethnologie; Frauen- und Geschlechterforschung; Gerontologie; historische Sozialforschung; Kommunikationswissenschaften; Kriminologie; Pädagogik; Politikwissenschaft; Sozialpolitik; Sozialpsychologie; Soziologie

[185] Sozialwissenschaftliches Fachportal sowiport

„Das sozialwissenschaftliche Fachportal Sowiport bündelt und vernetzt qualitätsgeprüfte Informationen nationaler und internationaler Anbieter und macht sie an einer Stelle verfügbar. Durch die enge Integration bislang nur getrennt vorhandener Angebote entsteht mit Sowiport eine zentrale Anlaufstelle für Nutzer sozialwissenschaftlicher Informationen. Sowiport enthält zurzeit rund 8 Millionen Nachweise zu Veröffentlichungen und Forschungsprojekten. Intelligente Verfahren wie die automatische Umschlüsselung von Suchbegriffen zwischen den Thesauri der Datenbanken unterstützen den Nutzer bei der gleichzeitigen

---

[188] www.gesis.org/unser-angebot/recherchieren/sofis. Zugegriffen: 26. Mai 2015

Recherche in mehreren Datenbanken. Mehrwertdienste aus dem Projekt IRM [Information Retrieval Mehrwertdienste] unterstützen bei der Schlagwortsuche und helfen bei der Sortierung der Trefferliste nach neuen Verfahren."[189]
Homepage: http://sowiport.gesis.org
Zugang: kostenfrei; DFG-geförderte Nationallizenzen deutschlandweit frei zugänglich nach Registrierung unter www.nationallizenzen.de
Produzent/Anbieter: GESIS - Leibniz-Institut für Sozialwissenschaften (siehe Nr. 39)
Nachweissprache: überwiegend englisch
Fachgebiete: Arbeitsmarktforschung; Berufsforschung; Bildungsforschung; Demografie; Ethnologie; Frauen- und Geschlechterforschung; Gerontologie; historische Sozialforschung; Kommunikationswissenschaften; Kriminologie; Pädagogik; Politikwissenschaft; Sozialpolitik; Sozialpsychologie; Sozialwesen; Soziologie

[186] Sportwissenschaftliches Informations-Forum SPORTIF

„Das derzeit bereitgestellte Informationsangebot besteht zunächst nur aus den Online-Datenbanken und dem Fachinformationsführer Sport des BISp. Diese basieren in erster Linie auf dem Nachweis von Literatur, Forschungsaktivitäten, Filmen (Video) sowie Internetquellen im Bereich der Sportwissenschaften. ... Über die Datenbank-Recherche können folgende Datenbanken des Bundesinstituts für Sportwissenschaft abgefragt werden: SPOLIT ist eine bibliographische Datenbank mit Kurzreferaten zu sportwissenschaftlicher Literatur, die überwiegend im deutschsprachigen und angelsächsischen Raum erscheint. Die Datenbank SPOFOR bietet Beschreibungen sportwissenschaftlicher Forschungsprojekte aus dem deutschsprachigen Raum. Die Datenbank SPOMEDIA dokumentiert deutschsprachige, audio-visuelle Medien im Leistungssport. ... Über den Menüeintrag Fachinformationsführer kann im Fachinformationsführer Sport des Bundesinstituts für Sportwissenschaft recherchiert werden. Er verweist auf qualitätsgesicherte Internetquellen."[190]
Homepage: www.sport-if.de
Zugang: kostenfrei
Produzent/Anbieter: Bundesinstitut für Sportwissenschaft (siehe Nr. 9)
Nachweissprache: überwiegend deutsch
Fachgebiete: Freizeitforschung; Sport; Sportsoziologie; Sportwissenschaft

---

[189] http://sowiport.gesis.org/Sowiport. Zugegriffen: 26. Mai 2015
[190] www.sport-if.de > Wir über uns. Zugegriffen: 26. Mai 2015

[187] SpringerLink

„Diese Plattform bietet Wissenschaftlern Zugang zu Millionen wissenschaftlicher Inhalte und Fachinformationen aus Zeitschriften, Büchern, Buchreihen, Laborprotokollen und Nachschlagewerken."[191]
Homepage: www.link.springer.com
Zugang: Recherche kostenfrei; Abruf der Volltexte lizenzpflichtig
Produzent/Anbieter: Springer VS (siehe Nr. 73)
Nachweissprache: alle Sprachen
Fachgebiete: Bildung; fachübergreifend; Kultur; Pädagogik; Politikwissenschaft; Psychologie; Soziologie

[188] stabikat+

„stabikat+ umfasst die im Online-Katalog StaBiKat nachgewiesenen Bestände der Staatsbibliothek (Bücher, Zeitschriftentitel), Inhalte lizenzierter Datenbanken und elektronischer Zeitschriften sowie Volltexte aus Open-Access-Repositories und weiteren Quellen, auch über die Bestände der Staatsbibliothek hinaus."[192]
Homepage: http://plus.stabikat.de
Zugang: kostenfrei
Produzent/Anbieter: Staatsbibliothek zu Berlin - Preußischer Kulturbesitz (siehe Nr. 75)
Nachweissprache: alle Sprachen
Fachgebiete: Bildung; fachübergreifend; Kultur; Pädagogik; Politikwissenschaft; Psychologie; Soziologie

[189] Statistisches Informationssystem GeroStat

GeroStat „basiert auf einer Sammlung statistischer Daten der amtlichen Statistik und der empirischen Sozialforschung mit Bezug zu gerontologischen und demografischen Sachverhalten. ... GeroStat - Statistik online enthält Daten zu folgenden Themen:
- Bevölkerungsstruktur und Altersmaße
- Gesundheitsstatus
- Mortalität (Sterbefälle, Lebenserwartung)

---

[191] www.link.springer.com. Zugegriffen: 26. Mai 2015
[192] http://plus.stabikat.de. Zugegriffen: 26. Mai 2015

- Sozioökonomische Merkmale wie Haushaltsstrukturen, Einkommen, Erwerbsstatus
- Soziale Sicherung
- Lebensverhältnisse von Menschen in der zweiten Lebenshälfte (Deutscher Alterssurvey DEAS)"[193]

Homepage: www.gerostat.de
Zugang: kostenfrei
Produzent/Anbieter: Deutsches Zentrum für Altersfragen (siehe Nr. 22)
Nachweissprache: Deutsch
Fachgebiete: Bevölkerung; Bevölkerungsstruktur; Demografie; Einkommen; Erwerbstätigkeit; Gerontologie; Gesundheit; Lebensbedingungen; Lebenserwartung; Lebensqualität; Mortalität; soziale Sicherung

[190] Studienportal

„Das Studienportal bietet einen breiten Überblick über qualitative und quantitative Studien der sozial- und wirtschaftswissenschaftlichen Organisationsforschung."[194]
Homepage: https://dszbo.uni-bielefeld.de/studienportal
Zugang: kostenfrei
Produzent/Anbieter: Datenservicezentrum Betriebs- und Organisations-Daten (siehe Nr. 87)
Nachweissprache: überwiegend deutsch
Fachgebiete: Arbeitsmarkt; Betriebs- und Organisationsuntersuchungen; Sozialwissenschaften; Wirtschaftswissenschaften

[191] Suchkiste Nationallizenzen

„Mit der ‚Suchkiste' steht eine Rechercheplattform für die Produkte der DFG-geförderten Nationallizenzen für elektronische Medien zur Verfügung."[195]
Homepage: http://finden.nationallizenzen.de

---

[193] www.dza.de > Informationsdienste/Publikationen > GeroStat > Über GeroStat. Zugegriffen: 26. Mai 2015
[194] https://dszbo.uni-bielefeld.de/studienportal. Zugegriffen: 26. Mai 2015
[195] www.bibliothek.uni-regensburg.de/dbinfo > Allgemein / Fachübergreifend > Suchkiste. Zugegriffen: 26. Mai 2015

Zugang: kostenfrei; DFG-geförderte Nationallizenzen deutschlandweit frei zugänglich nach Registrierung unter www.nationallizenzen.de
Produzent/Anbieter: Gemeinsamer Bibliotheksverbund (siehe Nr. 36)
Nachweissprache: alle Sprachen
Fachgebiete: Bildung; fachübergreifend; Kultur; Pädagogik; Politikwissenschaft; Psychologie; Soziologie

[192] Suchmaschine des Österreichischen Bibliothekenverbundes

„Die Verbundsuchmaschine bietet einen zentralen, einfachen Einstieg für die Recherche in den Beständen der über 80 Einrichtungen des österreichischen Bibliothekenverbundes. Die Verbunddatenbanken umfassen derzeit mehr als 10 Millionen Titel."[196]
Homepage: http://search.obvsg.at/OBV
Zugang: kostenfrei
Produzent/Anbieter: Österreichische Bibliothekenverbund und Service GmbH (siehe Nr. 65)
Nachweissprache: alle Sprachen
Fachgebiete: Bildung; fachübergreifend; Kultur; Pädagogik; Politikwissenschaft; Psychologie; Soziologie

[193] SWB Online-Katalog des Südwestdeutschen Bibliotheksverbundes (SWB Online-Katalog)

„Der SWB Online-Katalog des Südwestdeutschen Bibliotheksverbundes (SWB) weist die Medienbestände (Bücher, Zeitschriftentitel und -aufsätze, elektronischen Medien etc.) von mehr als 1.200 Bibliotheken aus den Regionen Baden-Württemberg, Saarland und Sachsen sowie aus weiteren Spezialbibliotheken aus anderen Bundesländern nach. Er enthält ca. 65 Mio. Bestandsnachweise zu ca. 20 Mio. Titeln überwiegend wissenschaftlicher Literatur, davon ca. 2,4 Mio. Besitznachweise zu ca. 514.000 Zeitschriftentiteln (Stand Juli 2014)."[197]
Homepage: http://swb.bsz-bw.de
Zugang: kostenfrei
Produzent/Anbieter: Bibliotheksservice-Zentrum Baden-Württemberg (siehe Nr. 4)

---

[196] http://search.obvsg.at/OBV. Zugegriffen: 26. Mai 2015
[197] http://swb.bsz-bw.de. Zugegriffen: 26. Mai 2015

Nachweissprache: alle Sprachen
Fachgebiete: Bildung; fachübergreifend; Kultur; Pädagogik; Politikwissenschaft; Psychologie; Soziologie

[194] Swissbib

„Swissbib ist der Katalog aller Schweizer Hochschulbibliotheken, der Schweizerischen Nationalbibliothek, zahlreicher Kantonsbibliotheken und weiterer Institutionen. Er bietet einen raschen, einfachen und umfassenden Zugang zu wissenschaftlichen Publikationen in der Schweiz an."[198]
Homepage: www.swissbib.ch
Zugang: kostenfrei
Produzent/Anbieter: Universitätsbibliothek Basel
Nachweissprache: alle Sprachen
Fachgebiete: Bildung; fachübergreifend; Kultur; Pädagogik; Politikwissenschaft; Psychologie; Soziologie

[195] UNdata

"Since its foundation, the United Nations System has been collecting statistical information from member states on a variety of topics. ... UNdata ... [is] pooling major UN databases and those of several international into one single internet environment. The innovative design allows a user to access a large number of UN databases either by browsing the data series or through a keyword search. Useful features like Country Profiles, Advanced Search and Glossaries are also provided to aid research. The numerous databases, tables and glossaries containing over 60 million data points cover a wide range of themes including Agriculture, Crime, Education, Employment, Energy, Environment, Health, HIV/AIDS, Human Development, Industry, Information and Communication Technology, National Accounts, Population, Refugees, Tourism, Trade, as well as the Millennium Development Goals indicators."[199]
Homepage: data.un.org
Zugang: kostenfrei
Produzent/Anbieter: United Nations Statistics Division (UNSD)
Nachweissprache: Englisch

---

[198] www.swissbib.ch. Zugegriffen: 26. Mai 2015
[199] data.un.org/Host.aspx?Content=About. Zugegriffen: 26. Mai 2015

Fachgebiete: Arbeit; Bevölkerung; Bildung; Demografie; fachübergreifend; Gesundheit; Tourismus; Umwelt

[196] Urbadoc - Das europäische Datenbankangebot zu Kommunalpraxis und -forschung

„URBADOC ist die führende internationale Quelle zur stadt- und regionalplanerischen Literatur mit über 700.000 Nachweisen. Wichtige europäische Datenbankproduzenten haben sich zusammengeschlossen, um den internationalen Erfahrungsaustausch durch Informationstransfer auf dem Gebiet der Urbanistik zu unterstützen."[200]
Homepage: www.urbadoc.com
Zugang: kostenpflichtig; Lizenzvereinbarungen gemäß Nutzungsbedingungen notwendig
Produzent/Anbieter: Deutsches Institut für Urbanistik (siehe Nr. 18)
Nachweissprache: Deutsch; Englisch; Französisch; Italienisch; Spanisch
Fachgebiete: Raumplanung; Regionalforschung; Stadtentwicklung; Stadtplanung; Stadtsoziologie; Verkehr; Wohnen

[197] Virtuelle Bibliothek des EDZ der Universitätsbibliothek Mannheim

„Die Europäischen Dokumentationszentren haben die Aufgabe die Veröffentlichungen der EU zu katalogisieren und sie dem universitären Bereich sowie der interessierten Öffentlichkeit zugänglich zu machen. Die EDZ arbeiten je nach fachlichem Schwerpunkt als spezialisierte oder universelle Einrichtungen. Dafür erhalten sie kostenlos ein Exemplar der periodischen und nichtperiodischen Veröffentlichungen in einer Amtssprache. Die EDZ unterstützen ihre Nutzer bei der Recherche und führen Schulungen zu EU-Datenbanken durch."[201]
Homepage: www.bib.uni-mannheim.de > Bibliotheksbereiche > Europäisches Dokumentationszentrum (EDZ)
Zugang: kostenfrei
Produzent/Anbieter: Europäische Dokumentationszentrum (EDZ) der Universitätsbibliothek Mannheim (siehe Nr. 26)
Nachweissprache: EU-Amtssprachen; überwiegend deutsch

---

[200] www.urbadoc.com/index.php?id=12&lang=de. Zugegriffen: 26. Mai 2015
[201] www.ub.uni-mannheim.de/?id=606. Zugegriffen: 26. Mai 2015

Fachgebiete: Europäische Kommission; Europäischer Gerichtshof; Europäisches Parlament; Europarat

[198] Virtuelle Fachbibliothek Politikwissenschaft

„vifapol ist eine Zusammenstellung von Werkzeugen zum Finden und Veröffentlichen von Fachinformation in Politikwissenschaft, Verwaltungswissenschaft und Kommunalwissenschaften. ... Über vifapol werden die Bestände der Sondersammelgebiete Politik, Friedensforschung und Verwaltungswissenschaften der SUB Hamburg sowie des Sammelbereichs Kommunalwissenschaften der ZLB / Senatsbibliothek präsentiert. Eine Reihe von Contentpartnern ergänzt diesen inhaltlichen Kernbereich mit ihren Medien."[202]
Homepage: www.vifapol.de
Zugang: kostenfrei
Produzent/Anbieter: Staats- und Universitätsbibliothek Hamburg Carl von Ossietzky (siehe Nr. 74)
Nachweissprache: alle Sprachen
Fachgebiete: Friedensforschung; Kommunalpolitik; Konfliktforschung; Politikwissenschaft; Rechts- und Verwaltungsfragen; Verwaltungswissenschaft

[199] Web of Science

"Web of Science™ Core Collection provides researchers, administrators, faculty, and students with quick, powerful access to the world's leading citation databases. Authoritative, multidisciplinary content covers over 12,000 of the highest impact journals worldwide, including Open Access journals and over 150,000 conference proceedings. You'll find current and retrospective coverage in the sciences, social sciences, arts, and humanities, with coverage to 1900. Overcome information overload and focus on essential data across more than 250 disciplines."[203]
Homepage: http://thomsonreuters.com/web-of-science-core-collection
Zugang: kostenpflichtig; lizenzpflichtig
Produzent/Anbieter: Thomson Reuters Corporation (siehe Nr. 80)
Nachweissprache: überwiegend englisch

---

[202] www.vifapol.de/about. Zugegriffen: 26. Mai 2015
[203] http://thomsonreuters.com/web-of-science-core-collection. Zugegriffen: 26. Mai 2015

Fachgebiete: Bildung; fachübergreifend; Kultur; Pädagogik; Politikwissenschaft; Psychologie; Soziologie

[200] wiso

„wiso ist das Hochschulangebot von GBI-Genios mit einem breiten Spektrum wissenschaftlicher und studienrelevanter Inhalte. Dazu gehören hochkarätige Referenzdatenbanken sowie die Volltexte ausgewählter Fachzeitschriften und e-Books. Professionelle Recherche-Tools, integrierte Thesauri sowie unterstützende Filter- und Monitoring-Funktionen ermöglichen das schnelle und zuverlässige Finden der gesuchten Informationen. Die Kooperation mit renommierten Verlagen und wissenschaftlichen Instituten ermöglicht es uns, Ihnen mit wiso ein einmaliges Portfolio an Qualitätsinhalten anzubieten.
- 14 Mio. Literaturnachweise
- 8 Mio. Volltexte aus rund 450 Fachzeitschriften
- 146 Mio. Artikel aus der Tages- und Wochenpresse
- 67 Mio. Firmeninformationen
- 114.000 Personeninformationen
- 755.000 Marktdaten
- 8.500 elektronische Bücher

… Das Gesamtangebot von wiso setzt sich aus einer Reihe von Modulen zusammen…
Fachrichtung Wirtschaftswissenschaften: Wir bieten Ihnen den Zugriff auf 6,7 Mio. wirtschaftswissenschaftliche Referenzen sowie über 2.000 eBooks zu Themen von Agrarwissenschaften, allgemeine BWL, Controlling, Führung und Organisation, Internationale Wirtschaft, Personal, Soziologie bis hin zu Zeitmanagement u.v.m. Das Modul ‚Fachzeitschriften' enthält Volltexte aus ca. 340 wirtschaftswissenschaftlich orientierten Fachzeitschriften. Abgedeckt werden unter anderem die Themenbereiche: allgemeine Betriebswirtschaft, Finanzen, Informationsmanagement, Materialwirtschaft, Personalwesen, Steuern, Strategisches Management, Umweltmanagement, Themen der Volkswirtschaftslehre aus den Bereichen Makro- und Mikroökonomie, Wirtschaftspolitik u. v. m.
Fachrichtung Sozialwissenschaften: In den wiso Sozialwissenschaften finden Sie ca. 1,8 Mio. Literaturnachweise und 385 elektronische Bücher aus den Bereichen Sozialwissenschaft, Sozialarbeit, Sozialpädagogik sowie Politik und Internationale Beziehungen. Mit den Publikationen unserer namhaften Verlagspartner bieten wir Ihnen ein hochkarätiges Portfolio aus ca. 30 sozialwissenschaftlichen Fachzeitschriften aus einer Hand.

Fachrichtung Psychologie: wiso Psychologie bietet Ihnen den Zugang zu 290.000 Literaturnachweisen der Referenzdatenbank PSYNDEX und ca. 415 eBooks. Rund 30 Fachzeitschriften decken neben allen Gebieten der klassischen Psychologie auch psychologisch relevante Aspekte aus Nachbardisziplinen wie zum Beispiel der Psychiatrie, Medizin, Erziehungswissenschaft, Soziologie, Sportwissenschaft, Linguistik, Betriebswirtschaft und der Kriminologie ab."[204]
Homepage: www.wiso-net.de
Zugang: Der Zugriff auf das wiso-Angebot erfolgt über einen von dem jeweiligen Vertragspartner (Universität, Hochschule oder sonstige Institutionen) dem Nutzer bereitgestellten Zugang. Die Nutzung über diesen Zugang ist für den Nutzer in der Regel kostenfrei.
Produzent/Anbieter: GBI-Genios Deutsche Wirtschaftsdatenbank GmbH (siehe Nr. 35)
Nachweissprache: überwiegend deutsch
Fachgebiete: fachübergreifend; internationale Beziehungen; Pädagogik; Politikwissenschaft; Psychologie; Soziale Arbeit; Sozialpädagogik; Sozialwissenschaften; Soziologie; Wirtschaftswissenschaften

[201] WorldCat

"WorldCat is the world's largest network of library content and services. WorldCat libraries are dedicated to providing access to their resources on the Web, where most people start their search for information."[205]
Homepage: www.worldcat.org
Zugang: kostenfrei
Produzent/Anbieter: Online Computer Library Center (siehe Nr. 63)
Nachweissprache: alle Sprachen
Fachgebiete: Bildung; fachübergreifend; Kultur; Pädagogik; Politikwissenschaft; Psychologie; Soziologie

[202] ZACAT - GESIS Online Study Catalogue

"ZACAT is a social science data portal allowing you to search for, browse, analyse and download social science survey data. The studies in this catalogue pre-

---

[204] www.wiso-net.de/popup/ueber_wiso. Zugegriffen: 26. Mai 2015
[205] www.worldcat.org/whatis. Zugegriffen: 26. Mai 2015

sent a small selection of the studies available at the GESIS Data Archive for the Social Sciences"[206]
Homepage: http://zacat.gesis.org
Zugang: Use of ZACAT is free of charge. Published datasets and accompanying documentation can be browsed without prior registration. Analyzing, creating tables and downloading requires registration.
Produzent/Anbieter: GESIS - Leibniz-Institut für Sozialwissenschaften (siehe Nr. 39)
Nachweissprache: überwiegend englisch
Fachgebiete: Lebensbedingungen; Lebensqualität; Politikwissenschaft; soziale Ungleichheit; Sozialstruktur; Sozialwissenschaften; Soziologie; Wahlforschung; Werte; Wertewandel

[203] Zusammenstellung sozialwissenschaftlicher Items und Skalen (ZIS)

„Die Zusammenstellung sozialwissenschaftlicher Items und Skalen (ZIS) umfasst über 200 sozialwissenschaftliche Erhebungsinstrumente, z.B. Items zum Messen von politischen Einstellungen oder Persönlichkeit. Dokumentiert sind die Instrumente, deren Entwicklung, deren Gütekriterien und Informationen zum theoretischen Hintergrund. Die Instrumente in ZIS sind verschiedenen Themen zugeordnet."[207]
Homepage: http://zis.gesis.org
Zugang: kostenfrei
Produzent/Anbieter: GESIS - Leibniz-Institut für Sozialwissenschaften (siehe Nr. 39)
Nachweissprache: Deutsch
Fachgebiete: Arbeit; Bildung; Familie; Gesundheit; Kultur; Politische Einstellungen und Verhaltensweisen; Religion; soziale Netzwerke; soziale Probleme; Umweltverhalten

---

[206] www.gesis.org/unser-angebot/recherchieren/zacat-online-study-catalogue. Zugegriffen: 26. Mai 2015
[207] http://zis.gesis.org. Zugegriffen: 26. Mai 2015

Längsschnittuntersuchungen

Vorbemerkungen

Die fundierte Einschätzung gesellschaftlicher Situationen oder die Prognose sozialer Entwicklungen setzen aktuelle, valide Daten voraus. Gesellschaftliche Phänomene werden bereits seit längerem auf der Basis erhobener Daten (klassische Umfragedaten; Daten der amtlichen Statistik) in ihrer Entwicklung verfolgt. Diese Daten stehen in vielen Fällen auch für die Nutzung bei anderen Fragestellungen zur Verfügung. So stellt bspw. der Datenbestandskatalog der GESIS (DBK, siehe Nr. 292) insgesamt ca. 6.000 Erhebungen für sekundärstatistische Analysen zur Verfügung. Das Wissen um das Vorhandensein und die Zugangsmöglichkeiten zu derartigen Daten kann hilfreich bei der ressourcensparenden Planung und Durchführung eigener Projekte oder von Sekundäranalysen sein.

Wir haben für dieses Kapitel sowohl Panel- als auch Trendstudien (replikative Surveys) ausgewählt, jedoch keine Querschnittsuntersuchungen, also Erhebungen, die nur einmalig durchgeführt werden. Bei Panelerhebungen wird dieselbe Personengruppe (Stichprobe) in festgelegten zeitlichen Abständen über einen längeren Zeitraum (in sog. Erhebungswellen) befragt. Panelerhebungen können über sehr lange Zeiträume laufen. Bspw. wird das Sozio-oekonomische Panel (SOEP, siehe Nr. 267) seit 1984, die Sächsische Längsschnittstudie (SLS, siehe Nr. 264) seit 1987 erhoben.

Bei einer Trendstudie werden dieselben Fragestellungen zu verschiedenen Zeitpunkten mit jeweils unterschiedlichen Stichproben erhoben. Als Beispiel für eine Trendstudie sei die Allgemeinen Bevölkerungsumfrage der Sozialwissenschaften (ALLBUS, siehe Nr. 206) genannt. Seit 1980 wird alle zwei Jahre ein repräsentativer Querschnitt der Bevölkerung u.a. zu Einstellungen und Verhaltensweisen befragt.

Bei der Entscheidung, welche Längsschnittuntersuchungen in diesem Buch beschrieben werden sollen, haben sich die Autoren aus pragmatischen Gründen dafür entschieden, nur solche Erhebungen aufzunehmen, die mindestens drei Erhebungswellen aufweisen (einschließlich aktuell laufender Vorbereitungen für eine dritte Welle) und noch laufend sind. Nicht aufgenommen wurden mehrwellige Studien, zu denen zwar die Studienergebnisse aber keine Primärdaten zur Verfügung gestellt werden, wie beispielsweise die bekannte Shell-Studie.

Grundsätzlich möchten wir dazu ermuntern, auch die weiteren Angebote der hier aufgeführten Produzenten genauer zu betrachten.

Inhalt

AIDS im öffentlichen Bewusstsein der Bundesrepublik Deutschland 149
Aktiv Versicherte (AKVS) 149
Allgemeine Bevölkerungsumfrage der Sozialwissenschaften (ALLBUS) 150
Alterssicherung in Deutschland (ASID) 150
Arbeitskräfteerhebung der Europäischen Union (AKE) 151
Aufwachsen in Deutschland: Alltagswelten (AID:A) 151
Beziehungs- und Familienpanel (pairfam) 152
BIBB-Schulabgängerbefragung 152
Comparative Study of Electoral Systems (CSES) 153
Deutsche Umweltstudie zur Gesundheit (GerES) 154
Deutscher Alterssurvey (DEAS) 155
Deutscher Freiwilligensurvey (FWS) 155
Deutsches Mobilitätspanel (MOP) 155
DeutschlandTrend 156
Die Drogenaffinität Jugendlicher in der Bundesrepublik Deutschland 157
Einkommens- und Verbrauchsstichprobe (EVS) 157
Epidemiologischer Suchtsurvey (ESA) 158
Erhebung über die berufliche Weiterbildung (CVTS) 159
Erhebung über die private Nutzung von Informations- und
Kommunikationstechnologien (IKT) 160
Erhebung über Erwachsenenbildung (AES) 160
Eurobarometer 161
Europäische Erhebung über die Arbeitsbedingungen (EWCS) 161
Europäische Erhebung zur Lebensqualität (EQLS) 162
Europäische Gesundheitsumfrage (EHIS) 163
Europäische Unternehmenserhebung (ECS) 163
European Election Studies (EES) 164
European Social Survey (ESS) 164
European Values Study (EVS) 165
EU-Statistik über Einkommen und Lebensbedingungen (EU-Silc) 166
Expertenmonitor 167
Forsa-Bus 167
Gemeinschaftsstatistiken zur Informationsgesellschaft (CSIS) 168
German Longitudinal Election Study (GLES) 168
GESIS Panel 169
Gesundheit in Deutschland aktuell (GEDA) 170
Household Finance and Consumption Survey (HFCS) 170
IAB-Betriebspanel 171

IAB-Erhebung des Gesamtwirtschaftlichen Stellenangebots (EGS) 172
International Social Survey Programme (ISSP) 172
Internationale Grundschul-Lese-Untersuchung (IGLU) 173
Jugendsexualität 174
Landtagswahlstudien 174
Linked-Employer-Employee-Daten des IAB (LIAB) 175
Luxembourg Income Study (LIS) 176
Luxembourg Wealth Study (LWS) 176
Media-Analyse 177
Mikrozensus (MZ) 177
NEPS-Studie - Bildung im Erwachsenenalter und lebenslanges
Lernen - Startkohorte Erwachsene 178
NEPS-Studie - Bildung von Anfang an - Startkohorte Neugeborene 179
NEPS-Studie - Frühe Bildung in Kindergarten und Grundschule – Startkohorte Kindergarten 180
NEPS-Studie - Hochschulstudium und Übergang in den Beruf – Startkohorte Studierende 181
NEPS-Studie - Schule und Ausbildung - Bildung von Schülerinnen
und Schülern ab Klassenstufe 9 - Startkohorte Klasse 9 181
NEPS-Studie - Wege durch die Sekundarstufe I - Bildungswege von
Schülerinnen und Schülern ab Klassenstufe 5 - Startkohorte Klasse 5 182
Panel Arbeitsmarkt und soziale Sicherung (PASS) 183
Politbarometer 184
Programme for International Student Assessment (PISA) 184
Programme for the International Assessment of Adult Competencies
(PIAAC) 185
Referenz-Betriebs-System (RBS) 186
Rehabilitation 186
Reiseanalyse (RA) 187
Sächsische Längsschnittstudie (SLS) 187
Schweizer Haushalt-Panel (SHP) 188
Schweizer Wahlstudie (Selects) 188
Sozio-oekonomisches Panel (SOEP) 189
Sparen und Altersvorsorge in Deutschland (SAVE) 190
Stichprobe der Integrierten Arbeitsmarktbiografien (SIAB) 191
Studie zur Gesundheit Erwachsener in Deutschland (DEGS) 192
Studie zur Gesundheit von Kindern und Jugendlichen in Deutschland
(KiGGS) 193
Studierendensurvey 194
Survey of Health, Ageing and Retirement in Europe (SHARE) 194

Trends in International Mathematics and Science Study (TIMSS) 195
Verdienststrukturerhebung (VSE) 196
Versichertenrentenbestand 196
Versichertenrentenzugang 197
Versicherungskontenstichprobe 197
Vollendete Versichertenleben 197
Weiterbildungsmonitor (wbmonitor) 198
World Values Survey (WVS) 198
World Vision Kinderstudie 199

[204] AIDS im öffentlichen Bewusstsein der Bundesrepublik Deutschland

„Langfristig angelegte Untersuchung von Wissen, Einstellungen und Verhaltensweisen im Zusammenhang mit HIV/AIDS und anderen sexuell übertragbaren Infektionen (STI) sowie der Veränderungen des Informations- und Kommunikationsverhaltens."[208]
Homepage: www.bzga.de > Forschung > Studien / Untersuchungen > Studien > Aidsprävention
Datenzugang: kostenpflichtig und zugangsbeschränkt über den Datenbestandskatalog der GESIS (siehe Nr. 292); kostenpflichtiger CD-ROM Versand
Stichprobe: repräsentative Befragung der über 16-jährigen Bevölkerung
Erhebung: seit 1987 jährlich
Untersuchungsregion: Bundesrepublik Deutschland
Produzent/Anbieter: Forschungsdatenzentrum der Bundeszentrale für gesundheitliche Aufklärung (siehe Nr. 93)
Fachgebiete: AIDS; Gesundheit; Gesundheitspolitik; Prävention

[205] Aktiv Versicherte (AKVS)

„Das FDZ-RV bietet den wissenschaftlichen Forschern Mikrodaten in Form von Längsschnitt- und Querschnittdaten an. ... Die Datenprodukte, die als Längsschnittdaten aufbereitet sind, beziehen sich auf die Versichertenbiografie eines in der gesetzlichen Rentenversicherung Versicherten, in der Regel vom 16. bzw. 17. Lebensjahr bis zur Verrentung. ... Die Datenprodukte, die als Querschnittdaten aufbereitet sind, beschreiben Merkmale für Stichtage (z. B. Rentenbestand) oder Berichtsjahre (z. B. Rentenzugang-, Rentenwegfall)."[209]
Homepage: www.fdz-rv.de > Datenangebot > Wissenschaftliche Forschung > Querschnittdaten - Basisfiles
Datenzugang: kostenfrei nach Antrag; Scientific-Use-Files; Gastwissenschaftleraufenthalt, kontrolliertes Fernrechnen
Stichprobe: 1% Zufallsauswahl
Erhebung: jährlich
Untersuchungsregion: Bundesrepublik Deutschland

---

[208] www.bzga.de/forschung/studien-untersuchungen/studien/aidspraevention/?sub=86. Zugegriffen: 28. Mai 2015

[209] www.fdz-rv.de > Datenangebot > Wissenschaftliche Forschung. Zugegriffen: 28. Mai 2015

Produzent/Anbieter: Forschungsdatenzentrum der Rentenversicherung (siehe Nr. 94)
Fachgebiete: Renten; soziale Sicherung

[206] Allgemeine Bevölkerungsumfrage der Sozialwissenschaften (ALLBUS)

„Im ALLBUS-Surveyprogramm werden seit 1980 regelmäßig im Abstand von zwei Jahren repräsentative Querschnittssamples der Bevölkerung mit einem teils konstanten, teils variablen Erhebungsprogramm befragt. Die erhobenen hochwertig aufbereiteten und ausführlich dokumentierten Daten ermöglichen:
- Untersuchung von sozialen Lagen, Einstellungen, Werten und Verhaltensweisen in Deutschland
- Analysen des sozialen Wandels im Zeitverlauf (social monitoring)
- die Untersuchung methodischer Fragestellungen
- Datenbereitstellung für Personen in Forschung und Ausbildung"[210]

Homepage: www.gesis.org/allbus/datenzugang bzw. http://zacat.gesis.org
Datenzugang: kostenfreier Download nach Registrierung; kostenpflichtiger CD-ROM Versand
Stichprobe: repräsentativer Querschnitt der deutschen Bevölkerung
Erhebung: seit 1980 in zweijährigem Rhythmus
Untersuchungsregion: Bundesrepublik Deutschland
Produzent/Anbieter: Forschungsdatenzentrum ALLBUS bei GESIS (siehe Nr. 89)
Fachgebiete: Einstellungen; Familie; Gesellschaft; Politische Einstellungen und Verhaltensweisen; soziale Ungleichheit; sozialer Wandel; Sozialindikatoren; Sozialstruktur; Werte; Wertewandel

[207] Alterssicherung in Deutschland (ASID)

„Die ASID-Studie geht der Frage der Einkommens- und Lebenssituation der älteren Generation (Personen ab 55 Jahren) nach. Sie verbindet Informationen zur Art und Höhe von Einkommen auf der Personen- und Ehepartner-Ebene mit Angaben zu den Determinanten der Alterseinkommen."[211]

---

[210] www.gesis.org/das-institut/kompetenzzentren/fdz-allbus. Zugegriffen: 28. Mai 2015
[211] www.alterssicherung-in-deutschland.de. Zugegriffen: 28. Mai 2015

Homepage: www.alterssicherung-in-deutschland.de
Datenzugang: kostenfreier Download nach Registrierung über den Datenbestandskatalog der GESIS (siehe Nr. 292); kostenpflichtiger CD-ROM Versand
Stichprobe: repräsentativ für Personen ab 55 Jahren
Erhebung: seit 1986 im vierjährigen Rhythmus
Untersuchungsregion: Bundesrepublik Deutschland
Produzent/Anbieter: Bundesministerium für Arbeit und Soziales
Fachgebiete: Einkommen; Erwerbstätigkeit; Renten; Sparverhalten; Vermögen; Zukunftsvorsorge

[208] Arbeitskräfteerhebung der Europäischen Union (AKE)

„Die AKE ist eine umfassende Haushaltsstichprobenerhebung, die vierteljährliche Ergebnisse zur Beteiligung der Personen ab 15 Jahren am Arbeitsmarkt sowie zu Personen, die nicht zu den Arbeitskräften zählen, liefert."[212]
Homepage: http://ec.europa.eu/eurostat > Daten > Zugang zu Mikrodaten > Arbeitskräfteerhebung
Datenzugang: kostenfrei nach Registrierung; Vor-Ort-Nutzung; CD/DVD
Stichprobe: ca. 1,8 Millionen Einzelpersonen
Erhebung: seit 1983, vierteljährlich
Untersuchungsregion: 33 europäische Länder
Produzent/Anbieter: Statistisches Amt der Europäischen Union (siehe Nr. 76)
Fachgebiete: Arbeit; Arbeitslose; Arbeitsmarkt; Arbeitsmarktentwicklung; Beschäftigung; Beschäftigungsentwicklung; Nichterwerbspersonen

[209] Aufwachsen in Deutschland: Alltagswelten (AID:A)

„Das Deutsche Jugendinstitut hat die bisherigen Studien des DJI Familiensurvey, Jugendsurvey, Kinderpanel und Kinderbetreuungsstudie zu einem integrierten Survey zusammengefasst. Hier werden auf einer Stichprobe aufsetzend die unterschiedlichen Haushaltsmitglieder jeweils zu ihrer spezifischen Alters- und Familienkonstellation befragt werden. Möglichst in jeder Legislaturperiode soll eine Haupterhebung, eventuell ergänzt um Zusatzerhebungen durchgeführt werden."[213]

---

[212] http://ec.europa.eu/eurostat > Daten > Zugang zu Mikrodaten > Arbeitskräfteerhebung. Zugegriffen: 28. Mai 2015
[213] http://surveys.dji.de > Aufwachsen in Deutschland. Zugegriffen: 28. Mai 2015

Homepage: http://surveys.dji.de > Aufwachsen in Deutschland
Datenzugang: kostenfreier Download nach Registrierung; kostenpflichtiger CD-ROM/DVD -Versand
Stichprobe: ca. 25.000
Erhebung: seit 2010
Untersuchungsregion: Bundesrepublik Deutschland
Produzent/Anbieter: Forschungsdatenzentrum des Deutschen Jugendinstituts (siehe Nr. 98)
Fachgebiete: Familie; Jugend; Kinderbetreuung; Kindheit; Lebensbedingungen

[210] Beziehungs- und Familienpanel (pairfam)

„Das 2008 gestartete Beziehungs- und Familienpanel pairfam (‚Panel Analysis of Intimate Relationships and Family Dynamics') ist eine multidisziplinäre Längsschnittstudie zur Erforschung der partnerschaftlichen und familialen Lebensformen in Deutschland. ... Der inhaltliche Fokus ist auf die vielschichtigen Prozesse der Partnerschaftsentwicklung und -gestaltung, der Familiengründung und -erweiterung, des Erziehungsverhaltens, der kindlichen Entwicklung und der intergenerationalen Beziehungen gerichtet. Das Frageprogramm deckt darüber hinaus eine Vielzahl von Aspekten aus anderen Lebensbereichen ab."[214]
Homepage: www.pairfam.de
Datenzugang: kostenpflichtig und zugangsbeschränkt über den Datenbestandskatalog der GESIS (siehe Nr. 292)
Stichprobe: ca. 12.000 Ankerpersonen
Erhebung: seit 2008 jährlich
Untersuchungsregion: Bundesrepublik Deutschland
Produzent/Anbieter: Forschungsdatenzentrum des Beziehungs- und Familienpanels (siehe Nr. 96)
Fachgebiete: Ehescheidungen; Eheschließungen; Erziehung; Familie; Familienforschung; Jugend; Kindheit; Partnerschaft

[211] BIBB-Schulabgängerbefragung

„In den Jahren 2004, 2005, 2006, 2008 und 2010 hat das Bundesinstitut für Berufsbildung (BIBB) ... jeweils rund 1500 Schulabgänger und Schulabgängerinnen aus allgemeinbildenden und beruflichen Schulen sowie beruflichen Vollzeit-

---

[214] www.pairfam.de. Zugegriffen: 28. Mai 2015

schulen zu ihren beruflichen Orientierungen im vorangegangenen Frühjahr und ihrem tatsächlichen Berufswahlverhalten (Verbleib) im Herbst befragt. Außerdem wurden die Jugendlichen zu ihrer beruflichen Zukunft interviewt. Neben Informationen über den Schulabschluss wurden auch die Schulleistungen (Noten) der Jugendlichen erfasst."[215]
Homepage: http://metadaten.bibb.de > Datensätze > BIBB-Schulabgängerbefragung
Datenzugang: kostenpflichtig und zugangsbeschränkt über den Datenbestandskatalog der GESIS (siehe Nr. 292); Scientific-Use-File, Gastwissenschaftleraufenthalt, Datenfernverarbeitung
Stichprobe: 1.500 Schulabgänger
Erhebung: seit 2004
Untersuchungsregion: Bundesrepublik Deutschland
Produzent/Anbieter: Forschungsdatenzentrum des Bundesinstituts für Berufsbildung (siehe Nr. 97)
Fachgebiete: Berufsbildung; Berufswahl; Bildungswesen; Schule

[212] Comparative Study of Electoral Systems (CSES)

„Die Comparative Study of Electoral Systems (CSES) integriert Daten aus Nachwahlbefragungen von rund 40 Ländern. ... Die Studie beinhaltet inputharmonisierte Fragen zu politischen Einstellungen und zum Wahlverhalten, demographische Daten sowie Makroangaben zu den politischen Systemen der partizipierenden Länder. Durch die Einbindung der Daten auf Mikro-, Meso- und Makroebene entsteht ein einzigartiges Forschungsinstrument, das Wissenschaftlern erlaubt, sowohl ebenen- als auch länderübergreifende Analysen durchzuführen. So können beispielsweise Effekte spezifischer Wahlsysteme und ihrer Institutionen auf politische Einstellungen und das Wahlverhalten untersucht werden. Aufgrund der Wiederholung wichtiger Kernfragen lassen sich Langzeitanalysen zu Stabilität und Wandel im Wahlverhalten realisieren."[216]
Homepage: www.cses.org
Datenzugang: kostenfreier Download nach Registrierung; auch im Datenbestandskatalog der GESIS (siehe Nr. 292)
Stichprobe: Die Grundgesamtheit unterscheidet sich nach Ländern. In den meisten Ländern sind es alle Wahlberechtigten oder die Wohnbevölkerung im Alter

---

[215] http://metadaten.bibb.de > Datensätze > Personendaten > BIBB-Schulabgängerbefragung. Zugegriffen: 28. Mai 2015
[216] www.gesis.org/cses. Zugegriffen: 28. Mai 2015

von 18 Jahren oder älter. Das Auswahlverfahren unterscheidet sich nach Ländern. In dem meisten Fällen wurde eine mehrstufige geschichtete Klumpenauswahl oder eine geschichtete systematische Zufallsauswahl verwendet.
Erhebung: seit 1996 im fünfjährigen Rhythmus
Untersuchungsregion: weltweit
Produzent/Anbieter: Forschungsdatenzentrum Internationale Umfrageprogramme bei GESIS (siehe Nr. 105)
Fachgebiete: Nachwahlbefragung; Politische Einstellungen und Verhaltensweisen; Wahlen; Wahlverhalten

[213] Deutsche Umweltstudie zur Gesundheit (GerES)

„Die Deutsche Umweltstudie zur Gesundheit, GerES (bisher Umwelt-Survey genannt) ist die größte Studie zur Schadstoffbelastung der Bevölkerung in Deutschland. In den einzelnen Erhebungen prüft das Umweltbundesamt regelmäßig, mit welchen potenziell schädlichen Substanzen und Umwelteinflüssen (etwa Chemikalien oder Lärm) die Menschen hierzulande in Berührung kommen. Analysiert wird
- wie hoch die Belastung durch einzelne Umwelteinflüsse ist,
- woher einzelne Schadsubstanzen stammen,
- über welche Wege sie in den menschlichen Körper gelangen,
- und unter welchen Umständen sich einzelne Umwelteinflüsse negativ auf die Gesundheit des Menschen auswirken können."[217]

Homepage: www.umweltbundesamt.de/geres
Datenzugang: kostenpflichtig; Public-Use-File unter www.umweltbundesamt.de/geres > Deutsche Umweltstudie zur Gesundheit, GerES, von 1985 bis 2006 > Auswahl eines Surveys > Weiterführende Infos zum KUS > Public-Use-File
Stichprobe: repräsentativ für Deutschland
Erhebung: seit 1985
Untersuchungsregion: Bundesrepublik Deutschland
Produzent/Anbieter: Umweltbundesamt (siehe Nr. 81)
Fachgebiete: Gesundheit; Gesundheitsstatus; Schadstoffbelastung; Umweltbelastung

---

[217] www.umweltbundesamt.de/geres. Zugegriffen: 28. Mai 2015

[214] Deutscher Alterssurvey (DEAS)

„Der Deutsche Alterssurvey (DEAS) ist eine vom Bundesministerium für Familie, Senioren, Frauen und Jugend (BMFSFJ) geförderte Langzeitstudie des Deutschen Zentrums für Altersfragen (DZA) zum Wandel der Lebenssituationen und Alternsverläufe von Menschen, die sich in der zweiten Lebenshälfte befinden. Grundlage sind bundesweit repräsentative Befragungen im Quer- und Längsschnitt von jeweils mehreren tausend Teilnehmern im Alter ab 40 Jahren."[218]
Homepage: www.dza.de/fdz/deutscher-alterssurvey
Datenzugang: kostenfrei nach Registrierung; Scientific-Use-File
Stichprobe: repräsentativ ab 40 Jahren
Erhebung: 1996, 2002, 2008, 2011, 2014
Untersuchungsregion: Bundesrepublik Deutschland
Produzent/Anbieter: Forschungsdatenzentrum des Deutschen Zentrums für Altersfragen (siehe Nr. 99)
Fachgebiete: Gerontologie; Gesundheit; Lebensbedingungen; Lebensqualität

[215] Deutscher Freiwilligensurvey (FWS)

„Der Deutsche Freiwilligensurvey (FWS) ist eine repräsentative Befragung zum freiwilligen Engagement in Deutschland, die sich an Personen ab 14 Jahren richtet."[219]
Homepage: www.dza.de/fdz/deutscher-freiwilligensurvey
Datenzugang: kostenfrei nach Registrierung; Scientific-Use-File
Stichprobe: repräsentativ ab 14 Jahren
Erhebung: 1999, 2004, 2009, 2014
Untersuchungsregion: Bundesrepublik Deutschland
Produzent/Anbieter: Forschungsdatenzentrum des Deutschen Zentrums für Altersfragen (siehe Nr. 99)
Fachgebiete: Ehrenamt; freiwilliges Engagement

[216] Deutsches Mobilitätspanel (MOP)

„Das Deutsche Mobilitätspanel sammelt seit 1994 jedes Jahr ... Informationen - zum Beispiel darüber wann, wozu und mit welchen Verkehrsmitteln die Men-

---

[218] www.dza.de/fdz/deutscher-alterssurvey. Zugegriffen: 28. Mai 2015
[219] www.dza.de/fdz/deutscher-freiwilligensurvey. Zugegriffen: 28. Mai 2015

schen in Deutschland unterwegs sind. Zu diesem Zweck werden Haushalte zu ihrem Mobilitätsverhalten im Alltag und zu ihrer Pkw-Nutzung befragt. Mit dieser Information liefern sie einen wichtigen Beitrag zur sinnvollen Gestaltung der Verkehrssysteme."[220]
Homepage: http://mobilitaetspanel.ifv.kit.edu
Datenzugang: über Clearingstelle des Instituts für Verkehrsforschung des Deutschen Zentrums für Luft- und Raumfahrt(www.dlr.de/cs), kostenpflichtig
Stichprobe: ca. 1.500 Haushalte mit mehr als 3.000 Personen
Erhebung: seit 1994 jährlich
Untersuchungsregion: Bundesrepublik Deutschland
Produzent/Anbieter: Institut für Verkehrsforschung des Deutschen Zentrums für Luft- und Raumfahrt (siehe Nr. 47)
Fachgebiete: Mobilität; Verkehr; Verkehrsplanung; Verkehrspolitik

[217] DeutschlandTrend

„Der ARD-DeutschlandTREND wird seit 1997 im Auftrag der Arbeitsgemeinschaft der öffentlich-rechtlichen Rundfunkanstalten der Bundesrepublik Deutschland (ARD) sowie diverser Printmedien von Infratest dimap Gesellschaft für Trend- und Wahlforschung mbH erhoben. Die monatlich durchgeführte Erhebung mit ca. 1000 Befragten (für die Parteipräferenz ca. 1500) pro Welle wird von den Rundfunkanstalten und Printmedien für die Berichterstattung über das aktuelle politische Meinungsbild in der Bundesrepublik genutzt. Seit Mai 2009 stehen mit dem Jahrgang 2008 die ersten Daten des DeutschlandTREND für die wissenschaftliche Lehre und Forschung zur Verfügung. Infratest dimap führt die Daten eines Jahres in einer Kumulation zusammen."[221]
Homepage: www.gesis.org/wahlen/laufende-erhebungen/deutschlandtrend
Datenzugang: kostenpflichtig und zugangsbeschränkt über den Datenbestandskatalog der GESIS (siehe Nr. 292); kostenpflichtiger CD-ROM Versand. Das GESIS-Datenarchiv holt dazu schriftlich die Genehmigung unter Angabe des Benutzers und des Auswertungszweckes ein.
Stichprobe: ca. 1.500
Erhebung: seit 1997, monatlich
Untersuchungsregion: Bundesrepublik Deutschland
Produzent/Anbieter: Infratest dimap (siehe Nr. 42)

---

[220] http://mobilitaetspanel.ifv.kit.edu. Zugegriffen: 28. Mai 2015
[221] www.gesis.org/wahlen/laufende-erhebungen/deutschlandtrend. Zugegriffen: 28. Mai 2015

Fachgebiete: Parteien; Politische Einstellungen und Verhaltensweisen; Wahlen; Wahlergebnisse; Wahlverhalten

[218] Die Drogenaffinität Jugendlicher in der Bundesrepublik Deutschland

„Langfristig angelegte Untersuchung des Konsums, der Konsummotive und der situativen Bedingungen des Gebrauchs von Alkohol, Tabak und illegalen Rauschmitteln, der fördernden und hindernden Einflussfaktoren auf den Drogenkonsum und der kommunikativen Erreichbarkeit der Jugendlichen mit Präventionsmaßnahmen."[222]
Homepage: www.bzga.de > Forschung > Studien / Untersuchungen > Studien > Suchtprävention
Datenzugang: kostenpflichtig und zugangsbeschränkt über den Datenbestandskatalog der GESIS (siehe Nr. 292); kostenpflichtiger CD-ROM Versand. Das GESIS-Datenarchiv holt dazu schriftlich die Genehmigung unter Angabe des Benutzers und des Auswertungszweckes ein.
Stichprobe: ca. 5.000 repräsentativ für die 12- bis einschl. 25-jährigen Bevölkerung
Erhebung: seit 1973
Untersuchungsregion: Bundesrepublik Deutschland
Produzent/Anbieter: Forschungsdatenzentrum der Bundeszentrale für gesundheitliche Aufklärung (siehe Nr. 93)
Fachgebiete: Alkohol; Drogen; Prävention; Sucht

[219] Einkommens- und Verbrauchsstichprobe (EVS)

„Die Einkommens- und Verbrauchsstichprobe (EVS) ist eine amtliche Statistik über die Lebensverhältnisse privater Haushalte in Deutschland. Sie liefert unter Anderem statistische Informationen über die Ausstattung mit Gebrauchsgütern, die Einkommens-, Vermögens- und Schuldensituation sowie die Konsumausgaben privater Haushalte. Einbezogen werden dabei die Haushalte aller sozialen Gruppierungen, so dass die Einkommens- und Verbrauchsstichprobe ein repräsentatives Bild der Lebenssituation nahezu der Gesamtbevölkerung in Deutschland zeichnet. ... Die Einkommens- und Verbrauchsstichprobe gliedert sich in vier Erhebungsteile. In den allgemeinen Angaben werden neben den soziodemo-

---

[222] www.bzga.de > Forschung > Studien / Untersuchungen > Studien > Suchtprävention. Zugegriffen: 28. Mai 2015

graphischen und sozioökonomischen Grunddaten der Haushalte und Einzelpersonen auch die Wohnsituation sowie die Ausstattung mit Gebrauchsgütern erfasst. Der Fragebogen Geld- und Sachvermögen umfasst Angaben zum Geld- und Immobilienvermögen sowie zu Konsumentenkredit- und Hypothekenschulden der Haushalte. Den dritten Erhebungsteil bildet das Haushaltsbuch, in dem die teilnehmenden Haushalte drei Monate lang alle ihre Einnahmen und Ausgaben registrieren. ... Den abschließenden Erhebungsteil stellt das Feinaufzeichnungsheft für Nahrungsmittel, Getränke und Tabakwaren dar. Jeder fünfte beteiligte Haushalt listet dabei jeweils einen Monat lang detailliert alle Ausgaben für Speisen, Getränke und Tabakwaren nach Mengen und Preisen auf."[223]
Homepage: www.forschungsdatenzentrum.de/bestand/evs
Datenzugang: kostenpflichtig; Datenfernverarbeitung; Gastwissenschaftleraufenthalt; Public-Use-File (nur für Erhebungsjahr 1962/63); Scientific-Use-File (durchgängig)
Stichprobe: ca. 60.000 private Haushalte
Erhebung: seit 1962/63; ab 1978 in fünfjährigem Turnus
Untersuchungsregion: Bundesrepublik Deutschland
Produzent/Anbieter: Forschungsdatenzentrum des Statistischen Bundesamtes (siehe Nr. 102)
Fachgebiete: Einkommen; Konsum; Lebensbedingungen; Vermögen; Verschuldung; Wohnen

[220] Epidemiologischer Suchtsurvey (ESA)

„Mit dem Epidemiologischen Suchtsurvey (ESA) wird seit den 1980er Jahren in regelmäßigen Zeitabständen der Konsum von Alkohol, Tabak, illegalen Drogen sowie Medikamenten in der Allgemeinbevölkerung Deutschlands erfasst. Im Vordergrund steht dabei die Beobachtung von Trends des Substanzkonsums und seiner Folgen. Daneben nimmt der Epidemiologische Suchtsurvey mit wechselnden Schwerpunkten auf aktuelle Forschungsfragen und Entwicklungen Bezug."[224]
Homepage: http://esa-survey.de
Datenzugang: kostenpflichtig und zugangsbeschränkt über den Datenbestandskatalog der GESIS (siehe Nr. 292); kostenpflichtiger CD-ROM Versand. Das GESIS-Datenarchiv benötigt dazu Angabe des Benutzers und des Auswertungszweckes.

---

[223] www.forschungsdatenzentrum.de/bestand/evs. Zugegriffen: 28. Mai 2015
[224] http://esa-survey.de. Zugegriffen: 28. Mai 2015

Stichprobe: Stichprobe der Altersgruppe zwischen 18 und 64 Jahren
Erhebung: seit 1980
Untersuchungsregion: Bundesrepublik Deutschland
Produzent/Anbieter: IFT Institut für Therapieforschung
Fachgebiete: Alkohol; Drogen; Sucht

[221] Erhebung über die berufliche Weiterbildung (CVTS)

„Es handelt sich um eine Erhebung über die berufliche Weiterbildung in Unternehmen als Teil der EU-Statistiken über lebenslanges Lernen. Ziel ist, vergleichbare statistische Informationen über die berufliche Weiterbildung in Unternehmen zu folgenden Aspekten zu erfassen:
- Berufliche Weiterbildung - Qualifikationsangebot und -nachfrage, Schulungsbedarf
- Erfassung von Form, Inhalt und Umfang der Fortbildung
- Ermittlung unternehmenseigener Weiterbildungsressourcen und des Einsatzes externer Ausbildungsanbieter
- Kosten der Weiterbildung
- Berufliche Erstausbildung"[225]

Homepage: http://ec.europa.eu/eurostat > Daten > Zugang zu Mikrodaten > Erhebung über die berufliche Weiterbildung
Datenzugang: kostenfrei nach Registrierung; CD-ROM nur für das Jahr 2005 erhältlich; kostenpflichtig über das Forschungsdatenzentrum des Statistischen Bundesamtes (siehe Nr. 102); Datenfernverarbeitung; Gastwissenschaftleraufenthalt (2000; 2006; 2010); Campus-File; Scientific-Use-File (jeweils für 2000; 2006)
Erhebung: seit 1993 im fünfjährigen Rhythmus
Untersuchungsregion: 27 EU-Mitgliedsstaaten
Produzent/Anbieter: Statistisches Amt der Europäischen Union (siehe Nr. 76)
Fachgebiete: berufliche Weiterbildung; Berufsbildung; lebenslanges Lernen

---

[225] http://ec.europa.eu/eurostat > Daten > Zugang zu Mikrodaten > Erhebung über die berufliche Weiterbildung. Zugegriffen: 28. Mai 2015

[222] Erhebung über die private Nutzung von Informations- und Kommunikationstechnologien (IKT)

„Die IKT ist eine von der Europäischen Kommission initiierte Statistik zur Erfassung von Verbreitung, Art und Umfang der Nutzung von PC und Internet bzw. E-Commerce in privaten Haushalten. Erfragt werden neben detaillierten soziodemographischen Merkmalen auch Erfahrungen mit den neuen Technologien und Bedenken gegenüber der Anwendung. Die IKT soll Informationen liefern, in welchem Maße bestimmte Bevölkerungsgruppen Zugang zu den neuen Technologien finden oder von der Nutzung ausgeschlossen bleiben. ... Auswertungen sind bis zur Ebene der Bundesländer möglich."[226]
Homepage: www.forschungsdatenzentrum.de/bestand/ikt
Datenzugang: kostenpflichtig nach Registrierung; Datenfernverarbeitung (ab Erhebungsjahr 2004 durchgängig); Gastwissenschaftleraufenthalt
Stichprobe: ca. 23. 000 Personen ab 10 Jahren in 12.000 Privathaushalten
Erhebung: ab 2002 jährlich
Untersuchungsregion: Bundesrepublik Deutschland
Produzent/Anbieter: Forschungsdatenzentrum des Statistischen Bundesamtes (siehe Nr. 102)
Fachgebiete: E-Commerce; Informationstechnologie; Internet; Neue Medien

[223] Erhebung über Erwachsenenbildung (AES)

„Die Adult Education Survey die Erwachsenenbildung (AES) ist eine Haushaltserhebung im Rahmen der EU-Statistiken zum lebenslangen Lernen. Personen in Privathaushalten werden zu ihrer Beteiligung an Bildungs- und Weiterbildungsaktivitäten befragt (formales, nicht-formales und informelles Lernen). Die Zielgruppe der Erhebung sind Personen im Alter von 25 bis 64 Jahren."[227]
Homepage: http://ec.europa.eu/eurostat > Daten > Zugang zu Mikrodaten > Erhebung über Erwachsenenbildung
Datenzugang: kostenfrei nach Registrierung; CD/DVD; Vor-Ort-Nutzung
Stichprobe: ca. 225.000 Personen im Alter von 25 bis 64 Jahren
Erhebung: 2007, 2011 im fünfjährigen Rhythmus
Untersuchungsregion: 30 europäische Länder
Produzent/Anbieter: Statistisches Amt der Europäischen Union (siehe Nr. 76)

---

[226] www.forschungsdatenzentrum.de/bestand/ikt. Zugegriffen: 28. Mai 2015
[227] http://ec.europa.eu/eurostat > Daten > Zugang zu Mikrodaten > Erhebung über Erwachsenenbildung. Zugegriffen: 28. Mai 2015

Fachgebiete: berufliche Weiterbildung; Bildung; Erwachsenenbildung; lebenslanges Lernen

[224] Eurobarometer

„Dauerbeobachtung der öffentlichen Meinung in der Europäischen Union ist die Aufgabe des Eurobarometer Programms"[228]
Homepage: www.gesis.org/eurobarometer
Datenzugang: kostenfreier Download nach Registrierung; kostenpflichtiger CD-ROM Versand
Stichprobe: repräsentativ für die jeweiligen Länder
Erhebung: seit 1973 zweimal im Jahr
Untersuchungsregion: 28 EU-Mitgliedsstaaten
Produzent/Anbieter: Europäische Kommission
Fachgebiete: Europäische Union; Gesundheit; Meinungsforschung; Migration; Politik; Politische Einstellungen und Verhaltensweisen; sozialer Wandel; Umwelt

[225] Europäische Erhebung über die Arbeitsbedingungen (EWCS)

„Seit ihrem Start im Jahr 1990 bietet die Europäische Erhebung über die Arbeitsbedingungen einen Überblick über die Arbeitsbedingungen in Europa ... Der Umfang des Erhebungsfragebogens wurde seit der ersten Erhebungsrunde in starkem Maße erweitert, um ein vollständiges Bild des Berufsalltags von Frauen und Männern zu vermitteln. Bei den jüngsten Überarbeitungen des Fragebogens war die Einbeziehung der Geschlechterdimension ein wichtiges Anliegen. Zu den gegenwärtig abgefragten Themen zählen Beschäftigungsstatus, Länge und Organisation der Arbeitszeit, Arbeitsorganisation, Aus- und Weiterbildung, physische und psychosoziale Risikofaktoren, Gesundheit und Sicherheit am Arbeitsplatz, Vereinbarkeit von Beruf und Privatleben, Mitarbeiterbeteiligung, Verdienst und finanzielle Sicherheit sowie Arbeit und Gesundheit."[229]
Homepage: http://eurofound.europa.eu/de/surveys/ewcs
Datenzugang: Die Datenreihen und das Begleitmaterial von Eurofound werden beim UK Data Service (http://discover.ukdataservice.ac.uk) gespeichert und zugänglich gemacht. Die Daten können von allen registrierten Nutzern kostenlos

---

[228] www.gesis.org/eurobarometer-data-service/home. Zugegriffen: 28. Mai 2015
[229] http://eurofound.europa.eu/de/surveys/ewcs. Zugegriffen: 28. Mai 2015

abgerufen werden, sofern keine gewerbliche Nutzung beabsichtigt ist. Nutzungsanfragen für gewerbliche Zwecke werden Eurofound zur Genehmigung vorgelegt.
Stichprobe: ca. 44.000 Erwerbstätige
Erhebung: seit 1990 im fünf Jahresrhythmus
Untersuchungsregion: 34 europäische Länder
Produzent/Anbieter: European Foundation for the Improvement of Living and Working Conditions (Eurofound)
Fachgebiete: Arbeit; Arbeitsbedingungen; Arbeitsorganisation; Arbeitsschutz; berufliche Weiterbildung; Berufstätigkeit; Einkommen; Gesundheit; Mitbestimmung; Vereinbarkeit von Beruf und Familie

[226] Europäische Erhebung zur Lebensqualität (EQLS)

„Diese Erhebung ... untersucht die objektiven Lebensumstände der Bürgerinnen und Bürger Europas und fragt sie danach, was sie über die Lebensbedingungen und ihr Leben im Allgemeinen denken. Dabei wird eine Reihe von Themenbereichen berücksichtigt, wie z. B. Beschäftigung, Einkommen, Bildung, Wohnen, Familie, Gesundheit und Vereinbarkeit von Arbeits- und Privatleben. Außerdem geht es auch um subjektive Fragen: Wie glücklich sind die Menschen? Wie zufrieden sind sie mit ihrem Leben? Wie beurteilen sie die Qualität ihrer Gesellschaft?"[230]
Homepage: http://eurofound.europa.eu/de/surveys/eqls
Datenzugang: Die Datenreihen und das Begleitmaterial von Eurofound werden beim UK Data Service (http://discover.ukdataservice.ac.uk) gespeichert und zugänglich gemacht. Die Daten können von allen registrierten Nutzern kostenlos abgerufen werden, sofern keine gewerbliche Nutzung beabsichtigt ist. Nutzungsanfragen für gewerbliche Zwecke werden Eurofound zur Genehmigung vorgelegt.
Stichprobe: ca. 43.000 Erwachsene
Erhebung: seit 2003 im vierjährigen Rhythmus
Untersuchungsregion: 34 europäische Länder
Produzent/Anbieter: European Foundation for the Improvement of Living and Working Conditions (Eurofound)
Fachgebiete: Beschäftigung; Bildung; Einkommen; Familie; Gesellschaft; Gesundheit; Lebensbedingungen; Lebensqualität; Vereinbarkeit von Beruf und Familie; Wohnen

---

[230] http://eurofound.europa.eu/de/surveys/eqls. Zugegriffen: 28. Mai 2015

[227] Europäische Gesundheitsumfrage (EHIS)

„Die europäische Gesundheitsumfrage (European Health Interview Survey - EHIS) umfasst die vier Module Gesundheitszustand, gesundheitliche Versorgung, Gesundheitsdeterminanten und sozioökonomische Hintergrundvariablen."[231]
Homepage: http://ec.europa.eu/eurostat > Daten > Zugang zu Mikrodaten > Europäische Gesundheitsumfrage
Datenzugang: sehr eingeschränkt, da der Zugang zu Mikrodaten über Gesundheit nur bei großem öffentlichen Interesse zu rechtfertigen ist.
Stichprobe: Personen ab 15 Jahren
Erhebung: 2009, 2014 im fünfjährigen Rhythmus
Untersuchungsregion: 17 EU-Mitgliedstaaten
Produzent/Anbieter: Statistisches Amt der Europäischen Union (siehe Nr. 76)
Fachgebiete: Gesundheit; Gesundheitsstatus

[228] Europäische Unternehmenserhebung (ECS)

„Die Europäische Unternehmenserhebung (ECS) wird seit ihren Anfängen in den Jahren 2004-2005 als Europäische Erhebung zur Arbeitszeit und zur Vereinbarkeit von Berufs- und Privatleben (ESWT) alle vier Jahre durchgeführt."[232]
Homepage: http://eurofound.europa.eu/de/surveys/ecs
Datenzugang: Die Datenreihen und das Begleitmaterial von Eurofound werden beim UK Data Service (http://discover.ukdataservice.ac.uk) gespeichert und zugänglich gemacht. Die Daten können von allen registrierten Nutzern kostenlos abgerufen werden, sofern keine gewerbliche Nutzung beabsichtigt ist. Nutzungsanfragen für gewerbliche Zwecke werden Eurofound zur Genehmigung vorgelegt.
Stichprobe: repräsentative Stichprobenerhebung
Erhebung: seit 2004/2005 im vierjährigen Rhythmus
Untersuchungsregion: 32 europäische Länder
Produzent/Anbieter: European Foundation for the Improvement of Living and Working Conditions (Eurofound)
Fachgebiete: Arbeitsbedingungen; Arbeitszeit; Berufstätigkeit; Freizeit; Vereinbarkeit von Beruf und Familie

---

[231] http://ec.europa.eu/eurostat > Daten > Zugang zu Mikrodaten > Europäische Gesundheitsumfrage. Zugegriffen: 28. Mai 2015

[232] http://eurofound.europa.eu/de/surveys/ecs. Zugegriffen: 28. Mai 2015

[229] European Election Studies (EES)

"The European Election Studies (EES) are about electoral participation and voting behaviour in European Parliament elections, but more than that. They are also concerned with the evolution of an EU political community and a European public sphere, with citizens' perceptions of and preferences about the EU political regime, and with their evaluations of EU political performance. ... European Election Studies include more components than the postelection surveys among representative samples of voters. These additional components include content analyses of party manifestos (‚Euromanifestos'), elite surveys, and content analyses of media news."[233]
Homepage: http://eeshomepage.net
Datenzugang: kostenpflichtig und zugangsbeschränkt über den Datenbestandskatalog der GESIS (siehe Nr. 292)
Stichprobe: In den einzelnen Wellen unterschiedlich sowohl im Umfang als auch im Auswahlverfahren
Erhebung: seit 1979, alle fünf Jahre
Untersuchungsregion: 28 EU-Mitgliedsstaaten
Produzent/Anbieter: Mannheimer Zentrum für Europäische Sozialforschung (siehe Nr. 56)
Fachgebiete: Europäische Union; Parteien; Wahlen; Wahlergebnisse; Wahlverhalten

[230] European Social Survey (ESS)

„Der ESS misst Einstellungen, Wertorientierungen und Verhaltensmuster der Bevölkerung in zahlreichen Gesellschaften Europas. Der Fragebogen besteht aus über die Wellen gleichbleibenden Fragen (sogenannte Kernmodule), aus verschiedenen Wechselmodulen, die sich auf spezielle Themen beziehen und von Welle zu Welle variieren, sowie aus einem zusätzlichen Teil, der experimentelle Testfragen und Fragen zum individuellen Wertesystem enthält. Die Kernmodule enthalten Fragen zu folgenden Themen: Mediennutzung, Politik, Vertrauen in Institutionen, Immigration, Angst vor Verbrechen, Gesundheit, Religion, Wohlbefinden, individuelle Wertorientierungen, Demographie. Die Wechselmodule befassten sich bisher mit folgenden Themen:
- Immigration, Citizenship und Demokratie (ESS 1, 2002)

---

[233] http://eeshomepage.net. Zugegriffen: 28. Mai 2015

- Wirtschaftsmoral, Arbeit, Familie und Wohlbefinden, Gesundheit und Pflege (ESS 2, 2004)
- Lebensplanung, persönliches und soziales Wohlbefinden (ESS 3, 2006)
- Altersdiskriminierung und Einstellungen zum Wohlfahrtsstaat (ESS 4, 2008)
- Vertrauen in Strafjustiz und Polizei, Arbeit und Familie (ESS 5, 2010)
- Verständnis und Bewertungen der Demokratie, persönliches und soziales Wohlbefinden (ESS 6, 2012)
- Einstellungen zu Immigration, gesundheitliche Ungleichheiten (ESS 7, 2014)"[234]

Homepage: www.europeansocialsurvey.org
Datenzugang: kostenfreier Download nach Registrierung
Stichprobe: ESS-Stichproben sind repräsentativ für die in den teilnehmenden Ländern lebenden Personen, die älter als 15 Jahre sind (keine obere Altersgrenze) und in einem Privathaushalt leben, ungeachtet ihrer Nationalität, Staatsbürgerschaft oder Sprache.
Erhebung: seit 2002 im zweijährigen Rhythmus
Untersuchungsregion: Europa
Produzent/Anbieter: City University London, Centre for Comparative Social Surveys (siehe Nr. 11)
Fachgebiete: Arbeit; Einstellungen; Familie; Gesundheit; Mediennutzung; Migration; Politik; Religion; sozialer Wandel; Werte; Wertewandel; Wohlbefinden

[231] European Values Study (EVS)

"The European Values Study is a large-scale, cross-national, and longitudinal survey research program on basic human values. It provides insights into the ideas, beliefs, preferences, attitudes, values and opinions of citizens all over Europe. It is a unique research project on how Europeans think about life, family, work, religion, politics and society."[235]
Homepage: www.europeanvaluesstudy.eu
Datenzugang: kostenfreier Download nach Registrierung über den GESIS Datenbestandskatalog (siehe Nr. 292); kostenpflichtiger CD-ROM Versand
Stichprobe: ca. 70.000; repräsentativ für die jeweiligen Länder
Erhebung: seit 1981, alle neun Jahre

---

[234] www.europeansocialsurvey.org/about/country/germany/topics.html. Zugegriffen: 28. Mai 2015
[235] www.europeanvaluesstudy.eu > About EVS. Zugegriffen: 28. Mai 2015

Untersuchungsregion: 49 europäische Länder
Produzent/Anbieter: GESIS - Leibniz-Institut für Sozialwissenschaften (siehe Nr. 39)
Fachgebiete: Arbeit; Einstellungen; Familie; Gesellschaft; Politik; Politische Einstellungen und Verhaltensweisen; Religion; Werte; Wertewandel

[232] EU-Statistik über Einkommen und Lebensbedingungen (EU-Silc)

„Die Gemeinschaftsstatistik über Einkommen und Lebensbedingungen (EU-SILC) dient der Erhebung aktueller und vergleichbarer multidimensionaler Quer- und Längsschnitt-Mikrodaten über Einkommen, Armut, soziale Ausgrenzung und Lebensbedingungen. ... Die EU-SILC enthält zwei Arten von Daten

- einen bestimmten Zeitpunkt oder eine bestimmte Zeitspanne betreffende Querschnittdaten über Einkommen, Armut, soziale Ausgrenzung und sonstige Lebensbedingungen;
- Längsschnittdaten über Veränderungen im Zeitablauf auf individueller Ebene, die periodisch über einen bestimmten Zeitraum, in der Regel vier Jahre, beobachtet werden.

Die Daten über soziale Ausgrenzung und die Wohnverhältnisse werden hauptsächlich auf der Ebene der privaten Haushalte erhoben, die Daten über Erwerbstätigkeit, Bildung und Gesundheit dagegen für Einzelpersonen im Alter von mindestens 16 Jahren. Die Kerndaten der EU-SILC, d. h. sehr stark untergliederte Einkommensdaten, werden überwiegend auf der Ebene von Einzelpersonen erhoben."[236]
Homepage: http://ec.europa.eu/eurostat > Daten > Zugang zu Mikrodaten > Statistik der Europäischen Union über Einkommen und Lebensbedingungen
Datenzugang: kostenfreier Download unter http://ec.europa.eu/eurostat > Daten > Statistik nach Themen
Stichprobe: Querschnittdaten: EU-weit ca. 140.000 Haushalte und ca. 290.000 Personen im Alter ab 16 Jahren; Längsschnittdaten: EU-weit etwa 100.000 Haushalte und 200.000 Personen im Alter ab 16 Jahren
Erhebung: jährlich seit 2003
Untersuchungsregion: 33 europäische Länder
Produzent/Anbieter: Statistisches Amt der Europäischen Union (siehe Nr. 76)
Fachgebiete: Armut; Berufstätigkeit; Bildung; Einkommen; Erwerbstätigkeit; Gesundheit; Lebensbedingungen; Wohnen

---

[236] http://ec.europa.eu/eurostat > Daten > Zugang zu Mikrodaten > Statistik der Europäischen Union über Einkommen und Lebensbedingungen. Zugegriffen: 28. Mai 2015

[233] Expertenmonitor

„Mit dem Online-System Expertenmonitor werden in unregelmäßigen Abständen ca. 1.200 Fachleute aus verschiedenen Bereichen der beruflichen Bildung zu aktuellen Themen der Berufsbildung befragt."[237]
Homepage: http://metadaten.bibb.de/metadatengruppe/6
Datenzugang: kostenfrei nach Registrierung; Datenfernverarbeitung; Gastwissenschaftleraufenthalt; Scientific-Use-File
Stichprobe: ca. 1.200 Fachleute
Erhebung: seit 2005
Untersuchungsregion: Bundesrepublik Deutschland
Produzent/Anbieter: Forschungsdatenzentrum des Bundesinstituts für Berufsbildung (siehe Nr. 97)
Fachgebiete: berufliche Weiterbildung; Berufsbildung; betriebliche Ausbildung

[234] Forsa-Bus

„Der Bus [Mehrthemenumfrage mit Fragen verschiedener Auftraggeber in einem Fragebogen, Anmerkung der Verfasser] des Umfrageinstituts forsa erhebt die Einstellungen der Bevölkerung zu verschiedenen politischen und gesellschaftlichen Themen. Hierfür werden täglich rund 500 wahlberechtigte Personen telefonisch befragt."[238]
Homepage: www.gesis.org/wahlen/laufende-erhebungen/forsa-bus
Datenzugang: kostenfreier Download nach Registrierung über den Datenbestandskatalog der GESIS (siehe Nr. 292); kostenpflichtiger CD-ROM Versand
Stichprobe: Wahlberechtigte Bevölkerung
Erhebung: seit 1991
Untersuchungsregion: Bundesrepublik Deutschland
Produzent/Anbieter: Forsa Gesellschaft für Sozialforschung und statistische Analysen mbH (siehe Nr. 28)
Fachgebiete: Einstellungen; Gesellschaft; Meinungsforschung; Politik; Politische Einstellungen und Verhaltensweisen; politisches Bewusstsein; Werte; Wertewandel

---

[237] http://metadaten.bibb.de/metadatengruppe/6. Zugegriffen: 28. Mai 2015
[238] www.gesis.org/wahlen/laufende-erhebungen/forsa-bus. Zugegriffen: 28. Mai 2015

[235] Gemeinschaftsstatistiken zur Informationsgesellschaft (CSIS)

„Mit der Erhebung werden Informationen über den Zugang zu und den Einsatz von Informations- und Kommunikationstechnologien (IKT) seitens der Haushalte und Personen erfasst. ... Bei der Erhebung wird unterschieden zwischen Kernthemen, die jedes Jahr wiederkehren, und vereinzelt behandelten, jeweils anderen Themen zu verschiedenen IKT-Erscheinungen. Die jährlich gestellten Fragen betreffen hauptsächlich folgende Aspekte:
- IKT-Zugang
- Einsatz der EDV
- Nutzung des Internet
- Elektronischer Geschäftsverkehr
- eSkills"[239]

Homepage: http://ec.europa.eu/eurostat > Daten > Zugang zu Mikrodaten > Gemeinschaftsstatistiken zur Informationsgesellschaft
Datenzugang: kostenfrei nach Registrierung; Datensätze zur wissenschaftlichen Verwendung sind für die Referenzjahre 2008 bis 2012 auf CD-Rom verfügbar. Mikrodaten über die Nutzung von Informations- und Kommunikationstechnologie in Haushalten und durch Einzelpersonen werden jährlich veröffentlicht.
Stichprobe: Haushalte mit mindestens einem Mitglied im Alter zwischen 16 und 74 Jahren sowie Personen derselben Altersgruppe
Erhebung: seit 2006 jährlich
Untersuchungsregion: 29 europäische Länder
Produzent/Anbieter: Statistisches Amt der Europäischen Union (siehe Nr. 76)
Fachgebiete: E-Commerce; Informationsgesellschaft; Internet; Mediennutzung; Neue Medien

[236] German Longitudinal Election Study (GLES)

„Die German Longitudinal Election Study (GLES) beobachtet und analysiert mit Blick auf drei Bundestagswahlen (2009, 2013 und 2017), wie die Wählerschaft auf neue komplexe Konstellationen elektoraler Politik reagiert. In diesem bislang umfassendsten Projekt der deutschen Wahlforschung werden als Datenbasis Querschnitts- und sowohl kurz- als auch langfristige Längsschnittumfragen ein-

---

[239] http://ec.europa.eu/eurostat > Daten > Zugang zu Mikrodaten > Gemeinschaftsstatistiken zur Informationsgesellschaft. Zugegriffen: 28. Mai 2015

gesetzt und mit einem Kandidatensurvey, einer Analyse von TV-Duellen sowie Inhaltsanalysen der Medienberichterstattung kombiniert."[240]
Homepage: http://gles.eu
Datenzugang: kostenfreier Download nach Registrierung über den Datenbestandskatalog der GESIS (siehe Nr. 292); kostenpflichtiger CD-ROM Versand
Stichprobe: repräsentativ ab 15 Jahre für die wahlberechtigte Bevölkerung
Erhebung: 2009, 2013, 2017
Untersuchungsregion: Bundesrepublik Deutschland
Produzent/Anbieter: Forschungsdatenzentrum Wahlen bei GESIS (siehe Nr. 108)
Fachgebiete: Medieninhalte; Politische Einstellungen und Verhaltensweisen; Wahlen; Wahlergebnisse; Wahlverhalten

[237] GESIS Panel

„Das GESIS Panel ist ein vom Bundesministerium für Bildung und Forschung (BMBF) finanziertes, bevölkerungsrepräsentatives Omnibus Access Panel. Es soll Sozialwissenschaftlerinnen und Sozialwissenschaftlern eine Möglichkeit bieten, kurzfristig und flexibel repräsentative Bevölkerungsdaten z.B. zu Einstellungen und Verhaltensweisen zu erheben, Wandlungsprozesse in der Bevölkerung zu erfassen und in Befragungsexperimenten Kausalhypothesen einer Prüfung zu unterziehen. ... Ein Ziel der GESIS Panel Kernstudie ist es, häufig nachgefragte Merkmalsbereiche, wie zum Beispiel Persönlichkeit und persönliche Werte, politische Standardvariablen, Wohlbefinden und Lebensqualität, Einstellungen zur Umwelt und Verhaltensweisen sowie zur Nutzung von Informationen- und Kommunikationstechnologie bereitzustellen."[241]
Homepage: www.gesis.org/unser-angebot/daten-erheben/gesis-panel
Datenzugang: kostenpflichtig und zugangsbeschränkt über den Datenbestandskatalog der GESIS (siehe Nr. 292); kostenpflichtiger CD-ROM Versand; es existieren eine „Standard" und eine „Extended Version". Letztere nur zugänglich über das Secure DataCenter der GESIS (www.gesis.org/sdc).
Stichprobe: repräsentativ für die deutschsprachige Bevölkerung im Alter von 18 bis 70 Jahren; ca. 4.900 Personen
Erhebung: seit 2014 im zweimonatigen Abstand
Untersuchungsregion: Bundesrepublik Deutschland

---

[240] http://gles.eu. Zugegriffen: 28. Mai 2015
[241] www.gesis.org/unser-angebot/daten-erheben/gesis-panel/general-overview. Zugegriffen: 28. Mai 2015

Produzent/Anbieter: GESIS - Leibniz-Institut für Sozialwissenschaften (siehe Nr. 39)
Fachgebiete: Einstellungen; Informationstechnologie; Lebensqualität; Mediennutzung; Neue Medien; Politische Einstellungen und Verhaltensweisen; Umweltverhalten; Wertewandel; Wohlbefinden

[238] Gesundheit in Deutschland aktuell (GEDA)

„Im Rahmen des bundesweiten Gesundheitsmonitorings führt das Robert Koch-Institut regelmäßig Gesundheitsbefragungen durch. Sie ergänzen Untersuchungs- und Befragungssurveys wie DEGS oder KiGGS und ermöglichen aufgrund der regelmäßigen Durchführung, zeitnah und flexibel gesundheitspolitisch reagieren zu können. So können zum Beispiel die Auswirkungen gesundheitspolitischer Maßnahmen mit Hilfe dieser Erhebungen evaluiert werden. Neben einem konstanten Kernmodul zu gesundheitlich wichtigen Fragestellungen werden die GEDA-Erhebungen jeweils um aktuelle, Public Health-relevante, thematische Schwerpunkte ergänzt."[242]
Homepage: www.geda-studie.de
Datenzugang: kostenpflichtig; Public-Use-Files über www.rki.de > Gesundheitsmonitoring > Public Use Files
Stichprobe: ca. 26.000 Erwachsene
Erhebung: 2009, 2010, 2012, 2014/2015
Untersuchungsregion: Bundesrepublik Deutschland
Produzent/Anbieter: Forschungsdatenzentrum „Gesundheitsmonitoring" am Robert Koch-Institut (siehe Nr. 88)
Fachgebiete: Gesundheit; Gesundheitspolitik; Gesundheitsstatus; Krankheit; Public Health

[239] Household Finance and Consumption Survey (HFCS)

"The HFCS collects household-level data on households' finances and consumption. ... The HFCS is conducted at the national level. ... The participating institutions produce harmonised output (i.e. survey data) for their respective country, but do not necessarily use identical questionnaires. However, a common template questionnaire serves as a benchmark for the country questionnaires ... The HFCS questionnaire consists of two main parts:

---

[242] www.rki.de > Gesundheitsmonitoring > Studien > GEDA. Zugegriffen: 28. Mai 2015

1. questions relating to the household as a whole, including questions on real assets and their financing, other liabilities/credit constraints, private businesses, financial assets, intergenerational transfers and gifts, and consumption and saving;
2. questions relating to individual household members, covering demographics (for all household members), employment, future pension entitlements and income (for household members aged 16 and over)."[243]

Homepage: www.ecb.europa.eu > Economic research > Programmes & Networks > Household Finance and Consumption Network
Datenzugang: kostenpflichtig nach Antrag
Stichprobe: In each country, household samples were designed to ensure representative results for both the euro area and the specific country involved. More than 62,000 households were surveyed in the first wave, with varying sample sizes across countries.
Erhebung: Started in 2010/2011 the survey will be conducted every three years.
Untersuchungsregion: 15 europäische Länder
Produzent/Anbieter: Europäische Zentralbank
Fachgebiete: Beschäftigung; Einkommen; Konsum; Renten; Vermögen

[240] IAB-Betriebspanel

„Das IAB-Betriebspanel ist eine repräsentative Arbeitgeberbefragung zu betrieblichen Bestimmungsgrößen der Beschäftigung. Jährlich werden von Ende Juni bis Oktober bundesweit knapp 16.000 Betriebe aller Wirtschaftszweige und Größenklassen befragt. ... Diese repräsentative Betriebsbefragung umfasst ein breites Fragenspektrum zu einer Vielzahl beschäftigungspolitischer Themen, die in verschiedenen Forschungsprojekten untersucht werden. Ergänzt wird das jährliche Standard-Fragenprogramm um jeweils aktuelle Themenschwerpunkte."[244]
Homepage: http://fdz.iab.de > Betriebsdaten > IAB-Betriebspanel > Datenzugang
Datenzugang: kostenfrei nach Registrierung; Datenfernverarbeitung; Gastaufenthalt
Stichprobe: ca. 16.000 Betriebe
Erhebung: seit 1993 jährlich
Untersuchungsregion: Bundesrepublik Deutschland

---

[243] www.ecb.europa.eu > Economic research > Programmes & Networks > Household Finance and Consumption Network > About the survey. Zugegriffen: 28. Mai 2015
[244] www.iab.de/de/erhebungen/iab-betriebspanel.aspx. Zugegriffen: 28. Mai 2015

Produzent/Anbieter: Forschungsdatenzentrum der Bundesagentur für Arbeit im Institut für Arbeitsmarkt- und Berufsforschung (siehe Nr. 92)
Fachgebiete: Arbeitsmarkt; berufliche Weiterbildung; Beschäftigungsentwicklung; Beschäftigungssituation in Betrieben

[241] IAB-Erhebung des Gesamtwirtschaftlichen Stellenangebots (EGS)

„Die IAB-Erhebung des Gesamtwirtschaftlichen Stellenangebots (EGS) ist eine jährliche Querschnittsstudie, die seit 1989 in jedem vierten Quartal vom Institut für Arbeitsmarkt- und Berufsforschung (IAB) durchgeführt wird. Sie liefert repräsentative und statistisch valide Daten zur Entwicklung des gesamtwirtschaftlichen Arbeitskräftebedarfs und von Stellenbesetzungsprozessen. Darüber hinaus bietet sie Informationen zu abgebrochenen Suchvorgängen und den betrieblichen Einschätzungen aktueller arbeitsmarktpolitischer Entwicklungen."[245]
Homepage: http://fdz.iab.de > Betriebsdaten > EGS
Datenzugang: kostenfrei nach Registrierung; Datenfernverarbeitung; Gastwissenschaftleraufenthalt
Stichprobe: Die für die Stichprobenziehung genutzte Grundgesamtheit entstammt dem jeweils aktuell verfügbaren Adressbestand der Beschäftigtenstatistik der Bundesagentur für Arbeit (BA). Darin sind alle Betriebe mit mindestens einem sozialversicherungspflichtig Beschäftigten enthalten. Stichproben werden disproportional geschichtet nach Wirtschaftszweigen und Betriebsgrößenklassen gezogen. Für die Wellen 2000 bis 2010 ergaben sich Bruttostichproben von zwischen 28.000 und 78.000 Betrieben.
Erhebung: seit 1989, viertes Quartal jährlich
Untersuchungsregion: Bundesrepublik Deutschland
Produzent/Anbieter: Forschungsdatenzentrum der Bundesagentur für Arbeit im Institut für Arbeitsmarkt- und Berufsforschung (siehe Nr. 92)
Fachgebiete: Arbeit; Arbeitsmarktentwicklung; Beschäftigungssituation in Betrieben

[242] International Social Survey Programme (ISSP)

"The ISSP is a continuing annual programme of cross-national collaboration on surveys covering topics important for social science research. It brings together pre-existing social science projects and coordinates research goals, thereby

---

[245] http://fdz.iab.de > Betriebsdaten > EGS. Zugegriffen: 28. Mai 2015

adding a cross-national, cross-cultural perspective to the individual national studies. The ISSP researchers especially concentrate on developing questions that are meaningful and relevant to all countries, and can be expressed in an equivalent manner in all relevant languages"[246]
Homepage: www.issp.org
Datenzugang: Download kostenfrei nach Registrierung über den Datenbestandskatalog der GESIS (siehe Nr. 292)
Stichprobe: repräsentativ für jedes Mitgliedsland
Erhebung: seit 1984, jährlich
Untersuchungsregion: 53 Länder; weltweit
Produzent/Anbieter: GESIS - Leibniz-Institut für Sozialwissenschaften (siehe Nr. 39)
Fachgebiete: Einstellungen; Familie; Gesundheit; Lebensqualität; Politische Einstellungen und Verhaltensweisen; Religion; soziale Ungleichheit; sozialer Wandel; Sozialindikatoren; Umwelt; Werte; Wertewandel

[243] Internationale Grundschul-Lese-Untersuchung (IGLU)

„IGLU ... ist eine internationale Schulleistungsstudie. Im Zentrum der Untersuchung steht die Lesekompetenz von Grundschulkindern in Deutschland im internationalen Vergleich. Weltweit beteiligen sich ca. 50 Länder an der Untersuchung. Mit IGLU wird international vergleichend das Leseverständnis von Schülerinnen und Schüler am Ende der vierten Jahrgangsstufe untersucht, mit dem Anliegen, zuverlässige Informationen über den Wissens- und Fertigkeitsstand der Schülerinnen und Schüler in den teilnehmenden Staaten zu erlangen."[247]
Homepage: http://ifs-dortmund.de > Forschung > Forschungsprojekte > IGLU / PIRLS 2016
Datenzugang: über das Forschungsdatenzentrum am Institut zur Qualitätsentwicklung im Bildungswesen (siehe Nr. 90); kostenfrei nach Registrierung; Scientific-Use-File; Datenfernverarbeitung; Gastwissenschaftleraufenthalt
Stichprobe: ca. 200 Grundschulen mit 4.000 Kinder in Deutschland
Erhebung: seit 2001 im fünfjährigen Rhythmus
Untersuchungsregion: ca. 50 Länder

---

[246] www.issp.org. Zugegriffen: 28. Mai 2015
[247] http://ifs-dortmund.de > Forschung > Forschungsprojekte > IGLU/PIRLS 2016. Zugegriffen: 28. Mai 2015

Produzent/Anbieter: Institut für Schulentwicklungsforschung (siehe Nr. 46)
Fachgebiete: Bildung; Grundschule; Lernende; Schule

[244] Jugendsexualität

„Ziel der Studie ist es, zuverlässige Daten über Einstellung und Verhalten von Jugendlichen und ihren Eltern sowie von jungen Erwachsenen in der Bundesrepublik Deutschland in Fragen der Sexualität und Kontrazeption zu ermitteln. Schwerpunktthemen sind Aufklärung in Schule und Elternhaus, erste sexuelle Erfahrungen und Verhütungskenntnisse sowie -verhalten."[248]
Homepage: www.forschung.sexualaufklaerung.de > Studien > Jugendsexualität 2014/15
Datenzugang: kostenfreier Download nach Registrierung über den Datenbestandskatalog der GESIS (siehe Nr. 292)
Stichprobe: ca. 5.800 Jugendliche im Alter von 14 bis 17 Jahren sowie deren Eltern und junge Erwachsene im Alter von 18 bis 25 Jahren
Erhebung: seit 1980
Untersuchungsregion: Bundesrepublik Deutschland
Produzent/Anbieter: Forschungsdatenzentrum der Bundeszentrale für gesundheitliche Aufklärung (siehe Nr. 93)
Fachgebiete: Jugend; Sexualität

[245] Landtagswahlstudien

„Der verfügbare Bestand an Landtagswahlstudien reicht von heute bis in das Jahr 1962 zurück. Die Studien wurden als repräsentative Bevölkerungsbefragungen zumeist im Vorfeld der Wahlen zu Landtagen, zur Bremer und Hamburger Bürgerschaft oder zum Berliner Abgeordnetenhaus durchgeführt."[249]
Homepage: www.gesis.org/wahlen/landtagswahlen
Datenzugang: kostenfreier Download nach Registrierung über den Datenbestandskatalog der GESIS (siehe Nr. 292)
Stichprobe: repräsentative Bevölkerungsumfrage
Erhebung: seit 1962
Untersuchungsregion: Bundesrepublik Deutschland

---

[248] www.forschung.sexualaufklaerung.de > Studien > Jugendsexualität 2014/15 > Abstract. Zugegriffen: 28. Mai 2015
[249] www.gesis.org/wahlen/landtagswahlen. Zugegriffen: 28. Mai 2015

Produzent/Anbieter: Forschungsgruppe Wahlen (siehe Nr. 30)
Fachgebiete: Politische Einstellungen und Verhaltensweisen; Wahlen; Wahlergebnisse; Wahlverhalten

[246] Linked-Employer-Employee-Daten des IAB (LIAB)

„Die Linked-Employer-Employee-Daten des IAB (LIAB) ermöglichen die simultane Analyse der Angebots- und Nachfrageseite des Arbeitsmarktes. Hierzu wird eine Verbindung zwischen den Daten des IAB-Betriebspanels und den Personendaten des IAB hergestellt. Damit entsteht eine Verbindung der Daten aus einer jährlichen repräsentativen Betriebsbefragung mit den prozessproduzierten Personendaten der Arbeitsverwaltung und der Sozialversicherung. Die so entstehenden LIAB-Daten werden in zwei unterschiedlichen Datenmodellen angeboten:
- LIAB-Querschnittmodell: Hier werden die Personendaten jährlich zu einem bestimmten Stichtag (30. Juni) mit den Daten des IAB-Betriebspanels verknüpft.
- LIAB-Längsschnittmodell: Die hier eingehenden Personendaten sind nicht stichtagsbezogen, sondern umfassen die gesamten zeitraumbezogenen Personendaten. Ein spezielles Längsschnittmodell, das Mover-Modell, konzentriert sich auf Betriebswechsler."[250]

Homepage: http://fdz.iab.de > Integrierte Betriebs- und Personendaten > LIAB > Datenzugang
Datenzugang: kostenfrei nach Registrierung; Gastaufenthalte im FDZ und anschließende Datenfernverarbeitung
Stichprobe: Betriebe, sozialversicherungspflichtig Beschäftigte, Leistungsempfänger (ab 1999 auch geringfügig Beschäftigte), Arbeitsuchende
Erhebung: LIAB-Querschnittmodell: insgesamt 49.844 Betriebe (4.188 bis 14.981 pro Jahr) und insgesamt 10.314.524 Personen (1.629.542 bis 2.584.520 pro Jahr); LIAB-Längsschnittmodell 1993-2010: insgesamt 146.781 Betriebe (2.702 bis 11.117 pro Jahr) und insgesamt 1.883.198 Personen (1.090.728 bis 1.536.665 pro Jahr)
Untersuchungsregion: Bundesrepublik Deutschland
Produzent/Anbieter: Forschungsdatenzentrum der Bundesagentur für Arbeit im Institut für Arbeitsmarkt- und Berufsforschung (siehe Nr. 92)

---

[250] http://fdz.iab.de > Integrierte Betriebs- und Personendaten > LIAB. Zugegriffen: 28. Mai 2015

Fachgebiete: Arbeitsmarkt; Beschäftigungsentwicklung; Beschäftigungssituation in Betrieben

[247] Luxembourg Income Study (LIS)

"The Luxembourg Income Study Database (LIS) includes:
- Household- and person-level data on market and government income, demography, employment, and expenditures.
- Datasets from countries in Europe, North America, Latin America, Africa, Asia, and Australasia.
- Income datasets since 1968, organized into 'waves' corresponding to regular intervals."[251]

Homepage: www.lisdatacenter.org/our-data/lis-database
Datenzugang: kostenfrei nach Registrierung
Stichprobe: repräsentative Bevölkerungsumfrage
Erhebung: seit 1968
Untersuchungsregion: 43 Länder; weltweit
Produzent/Anbieter: LIS - Cross-National Data Center in Luxembourg (siehe Nr. 55)
Fachgebiete: Beschäftigung; Einkommen; Konsum; Lebensbedingungen; Vermögen; Verschuldung

[248] Luxembourg Wealth Study (LWS)

"The Luxembourg Wealth Study Database (LWS) includes:
- Household-level data on assets and debt, market and government income, household characteristics, labour market outcomes, expenditures and behavioural indicators.
- Datasets from 12 countries: Austria, Canada, Cyprus, Finland, Germany, Italy, Japan, Luxembourg, Norway, Sweden, the United Kingdom, and the United States.
- Wealth datasets since 1994, corresponding to various years."[252]

Homepage: www.lisdatacenter.org/our-data/lws-database
Datenzugang: kostenfrei nach Registrierung

---

[251] www.lisdatacenter.org/our-data/lis-database. Zugegriffen: 28. Mai 2015
[252] www.lisdatacenter.org/our-data/lws-database. Zugegriffen: 28. Mai 2015

Stichprobe: repräsentative Bevölkerungsumfrage
Erhebung: seit 1994
Untersuchungsregion: 12 Länder; weltweit
Produzent/Anbieter: LIS - Cross-National Data Center in Luxembourg (siehe Nr. 55)
Fachgebiete: Einkommen; Konsum; Vermögen; Verschuldung; Wohlfahrtsentwicklung

[249] Media-Analyse

„In der agma [Arbeitsgemeinschaft Media-Analyse e.v. - Anmerkung der Verfasser] sind die rund 230 wichtigsten Unternehmen der Medien- und Werbewirtschaft vereint. Ziel der Allmedia-Dachorganisation ist es, im Konsens aller Marktpartner Werbeträger aus den Mediengattungen Tageszeitungen, Zeitschriften, Kino, Plakat, Online, Radio und TV zu erheben. Damit stellt die agma auf der Basis ihrer Forschungsergebnisse seit 60 Jahren die Werbewährung für Deutschland."[253]
Homepage: www.agma-mmc.de
Datenzugang: kostenpflichtig und zugangsbeschränkt über den Datenbestandskatalog der GESIS (siehe Nr. 292); kostenpflichtiger CD-ROM Versand. Das GESIS-Datenarchiv benötigt dazu Angabe des Benutzers und des Auswertungszweckes.
Stichprobe: repräsentativ für Print-, Funk- und Online Medien
Erhebung: seit 1971 jährlich
Untersuchungsregion: Bundesrepublik Deutschland
Produzent/Anbieter: Arbeitsgemeinschaft Media-Analyse e.V.
Fachgebiete: Mediennutzung; Zeitverwendung

[250] Mikrozensus (MZ)

„Als Mehrthemenumfrage konzipiert, beinhaltet der Mikrozensus wichtige Strukturdaten über die Bevölkerung (auch detaillierte Angaben zum Migrationshintergrund), Fragen zum Familien- und Haushaltszusammenhang sowie zur Erwerbstätigkeit, zum Einkommen und zur schulischen und beruflichen Ausbildung. ... Aufgrund des breiten Spektrums an Erhebungsmerkmalen und des großen Stichprobenumfangs eignet sich der Mikrozensus für die Analyse kleine-

---

[253] www.agma-mmc.de/mitgliedschaft. Zugegriffen: 28. Mai 2015

rer Subpopulationen wie zum Beispiel einzelner Migranten- oder Berufsgruppen. Die Bedeutung von (tief) regionalisierten Analysen, beispielsweise im Hinblick auf die Lebenschancen unterschiedlicher sozialer Gruppen, rückt zunehmend in den Vordergrund wissenschaftlicher Untersuchungen. Regionalisierte Ergebnisse lassen sich z.B. auf Ebene der sog. Regionalen Anpassungsschichten - räumliche Einheiten von durchschnittlich 500 000 Einwohnern - darstellen. Darüber hinaus ermöglicht die hohe Kontinuität des Erhebungsdesigns Untersuchungen im Zeitverlauf (im Querschnitt), mit denen sich historische Entwicklungen aufzeigen lassen. Dabei kann der Mikrozensus, der als rotierendes Panel angelegt ist, ebenfalls für Längsschnittanalysen genutzt werden. Der Mikrozensus eignet sich auch für Vergleiche im internationalen Kontext, da für verschiedene Themenbereiche internationale Standards (z.B. Labour-Force-Konzept) existieren. Der Mikrozensus stellt mit seinem hohen Auswahlsatz, der thematischen Breite und zeitlichen Kontinuität eine wichtige Datenquelle für die Sozialwissenschaft dar."[254]

Homepage: www.forschungsdatenzentrum.de/bestand/mikrozensus
Datenzugang: kostenpflichtig nach Registrierung; Campus-File; Datenfernverarbeitung; Gastwissenschaftleraufenthalt; Public-Use-File; Scientific-Use-File
Stichprobe: 1%ige Haushaltsstichprobe
Erhebung: seit 1957 jährlich
Untersuchungsregion: Bundesrepublik Deutschland
Produzent/Anbieter: Forschungsdatenzentrum des Statistischen Bundesamtes (siehe Nr. 102)
Fachgebiete: Arbeitsmarkt; Bildung; Einkommen; Erwerbstätigkeit; Familie; Gesundheit; Migration; Sozialstruktur; Wohnen

[251] NEPS-Studie - Bildung im Erwachsenenalter und lebenslanges Lernen - Startkohorte Erwachsene

„Um Bildung im Erwachsenenalter untersuchen zu können, wird die ganze Bandbreite von Bildungsaktivitäten und Lernprozessen (formale, nicht-formale und informelle Bildung), Entscheidungen, die zu ihrer Beteiligung führen und der bisherige Lebensverlauf der Befragten (insbesondere die Bildungs- und Erwerbsgeschichte, Partnerschaften sowie Kinder) detailliert erfasst. Ebenso wie das Wissen über Erwachsenenbildung in Deutschland ist auch das Wissen über Kompetenzausstattung und -veränderung nach der Schullaufbahn sehr gering. Deshalb werden im Rahmen dieser Teilstudie Lese-, Mathematik-, naturwissen-

---

[254] www.forschungsdatenzentrum.de/bestand/mikrozensus. Zugegriffen: 28. Mai 2015

schaftliche und ICT-Kompetenzen sowie nicht-kognitive Fähigkeiten (wie Persönlichkeit, Motivation und soziale Kompetenzen) erhoben."[255]
Homepage: www.neps-data.de > Daten und Dokumentation > Startkohorte Erwachsene
Datenzugang: kostenfrei nach Registrierung; drei Zugangswege, die sich nach dem Grad der Modifizierung zur Erreichung faktischer Anonymität unterscheiden: Download (Scientific-Use-Files); Remote NEPS (Datennutzung über eine moderne Fernzugriffstechnologie); On-site (Gastaufenthalte vor Ort)
Stichprobe: Erwachsene der Geburtskohorten 1944 - 1986
Erhebung: seit 2007/2008
Untersuchungsregion: Bundesrepublik Deutschland
Produzent/Anbieter: Forschungsdatenzentrum des Leibniz-Instituts für Bildungsverläufe an der Otto-Friedrich-Universität Bamberg (siehe Nr. 100)
Fachgebiete: berufliche Weiterbildung; Berufsverlauf; Bildung; Erwachsenenbildung; Erwerbstätigkeit; Familie; lebenslanges Lernen

[252] NEPS-Studie - Bildung von Anfang an - Startkohorte Neugeborene

„Ziel dieser Teilstudie ist der Aufbau einer Längsschnittkohorte, die mit Säuglingen im ersten Lebensjahr startet. Die Familien werden zu Hause besucht. Es werden umfangreiche, theoriegeleitete Erhebungen mit den Kindern (als Zielpersonen) und ihren Eltern sowie außerhäuslichen Betreuungspersonen (Gruppenleiter der Kinderkrippe oder des Kindergartens, Tagesmütter oder -väter) durchgeführt. Mit den daraus gewonnen Daten wird es möglich sein, Bildungsprozesse, Bildungsverläufe und Kompetenzentwicklung zu beschreiben und zu analysieren."[256]
Homepage: www.neps-data.de > Daten und Dokumentation > Startkohorte Neugeborene
Datenzugang: kostenfrei nach Registrierung; drei Zugangswege, die sich nach dem Grad der Modifizierung zur Erreichung faktischer Anonymität unterscheiden: Download (Scientific-Use-Files); Remote NEPS (Datennutzung über eine moderne Fernzugriffstechnologie); On-site (Gastaufenthalte vor Ort)
Stichprobe: Säuglinge des Geburtsjahrganges 2012
Erhebung: seit 2012/2013

---

[255] www.neps-data.de > Daten und Dokumentation > Startkohorte Erwachsene. Zugegriffen: 28. Mai 2015

[256] www.neps-data.de > Daten und Dokumentation > Startkohorte Neugeborene. Zugegriffen: 28. Mai 2015

Untersuchungsregion: Bundesrepublik Deutschland
Produzent/Anbieter: Forschungsdatenzentrum des Leibniz-Instituts für Bildungsverläufe an der Otto-Friedrich-Universität Bamberg (siehe Nr. 100)
Fachgebiete: Eltern-Kind-Beziehungen; Kinderbetreuung; Kindertagespflege und Tagesbetreuung; Kindheit

[253] NEPS-Studie - Frühe Bildung in Kindergarten und Grundschule - Startkohorte Kindergarten

„Ziel dieser Teilstudie ist der Aufbau einer Längsschnittkohorte, die mit Vierjährigen im Kindergarten startet. Es werden umfangreiche, theoriegeleitete Erhebungen mit den Kindern (als Zielpersonen), ihren Eltern, Erzieherinnen und Erziehern sowie den Leiterinnen und Leitern des besuchten Kindergartens, später mit den Klassenlehrerinnen und Klassenlehrern und den Leiterinnen und Leitern der besuchten Grundschule durchgeführt. Mit den daraus gewonnen Daten können Bildungsprozesse, Bildungsverläufe und Kompetenzentwicklung beschrieben und analysiert werden."[257]
Homepage: www.neps-data.de > Daten und Dokumentation > Startkohorte Kindergarten
Datenzugang: kostenfrei nach Registrierung; drei Zugangswege, die sich nach dem Grad der Modifizierung zur Erreichung faktischer Anonymität unterscheiden: Download (Scientific-Use-Files); Remote NEPS (Datennutzung über eine moderne Fernzugriffstechnologie); On-site (Gastaufenthalte vor Ort)
Stichprobe: 4-jährige Kindergartenkinder, die 2012 schulpflichtig werden
Erhebung: seit 2010/11
Untersuchungsregion: Bundesrepublik Deutschland
Produzent/Anbieter: Forschungsdatenzentrum des Leibniz-Instituts für Bildungsverläufe an der Otto-Friedrich-Universität Bamberg (siehe Nr. 100)
Fachgebiete: Eltern-Kind-Beziehungen; Grundschule; Kinderbetreuung; Kindergarten; Kindertagespflege und Tagesbetreuung; Kindheit; Vorschule

---

[257] www.neps-data.de > Daten und Dokumentation > Startkohorte Kindergarten. Zugegriffen: 28. Mai 2015

[254] NEPS-Studie - Hochschulstudium und Übergang in den Beruf - Startkohorte Studierende

„Die deutschen Hochschulen sind mit einer Reihe von Herausforderungen und Entwicklungen konfrontiert, die neue Forschungsfragen aufwerfen. Zu nennen sind u. a. die Einführung der zweistufigen Studienstruktur, die zunehmende Forderung nach Outcome-Orientierung, die Entwicklung der Hochschulen zu Einrichtungen des lebenslangen Lernens, die Erhöhung der (internationalen) Wettbewerbsfähigkeit und der sich abzeichnende Mangel an hoch qualifizierten Fachkräften. Gleichzeitig haben die zentralen Themen der vergangenen Dekaden wie z. B. Studienabbruch, soziale Selektivität des Hochschulzugangs und das Verhältnis von Hochschule und Beruf nicht an Aktualität verloren. Um die damit verbundenen Forschungsfragen zu beantworten, soll eine Kohorte von Studienanfängern auf ihrem Weg durch das Studium bis in den Beruf hinein begleitet werden. Untersucht werden dabei insbesondere die Bildungsentscheidungen, die Entwicklung von Kompetenzen, die Erträge eines Studiums und der Übergang in den Beruf."[258]

Homepage: www.neps-data.de > Daten und Dokumentation > Startkohorte Studierende

Datenzugang: kostenfrei nach Registrierung; drei Zugangswege, die sich nach dem Grad der Modifizierung zur Erreichung faktischer Anonymität unterscheiden: Download (Scientific-Use-Files); Remote NEPS (Datennutzung über eine moderne Fernzugriffstechnologie); On-site (Gastaufenthalte vor Ort)

Stichprobe: Studienanfänger/innen des Wintersemesters 2010/11

Erhebung: seit 2010/2011

Untersuchungsregion: Bundesrepublik Deutschland

Produzent/Anbieter: Forschungsdatenzentrum des Leibniz-Instituts für Bildungsverläufe an der Otto-Friedrich-Universität Bamberg (siehe Nr. 100)

Fachgebiete: Berufsverlauf; Berufswahl; Hochschule; lebenslanges Lernen; Studium

[255] NEPS-Studie - Schule und Ausbildung - Bildung von Schülerinnen und Schülern ab Klassenstufe 9 - Startkohorte Klasse 9

„Die Teilstudie Startkohorte Klasse 9 untersucht, welche Ausbildungswege Jugendliche nach Ende der 9. Jahrgangsstufe des allgemeinbildenden Schulsystems

---

[258] www.neps-data.de > Daten und Dokumentation > Startkohorte Studierende. Zugegriffen: 28. Mai 2015

einschlagen. Die Wege in und durch die Sekundarstufe II werden im Rahmen der Panelstudie ebenso untersucht wie die Übergänge in das berufliche Bildungssystem, in ein Studium sowie in den Arbeitsmarkt."[259]
Homepage: www.neps-data.de > Daten und Dokumentation > Startkohorte Klasse 9
Datenzugang: kostenfrei nach Registrierung; drei Zugangswege, die sich nach dem Grad der Modifizierung zur Erreichung faktischer Anonymität unterscheiden: Download (Scientific-Use-Files); Remote NEPS (Datennutzung über eine moderne Fernzugriffstechnologie); On-site (Gastaufenthalte vor Ort)
Stichprobe: Schüler/innen der Klassenstufe 9 an Regelschulen
Erhebung: seit 2010/11
Untersuchungsregion: Bundesrepublik Deutschland
Produzent/Anbieter: Forschungsdatenzentrum des Leibniz-Instituts für Bildungsverläufe an der Otto-Friedrich-Universität Bamberg (siehe Nr. 100)
Fachgebiete: Arbeitsmarkt; Berufsbildung; Berufswahl; Gymnasium; Hauptschule; Lernende; Realschule; Schule; Studium

[256] NEPS-Studie - Wege durch die Sekundarstufe I - Bildungswege von Schülerinnen und Schülern ab Klassenstufe 5 - Startkohorte Klasse 5

„Der Sekundarstufe I kommt als Bindeglied zwischen der Grundschule und dem allgemeinbildenden oder beruflichen Sekundarschulbereich II (bzw. dem direkten Eintritt in den Arbeitsmarkt) eine entscheidende Bedeutung zu. Trotzdem konnten wichtige Fragestellungen noch nicht eindeutig und abschließend geklärt werden, da entsprechende Daten fehlen. Dies betrifft beispielsweise die Wahl der Schulform, Schulformwechsel oder Klassenwiederholungen, aber auch den zentralen Themenkomplex der Bildungswege durch die Sekundarstufe I und den Übergang in die Sekundarstufe II. ... Die zentralen Fragen dieser NEPS-Studie thematisieren neben der Entwicklung von Kompetenzen der Schülerinnen und Schüler auch die Bedingungen und Voraussetzungen von Bildungsprozessen, mögliche individuelle Konsequenzen für den weiteren Bildungsverlauf und -erfolg sowie die Einbindung der Schülerinnen und Schüler in soziale Netzwerke. Die Befragungen der Lehrkräfte und Schulleitungen der teilnehmenden Regel- und Förderschulen thematisieren beispielsweise die Klassengröße, die

---

[259] www.neps-data.de > Daten und Dokumentation > Startkohorte Klasse 9.
Zugegriffen: 28. Mai 2015

Zusammensetzung der Schülerschaft, die Ausstattung der Schule, aber auch den Unterricht im Allgemeinen."[260]
Homepage: www.neps-data.de > Daten und Dokumentation > Startkohorte Klasse 5
Datenzugang: kostenfrei nach Registrierung; drei Zugangswege, die sich nach dem Grad der Modifizierung zur Erreichung faktischer Anonymität unterscheiden: Download (Scientific-Use-Files); Remote NEPS (Datennutzung über eine moderne Fernzugriffstechnologie); On-site (Gastaufenthalte vor Ort)
Stichprobe: Schüler/innen der Klassenstufe 5 an Regelschulen
Erhebung: seit 2010
Untersuchungsregion: Bundesrepublik Deutschland
Produzent/Anbieter: Forschungsdatenzentrum des Leibniz-Instituts für Bildungsverläufe an der Otto-Friedrich-Universität Bamberg (siehe Nr. 100)
Fachgebiete: Bildung; Gymnasium; Hauptschule; Lernende; Realschule

[257] Panel Arbeitsmarkt und soziale Sicherung (PASS)

„Mit dem PASS baut das IAB einen neuen Datensatz für die Arbeitsmarkt-, Sozialstaats- und Armutsforschung in Deutschland auf. Durch seine Fallzahlen und die jährliche Periodizität ist PASS eine neue zentrale Quelle für die Untersuchung des Arbeitsmarkts, der Armut und der Situation von SGB-II-Leistungsempfängern in Deutschland. ... Aber auch über den Kernbereich Beschäftigung und Arbeitslosigkeit hinaus bietet das PASS ein breites Fragenspektrum, das z.B. auch zahlreiche soziodemographische Merkmale oder subjektive Indikatoren (wie Zufriedenheit, Ängste und Sorgen, Erwerbsorientierung) beinhaltet."[261]
Homepage: http://fdz.iab.de > Personendaten / Haushaltsdaten > PASS
Datenzugang: kostenfrei nach Registrierung; Campus-File; Scientific-Use-File; Gastaufenthalt; Datenfernverarbeitung
Stichprobe: unterschiedliche Stichproben: Haushaltsbefragungen
Erhebung: seit 2006 jährlich
Untersuchungsregion: Bundesrepublik Deutschland
Produzent/Anbieter: Forschungsdatenzentrum der Bundesagentur für Arbeit im Institut für Arbeitsmarkt- und Berufsforschung (siehe Nr. 92)

---

[260] www.neps-data.de > Daten und Dokumentation > Startkohorte Klasse 5. Zugegriffen: 28. Mai 2015
[261] http://fdz.iab.de > Personendaten / Haushaltsdaten > PASS. Zugegriffen: 28. Mai 2015

Fachgebiete: Arbeitslosigkeit; Arbeitsmarkt; Armut; Erwerbstätigkeit; soziale Sicherung

[258] Politbarometer

„Die Politbarometer werden seit 1977 etwa monatlich von der Forschungsgruppe Wahlen für das Zweite Deutsche Fernsehen durchgeführt. Seit 1990 steht diese Datenbasis auch für die neuen Bundesländer zur Verfügung. Mit der Untersuchung von Meinungen und Einstellungen der wahlberechtigten Bevölkerung in der Bundesrepublik zu aktuellen Ereignissen, Parteien und Politikern stellen die Politbarometer ein wichtiges Instrument der politischen Meinungs- und Einstellungsforschung dar."[262]
Homepage: www.gesis.org/politbarometer
Datenzugang: kostenfreier Download nach Registrierung; kostenpflichtiger CD-ROM Versand
Stichprobe: repräsentative Stichprobe der wahlberechtigten Wohnbevölkerung
Erhebung: seit 1977, monatlich
Untersuchungsregion: Bundesrepublik Deutschland
Produzent/Anbieter: Forschungsgruppe Wahlen (siehe Nr. 30)
Fachgebiete: Einstellungen; Meinungsforschung; Parteien; Politische Einstellungen und Verhaltensweisen; politisches Bewusstsein; Wahlen; Wahlverhalten

[259] Programme for International Student Assessment (PISA)

„Untersucht werden die Leistungen von 15-jährigen Schülerinnen und Schülern sowie deren Lernmotivation, ihre Selbsteinschätzung und ihre Lernstrategien. Gegenstand der Tests ist nicht das Beherrschen von Lehrplaninhalten. Vielmehr geht um die Fähigkeit oder Kompetenz, Wissen in der Praxis anzuwenden. Außerdem wird der Einfluss von soziale Herkunft, Geschlecht oder Migrationshintergrund auf das Leistungsniveau erfasst. PISA bietet damit Orientierungspunkte zur Verwirklichung von Chancengerechtigkeit im Bildungssystem"[263]
Homepage: www.oecd.org/pisa
Datenzugang: kostenfrei; Organisation for Economic Co-operation and Development (siehe Nr. 64) via http://pisa2012.acer.edu.au/downloads.php. Die deutschen Datensätze sind erhältlich über das Forschungsdatenzentrum am Institut zur Quali-

---

[262] www.gesis.org/politbarometer. Zugegriffen: 28. Mai 2015
[263] www.oecd.org/berlin/themen/pisa-hintergrund.htm. Zugegriffen: 28. Mai 2015

tätsentwicklung im Bildungswesen www.iqb.hu-berlin.de/fdz/studies (siehe Nr. 90).
Stichprobe: ca. 510.000 15-jährige Schüler
Erhebung: seit 2000 im dreijährigen Rhythmus
Untersuchungsregion: 65 Staaten
Produzent/Anbieter: Organisation for Economic Co-operation and Development (siehe Nr. 64)
Fachgebiete: Bildung; Lernende; Schule

[260] Programme for the International Assessment of Adult Competencies (PIAAC)

„Mit PIAAC werden Alltagsfertigkeiten Erwachsener im internationalen Vergleich untersucht. Dafür wurden im Auftrag der Organisation für wirtschaftliche Zusammenarbeit und Entwicklung (OECD) von Sommer 2011 bis Frühjahr 2012 in 24 Ländern weltweit Personen im Alter zwischen 16 und 65 Jahren befragt. … Die Ergebnisse von PIAAC bilden eine wissenschaftliche Grundlage für wichtige politische Entscheidungen, insbesondere in der Bildungs- und Arbeitsmarktpolitik."[264]
Homepage: www.oecd.org/site/piaac
Datenzugang: kostenfrei; Organisation for Economic Co-operation and Development (siehe Nr. 64) via www.oecd.org/site/piaac/publicdataandanalysis.htm. Der deutsche PIAAC-Scientific-Use-File ist kostenpflichtig und zugangsbeschränkt über den Datenbestandskatalog der GESIS (siehe Nr. 292); kostenpflichtiger CD-ROM Versand
Stichprobe: repräsentativ für die teilnehmenden Länder; Erwachsene im Alter von 16 bis 65 Jahren
Erhebung: seit 2011/12 im 10jährigen Rhythmus
Untersuchungsregion: 24 Länder; weltweit
Produzent/Anbieter: Organisation for Economic Co-operation and Development (siehe Nr. 64)
Fachgebiete: Berufstätigkeit; Berufsverlauf; Bildung; Einstellungen; Erwachsenenbildung; lebenslanges Lernen; Neue Medien

---

[264] www.gesis.org/piaac/piaac-faqs. Zugegriffen: 28. Mai 2015

[261] Referenz-Betriebs-System (RBS)

„Betriebsbefragungen sind ein wichtiges Instrument, um bei Fragen im Bereich der beruflichen Aus- und Weiterbildung die Einschätzung der Praxis kennen zu lernen. Zur Vermeidung zeitlicher Verzögerungen und hoher Kosten, die bei einer immer wieder neu zu ermittelnden repräsentativen Auswahl von Betrieben für eine Befragung entstehen, hat das BIBB ein Referenz-Betriebs-System (RBS) aufgebaut. Es erlaubt schnelle und zuverlässige Analysen zur aktuellen Themen der betrieblichen Berufsbildung. Derzeit werden rund 1.300 Betriebe etwa ein- bis zweimal im Jahr zu aktuellen Fragestellungen der betrieblichen Berufsausbildung und seit 2010 auch zur aktuellen Geschäftslage befragt. Die Ergebnisse dieser Befragungen sind in den RBS-Informationen zusammengefasst, die den Betrieben als Gegenleistung für die Teilnahmen regelmäßig kostenlos zur Verfügung gestellt werden."[265]
Homepage: www.bibb.de/rbs
Datenzugang: kostenfrei nach Registrierung; Gastwissenschaftleraufenthalt, Datenfernverarbeitung
Stichprobe: ca. 1.300 Betriebe
Erhebung: seit 1995
Untersuchungsregion: Bundesrepublik Deutschland
Produzent/Anbieter: Forschungsdatenzentrum des Bundesinstituts für Berufsbildung (siehe Nr. 97)
Fachgebiete: berufliche Weiterbildung; Berufsbildung; betriebliche Ausbildung; Erwerbstätigkeit

[262] Rehabilitation

Informationen über abgeschlossene Rehabilitationen im jeweiligen Jahr
Homepage: www.fdz-rv.de > Datenangebot > Wissenschaftliche Forschung > Querschnittdaten - Basisfiles
Datenzugang: kostenfrei nach Registrierung; Scientific-Use-Files, Gastwissenschaftleraufenthalt, kontrolliertes Fernrechnen
Stichprobe: geschichtete Zufallsauswahl
Erhebung: jährlich
Untersuchungsregion: Bundesrepublik Deutschland

---

[265] www.bibb.de/rbs. Zugegriffen: 28. Mai 2015

Produzent/Anbieter: Forschungsdatenzentrum der Rentenversicherung (siehe Nr. 94)
Fachgebiete: Gesundheit; Rehabilitation

[263] Reiseanalyse (RA)

„Die RA ... ist eine bevölkerungsrepräsentative Befragung zur Erfassung und Beschreibung des Urlaubs- und Reiseverhaltens sowie der Urlaubsmotive und -interessen der deutschsprachigen Bevölkerung in Deutschland. Die Untersuchung beschäftigt sich mit Urlaubsreisen ab 5 Tagen Dauer und Kurzurlaubsreisen von 2 bis 4 Tagen."[266]
Homepage: www.fur.de/ra/news-daten/scientific-use-files
Datenzugang: kostenpflichtig und zugangsbeschränkt über den Datenbestandskatalog der GESIS (siehe Nr. 292); kostenpflichtiger CD-ROM Versand
Stichprobe: repräsentative Bevölkerungsumfrage
Erhebung: jährlich seit 1970
Untersuchungsregion: Bundesrepublik Deutschland
Produzent/Anbieter: Forschungsgemeinschaft Urlaub und Reisen (siehe Nr. 29)
Fachgebiete: Freizeit; Tourismus

[264] Sächsische Längsschnittstudie (SLS)

„Die Studie begleitet seit 1987 kontinuierlich eine Stichprobe junger Ostdeutscher auf ihrem Weg vom DDR- zum Bundesbürger. Mit mittlerweile 27 abgeschlossenen Erhebungswellen (2013/2014) zählt die Studie zu den weltweit am längsten andauernden sozialwissenschaftlichen Erhebungen. ... Es ist die einzige Studie, die in dieser Weise das Erleben der deutschen Wiedervereinigung bei Jugendlichen bzw. jungen Erwachsener aus der DDR bzw. den neuen Ländern dokumentiert."[267]
Homepage: www.wiedervereinigung.de/sls
Datenzugang: kostenpflichtig und zugangsbeschränkt über den Datenbestandskatalog der GESIS (siehe Nr. 292); kostenpflichtiger CD-ROM Versand
Stichprobe: ca. 400 Personen
Erhebung: seit 1987, jährlich
Untersuchungsregion: DDR; Freistaat Sachsen

---

[266] www.fur.de/ra/startseite. Zugegriffen: 28. Mai 2015
[267] www.wiedervereinigung.de/sls. Zugegriffen: 28. Mai 2015

Fachgebiete: Arbeitslosigkeit; Beschäftigung; Familie; Gesundheit; Lebensbedingungen; Partnerschaft; Politische Einstellungen und Verhaltensweisen; politische Sozialisation; sozialer Wandel; Werte; Wertewandel

[265] Schweizer Haushalt-Panel (SHP)

„Das Hauptziel des Schweizer Haushalt-Panel (SHP) ist die Beobachtung des sozialen Wandels und der Lebensbedingungen der Bevölkerung in der Schweiz. Es handelt sich um eine jährlich wiederholte Panelstudie, die eine Zufallsstichprobe von privaten Haushalten in der Schweiz begleitet und deren Mitglieder hauptsächlich telefonisch interviewt."[268]
Homepage: http://forscenter.ch/de/our-surveys/schweizer-haushalt-panel
Datenzugang: kostenfrei nach Registrierung
Stichprobe: Zufallsstichprobe von privaten Haushalten
Erhebung: seit 1999
Untersuchungsregion: Schweiz
Produzent/Anbieter: FORS - Swiss Centre of Expertise in the Social Sciences (siehe Nr. 27)
Fachgebiete: Arbeit; Bildung; Einkommen; Familie; Gesundheit; Lebensbedingungen; soziale Sicherung; sozialer Wandel; Wohnen; Zeitverwendung

[266] Schweizer Wahlstudie (Selects)

„Die Schweizer Wahlstudie Selects ist ein Forschungsverbund politikwissenschaftlicher Institute Schweizer Universitäten. Die akademische Verantwortung liegt bei einer Kommission, die sich aus Wahlforschern verschiedener Universitäten sowie mit Wahlen befassten Stellen der eidg. Verwaltung zusammensetzt. ... Selects ist Teil verschiedener internationaler Netzwerke der vergleichenden Wahlforschung. Die Module der ‚Comparative Study of Electoral Systems (CSES)' sind seit den 90er Jahren Bestandteil der Selects-Befragungen."[269]
Homepage: http://forscenter.ch/de/our-surveys/selects
Datenzugang: kostenfrei nach Registrierung
Stichprobe: The post-election survey consist of around 3,200 telephone interviews, combining a nationally representative sample of 2,000 Swiss citizens with an oversampling of small cantons to have at least 100 interviews per canton.

---

[268] http://forscenter.ch/de/our-surveys/schweizer-haushalt-panel. Zugegriffen: 28. Mai 2015
[269] http://forscenter.ch/de/our-surveys/selects. Zugegriffen: 28. Mai 2015

Erhebung: seit 1995, jährlich
Untersuchungsregion: Schweiz
Produzent/Anbieter: FORS - Swiss Centre of Expertise in the Social Sciences (siehe Nr. 27)
Fachgebiete: Einstellungen; Parteien; Politische Einstellungen und Verhaltensweisen; politisches Bewusstsein; Wahlen; Wahlergebnisse

[267] Sozio-oekonomisches Panel (SOEP)

„Das SOEP ist eine repräsentative Wiederholungsbefragung privater Haushalte in Deutschland, die im jährlichen Rhythmus seit 1984 bei denselben Personen und Familien in der Bundesrepublik durchgeführt wird. Bereits im Juni 1990 ... wurde die Studie auf das Gebiet der ehemaligen DDR ausgeweitet. Zur adäquaten Erfassung des gesellschaftlichen Wandels in den Jahren 1994/95 wurde die »Zuwanderer-Stichprobe« eingeführt. Seitdem wurden weitere Stichproben in das Panel integriert, einerseits um besondere Gruppen zu berücksichtigen und andererseits um die Stichprobengrößen zu erhöhen und zu stabilisieren .... Mit Hilfe des SOEP können eine Vielzahl sozial- und wirtschaftswissenschaftlicher, aber auch zunehmend verhaltenswissenschaflicher Theorien getestet werden. Der Datensatz gibt Auskunft über objektive Lebensbedingungen, Wertvorstellungen, Persönlichkeitseigenschaften, den Wandel in verschiedenen Lebensbereichen und über die Abhängigkeiten, die zwischen Lebensbereichen und deren Veränderungen existieren. ... Die wissenschaftlichen Stärken des SOEP bestehen in seinen besonderen Analysemöglichkeiten durch
- das Längsschnittdesign: Panelcharakter,
- den Haushaltskontext: Befragung aller erwachsenen Haushaltsmitglieder und Informationen über Kinder,
- die Möglichkeit regionaler Vergleiche und die Nutzung von kleinräumigen Kontextindikatoren,
- die überproportionale Zuwandererstichprobe seit 1984: (gegenwärtig die größte Wiederholungsbefragung bei Personen mit Migrationshintergrund in der Bundesrepublik Deutschland)"[270]

Homepage: www.diw.de/soep
Datenzugang: Die SOEP-Mikrodaten werden so weitergegeben, dass sie durch ein systemanalytisches Statistikprogramm ausgewertet werden müssen, bevor sie interpretiert werden können. Sie stehen der wissenschaftlichen Forschung kos-

---

[270] www.diw.de/soep > Über uns > Übersicht über das SOEP. Zugegriffen: 28. Mai 2015

tenfrei (bzw. bei DVD-Versand gegen eine Gebühr) zur Verfügung. Die Daten unterliegen einer wissenschaftlichen Zweckbindung. Nach Abschluss eines Datenweitergabevertrages erhalten Antragsteller/-innen den SOEP-Datensatz entweder über einen personalisierten verschlüsselten Download oder in einem Wertbrief auf einem Datenträger (DVD). Im Rahmen des Forschungsdatenzentrums des SOEP können auch kleinräumige Regionalinformationen genutzt werden.
Stichprobe: private Haushalte und deren Mitglieder, die das 17. Lebensjahr erreicht haben
Erhebung: seit 1984 jährliche Erhebung
Untersuchungsregion: Bundesrepublik Deutschland
Produzent/Anbieter: Forschungsdatenzentrum des Sozio-oekonomischen Panels (siehe Nr. 101)
Fachgebiete: Arbeit; Bildung; Einkommen; Erwerbstätigkeit; Familie; Gesundheit; Migration; soziale Netzwerke; soziale Sicherung; Sozialstruktur; Umweltverhalten; Werte; Wertewandel; Wohnen; Zeitverwendung

[268] Sparen und Altersvorsorge in Deutschland (SAVE)

„Eines der wichtigsten Ziele ist es, die dynamische Veränderung des Sparverhaltens im Zeitablauf zu erfassen. ... Diese [Erhebung] lieferte erstmals detaillierte Angaben sowohl über finanzielle Variablen wie Einkommen, Ersparnis und Vermögen als auch soziologische und verhaltenspsychologische Merkmale. Ergänzt wird dieses breite Spektrum durch Gesundheitsfragen ab 2005. Immer wieder werden neue Module eingeführt, die helfen aktuelle makroökonomische Entwicklungen, wie z.B. die Wirtschafts- und Finanzkrisen der letzten Jahre, besser zu verstehen."[271]
Homepage: www.mea.mpisoc.mpg.de > SAVE
Datenzugang: kostenpflichtig und zugangsbeschränkt über den Datenbestandskatalog der GESIS (siehe Nr. 292); kostenpflichtiger CD-ROM Versand. Das GESIS-Datenarchiv benötigt dazu Angabe des Benutzers und des Auswertungszweckes.
Stichprobe: repräsentative Haushaltsbefragung
Erhebung: seit 2001, jährlich
Untersuchungsregion: Bundesrepublik Deutschland
Produzent/Anbieter: Munich Center for the Economics of Aging (siehe Nr. 60)

---

[271] www.mea.mpisoc.mpg.de > SAVE. Zugegriffen: 28. Mai 2015

Fachgebiete: Einkommen; Gesundheitsstatus; Renten; Sparverhalten; Vermögen; Zukunftsvorsorge

[269] Stichprobe der Integrierten Arbeitsmarktbiografien (SIAB)

„Die Stichprobe der Integrierten Arbeitsmarktbiografien (SIAB) ist eine 2%-Stichprobe aus der Grundgesamtheit der Integrierten Erwerbsbiographien (IEB) des Instituts für Arbeitsmarkt- und Berufsforschung (IAB). Die IEB bestehen aus der Gesamtheit der Personen, die im Beobachtungszeitraum mindestens einmal einen der folgenden Erwerbsstatus aufweisen:

- Sozialversicherungspflichtige Beschäftigung (erfasst ab 1975)
- Geringfügige Beschäftigung (erfasst ab 1999)
- Bezug von Leistungen nach dem Rechtskreis SGB III (erfasst ab 1975) oder SGB II (erfasst ab 2005)
- Bei der Bundesagentur für Arbeit (BA) als arbeitsuchend gemeldet (erfasst ab 2000)
- (Geplante) Teilnahme an arbeitsmarktpolitischer Maßnahme (erfasst ab 2000)

Diese aus unterschiedlichen Datenquellen stammenden Informationen werden in den IEB zusammengeführt und der Erwerbsstatus jeweils tagesgenau abgebildet. Mit Ausnahme der (geplanten) Teilnahme an arbeitsmarktpolitischen Maßnahmen sind alle Datenquellen der IEB auch in den beiden Datenversionen der SIAB, der schwach anonymisierten Version SIAB 7510 sowie dem Scientific Use File der SIAB (SIAB-Regionalfile 7510), enthalten. Die beiden Datensätze ersetzen die verschiedenen Versionen der IAB-Beschäftigtenstichprobe (IABS) und der Stichprobe der Integrierten Erwerbsbiographien (IEBS). Durch die Zusammenführung der Datenquellen von IABS und IEBS kann nun ein Datensatz angeboten werden, der die Vorteile der IABS (langer Beobachtungszeitraum) mit den Vorteilen der IEBS (vollständige Erwerbsbiographien) verbindet."[272]
Homepage: http://fdz.iab.de > Personendaten / Haushaltsdaten > SIAB > Datenzugang
Datenzugang: kostenfrei nach Registrierung; Datenfernverarbeitung; Gastwissenschaftleraufenthalt; Scientific-Use-File
Stichprobe: Sozialversicherungspflichtig Beschäftigte (ab 1999 auch geringfügig Beschäftigte), Leistungsempfänger, Arbeitsuchende
Erhebung: tagesgenaue Erwerbsbiografien seit 1975

---

[272] http://fdz.iab.de > Personendaten / Haushaltsdaten > SIAB. Zugegriffen: 28. Mai 2015

Untersuchungsregion: Bundesrepublik Deutschland
Produzent/Anbieter: Forschungsdatenzentrum der Bundesagentur für Arbeit im Institut für Arbeitsmarkt- und Berufsforschung (siehe Nr. 92)
Fachgebiete: Arbeitslose; Berufsverlauf; Erwerbstätigkeit

[270] Studie zur Gesundheit Erwachsener in Deutschland (DEGS)

„Die ‚Studie zur Gesundheit Erwachsener in Deutschland' (DEGS) wird vom Robert Koch-Institut (RKI) durchgeführt. DEGS ist Teil des Gesundheitsmonitorings des RKI. Mit der Studie erhebt das Institut seit 2008 bundesweit Daten zur Gesundheit der in Deutschland lebenden Erwachsenen. ... Der besondere Wert der mit DEGS erhobenen Gesundheitsdaten ergibt sich aus drei zentralen Merkmalen, die in dieser Kombination in Deutschland einzigartig sind:

- DEGS stellt wiederholt bundesweit repräsentative Daten zur Verfügung, mit denen die aktuelle gesundheitlichen Lage der erwachsenen Bevölkerung und zeitliche Entwicklungstrends beschrieben werden können.
- Mit DEGS werden Gesundheitsdaten sowohl mit Hilfe von Befragungen als auch mittels medizinischer Untersuchungen und Laboranalysen erhoben, was validere Messungen und bessere Häufigkeitsschätzungen für Krankheiten ermöglicht.
- DEGS beinhaltet zudem ein Panel, d. h. Teilnehmerinnen und Teilnehmer werden wiederholt einbezogen, so dass Ursachen und Bedingungen gesundheitlichen Veränderungen im Lebenslauf analysiert werden können."[273]

Homepage: www.degs-studie.de
Datenzugang: kostenpflichtig; Public-Use-Files über www.rki.de > Gesundheitsmonitoring > Public Use Files
Stichprobe: repräsentativ für Erwachsene im Alter von 18 bis 79 Jahre
Erhebung: seit 2008
Untersuchungsregion: Bundesrepublik Deutschland
Produzent/Anbieter: Forschungsdatenzentrum „Gesundheitsmonitoring" am Robert Koch-Institut (siehe Nr. 88)
Fachgebiete: Gesundheit; Gesundheitsstatus; Public Health

---

[273] www.degs-studie.de > Studie. Zugegriffen: 28. Mai 2015

[271] Studie zur Gesundheit von Kindern und Jugendlichen in Deutschland (KiGGS)

„Mit der ersten KiGGS-Studie (Basiserhebung) von 2003-2006, die damals noch als Kinder- und Jugendgesundheitssurvey bezeichnet wurde, lagen für Deutschland erstmals umfassende und bundesweit repräsentative Gesundheitsdaten für Kinder und Jugendliche vor. Seit 2009 wird KiGGS als Bestandteil des Gesundheitsmonitorings am Robert Koch-Institut als Langzeitstudie fortgeführt. ... Der besondere Wert der mit KiGGS erhobenen Gesundheitsdaten ergibt sich aus drei zentralen Merkmalen, die in dieser Kombination in Deutschland einzigartig sind:
- KiGGS stellt wiederholt bundesweit repräsentative Daten zur Verfügung, mit denen die aktuelle gesundheitlichen Lage der Kinder und Jugendlichen unter 18 Jahren sowie zeitliche Entwicklungstrends beschrieben werden können.
- Mit KiGGS werden Gesundheitsdaten sowohl mit Hilfe von Befragungen als auch mittels medizinischer Untersuchungen, Tests und Laboranalysen erhoben, um validere Messungen und bessere Häufigkeitsschätzungen für Krankheiten zu ermöglichen.
- KiGGS beinhaltet zudem eine Kohorte, d. h. Kinder und Jugendliche der Basiserhebung werden bis ins Erwachsenenalter hinein wiederholt eingeladen, so dass bei weiterer Teilnahme Ursachen und Bedingungen gesundheitlichen Veränderungen im Lebenslauf analysiert werden können."[274]

Homepage: www.kiggs-studie.de
Datenzugang: kostenpflichtig; Public-Use-Files über www.rki.de > Gesundheitsmonitoring > Public Use Files
Stichprobe: Jugendliche und junge Erwachsene im Alter von 0 bis 29 Jahren
Erhebung: seit 2003
Untersuchungsregion: Bundesrepublik Deutschland
Produzent/Anbieter: Forschungsdatenzentrum „Gesundheitsmonitoring" am Robert Koch-Institut (siehe Nr. 88)
Fachgebiete: Gesundheit; Gesundheitsstatus; Jugend; Kindheit; Public Health

---

[274] www.kiggs-studie.de > Studie. Zugegriffen: 28. Mai 2015

[272] Studierendensurvey

„Der Studierendensurvey wird seit dem Wintersemester 1982/83 im Abstand von zwei bis drei Jahren an 25 deutschen Universitäten und Fachhochschulen von der Arbeitsgruppe Hochschulforschung an der Universität Konstanz, gefördert vom Bundesministerium für Bildung und Forschung, durchgeführt. Mit diesem Studierendensurvey sollen verlässliche und über die Zeit vergleichbare Informationen über die Studiensituation und die studentischen Orientierungen in Deutschland bereitgestellt werden. Im Zentrum unserer Befragungen stehen Einschätzungen und Beurteilungen zur Studiensituation, aber auch Wünsche und Forderungen für bessere Studienbedingungen. Darüber hinaus werden Erwartungen an den Beruf sowie politische und gesellschaftliche Einstellungen in den einzelnen Erhebungen abgefragt."[275]

Homepage: www.uni-konstanz.de/ag-hochschulforschung > Studierendensurvey
Datenzugang: kostenpflichtig und zugangsbeschränkt über den Datenbestandskatalog der GESIS (siehe Nr. 292); kostenpflichtiger CD-ROM Versand. Das GESIS-Datenarchiv benötigt dazu Angabe des Benutzers und des Auswertungszweckes.
Stichprobe: repräsentativ für alle Studierenden
Erhebung: seit 1982/83 alle zwei bis drei Jahr
Untersuchungsregion: Bundesrepublik Deutschland
Produzent/Anbieter: Universität Konstanz, Arbeitsgruppe Hochschulforschung
Fachgebiete: Hochschule; Lernende; Studium

[273] Survey of Health, Ageing and Retirement in Europe (SHARE)

„Wie altern die Menschen in den Ländern der Europäischen Union? Diese Frage zu beantworten ist eines der Ziele ... am Munich Center for the Economics of Aging (MEA), Max-Planck-Institut für Sozialrecht und Sozialpolitik koordinierten internationalen Umfrageprojektes 50plus in Europa. ... Da die mittlerweile über 85.000 Studienteilnehmer im Abstand von zwei Jahren befragt werden, können Wissenschaftler die Veränderung der wirtschaftlichen, gesundheitlichen und sozialen Lage älterer Menschen in Europa beobachten. Auf diese Weise kann untersucht werden, wie einschneidende Ereignisse im Lebensverlauf wie z. B. der Renteneintritt oder Verwitwung bewältigt werden oder wie sich Änderun-

---

[275] www.uni-konstanz.de/ag-hochschulforschung > Studierendensurvey. Zugegriffen: 28. Mai 2015

gen der institutionellen Rahmenbedingungen (z.B. im Gesundheits- oder Rentensystem) auf die Lebensqualität älterer Europäer auswirken."[276]
Homepage: www.share-project.de
Datenzugang: kostenfrei nach Registrierung, Download nach Abgabe einer Verpflichtungserklärung
Stichprobe: repräsentativ für die Altersgruppe 50+
Erhebung: seit 2004 alle zwei Jahre
Untersuchungsregion: europäische Länder und Israel
Produzent/Anbieter: Forschungsdatenzentrum des Survey of Health, Ageing and Retirement in Europe (siehe Nr. 103)
Fachgebiete: Berufstätigkeit; Beschäftigung; Bildung; Ehrenamt; Einkommen; Familie; Gesundheit; Gesundheitsstatus; Konsum; Renten; soziale Netzwerke; Vermögen; Wohlbefinden; Wohnen

[274] Trends in International Mathematics and Science Study (TIMSS)

„TIMSS ... ist eine internationale Schulleistungsstudie. Im Zentrum der Untersuchung stehen mathematische und naturwissenschaftliche Kompetenzen von Grundschulkindern in Deutschland im internationalen Vergleich. ... TIMSS untersucht die Schülerleistung im mathematisch-naturwissenschaftlichen Bereich unter Berücksichtigung curricularer Vorgaben und anderer zentraler Rahmenbedingungen der schulischen Lernumgebung. Ein zentrales Anliegen ist es, langfristige Entwicklungen in den teilnehmenden Bildungssystemen zu dokumentieren."[277]
Homepage: http://ifs-dortmund.de > Forschung > Forschungsprojekte > Trends in International Mathematics and Science Study (TIMSS) 2015 Grundschule
Datenzugang: kostenfrei; der internationale Datensatz ist über die International Association for the Evaluation of Educational Achievement (www.iea.nl/data.html), die deutschen Datensätze sind über das Forschungsdatenzentrum am Institut zur Qualitätsentwicklung im Bildungswesen (siehe Nr. 90) unter www.iqb.hu-berlin.de/fdz/studies erhältlich.
Stichprobe: in Deutschland repräsentative Stichprobe von ca. 200 Schulen
Erhebung: seit 1995 im vierjährigen Rhythmus
Untersuchungsregion: weltweit

---

[276] www.share-project.org/index.php?id=116. Zugegriffen: 28. Mai 2015
[277] http://ifs-dortmund.de > Forschung > Forschungsprojekte > Trends in International Mathematics and Science Study (TIMSS) 2015 Grundschule. Zugegriffen: 28. Mai 2015

Produzent/Anbieter: Institut für Schulentwicklungsforschung (siehe Nr. 46)
Fachgebiete: Bildungssystem; Bildungswesen; Grundschule; Lernende

[275] Verdienststrukturerhebung (VSE)

„Die VSE ist eine groß angelegte Stichprobenerhebung bei Unternehmen. Sie bietet detaillierte und vergleichbare Informationen über die Beziehungen zwischen der Verdiensthöhe, individuellen Merkmalen der Beschäftigten (Geschlecht, Alter, Beruf, Dauer des Arbeitsverhältnisses, höchster erreichter Bildungsabschluss usw.) und ihrem Arbeitgeber (Wirtschaftszweig, Größe und Standort des Unternehmens)."[278]
Homepage: http://ec.europa.eu/eurostat > Daten > Zugang zu Mikrodaten > Verdienststrukturerhebung
Datenzugang: kostenfrei nach Registrierung; Vor-Ort-Nutzung; CD/DVD
Stichprobe: Unternehmen mit mindestens 10 Beschäftigten aus allen Wirtschaftszweigen mit Ausnahme der öffentlichen Verwaltung
Erhebung: seit 2002 vierjährlich
Untersuchungsregion: 32 europäische Länder
Produzent/Anbieter: Statistisches Amt der Europäischen Union (siehe Nr. 76)
Fachgebiete: Berufsverlauf; Beschäftigung; Bildung; Einkommen

[276] Versichertenrentenbestand

Informationen über die Versichertenrenten im Rentenbestand zum Stichtag 31.12. des jeweiligen Jahres
Homepage: www.fdz-rv.de > Datenangebot > Wissenschaftliche Forschung > Querschnittdaten - Basisfiles
Datenzugang: kostenfrei nach Antrag; Scientific-Use-Files; Public-Use-Files, Gastwissenschaftleraufenthalt, kontrolliertes Fernrechnen
Stichprobe: 1% Zufallsstichprobe aller Versichertenrenten des Jahres
Erhebung: jährlich
Untersuchungsregion: Bundesrepublik Deutschland
Produzent/Anbieter: Forschungsdatenzentrum der Rentenversicherung (siehe Nr. 94)
Fachgebiete: Renten; soziale Sicherung

---

[278] http://ec.europa.eu/eurostat > Daten > Zugang zu Mikrodaten > Verdienststrukturerhebung. Zugegriffen: 28. Mai 2015

[277] Versichertenrentenzugang

Informationen über die Versichertenrenten im Rentenzugang für das jeweilige Jahr
Homepage: www.fdz-rv.de > Datenangebot > Wissenschaftliche Forschung > Querschnittdaten - Basisfiles
Datenzugang: kostenfrei nach Antrag; Scientific-Use-Files; Public-Use-Files, Gastwissenschaftleraufenthalt, kontrolliertes Fernrechnen
Stichprobe: 10% Zufallsauswahl der Rentenzugänge
Erhebung: jährlich
Untersuchungsregion: Bundesrepublik Deutschland
Produzent/Anbieter: Forschungsdatenzentrum der Rentenversicherung (siehe Nr. 94)
Fachgebiete: Renten; soziale Sicherung

[278] Versicherungskontenstichprobe

Biografiebezogene Informationen über versicherungsrechtlich relevante Zeiten der Versicherten des jeweiligen Jahres
Homepage: www.fdz-rv.de > Datenangebot > Wissenschaftliche Forschung > Längsschnittdaten - Basisfiles
Datenzugang: kostenfrei nach Antrag; Scientific-Use-Files; Public-Use-Files, Gastwissenschaftleraufenthalt, kontrolliertes Fernrechnen
Stichprobe: 25% Substichprobe der Versicherungskontenstichprobe
Erhebung: jährlich
Untersuchungsregion: Bundesrepublik Deutschland
Produzent/Anbieter: Forschungsdatenzentrum der Rentenversicherung (siehe Nr. 94)
Fachgebiete: Renten; soziale Sicherung

[279] Vollendete Versichertenleben

Biografiebezogene Informationen über versicherungsrechtlich relevante Zeiten der Rentenzugänge des jeweiligen Jahres
Homepage: www.fdz-rv.de > Datenangebot > Wissenschaftliche Forschung > Längsschnittdaten - Basisfiles
Datenzugang: kostenfrei nach Antrag; Scientific-Use-Files; Gastwissenschaftleraufenthalt, kontrolliertes Fernrechnen

Stichprobe: 25 % Substichprobe der Versichertenkontenstichprobe (wird als Panel fortgeführt) für das Rentenzugangsjahr
Erhebung: jährlich
Untersuchungsregion: Bundesrepublik Deutschland
Produzent/Anbieter: Forschungsdatenzentrum der Rentenversicherung (siehe Nr. 94)
Fachgebiete: Renten; soziale Sicherung

[280] Weiterbildungsmonitor (wbmonitor)

„Die wbmonitor Umfragen sind Online-Befragungen von Weiterbildungsanbietern in Deutschland zur Gewinnung von Strukturdaten über die Weiterbildungslandschaft sowie zur Ermittlung von aktuellen Trends. Zielgruppe der Umfrage sind alle institutionalisierten oder betrieblich verfassten Anbieter, die Weiterbildung als Haupt- oder Nebenaufgabe regelmäßig oder wiederkehrend offen zugänglich anbieten. Weiterbildung im Sinne des wbmonitor umfasst alle organisierten Bildungsangebote, die sich an ausgebildete oder erfahrene Erwachsene richten."[279]
Homepage: https://wbmonitor.bibb.de
Datenzugang: kostenfrei nach Registrierung; Datenfernverarbeitung; Gastwissenschaftleraufenthalt
Stichprobe: ca. 15.000 Weiterbildungsanbieter
Erhebung: jährlich seit 2001
Untersuchungsregion: Bundesrepublik Deutschland
Produzent/Anbieter: Forschungsdatenzentrum des Bundesinstituts für Berufsbildung (siehe Nr. 97)
Fachgebiete: berufliche Weiterbildung; Bildungswesen; Erwachsenenbildung; lebenslanges Lernen

[281] World Values Survey (WVS)

"The World Values Survey ... is a global network of social scientists studying changing values and their impact on social and political life, led by an international team of scholars, with the WVS association and secretariat headquartered in Stockholm, Sweden. The survey, which started in 1981, seeks to use the most rigorous, high-quality research designs in each country. The WVS consists of na-

---

[279] http://metadaten.bibb.de/metadatengruppe/11. Zugegriffen: 28. Mai 2015

tionally representative surveys conducted in almost 100 countries which contain almost 90 percent of the world's population, using a common questionnaire. The WVS is the largest non-commercial, cross-national, time series investigation of human beliefs and values ever executed, currently including interviews with almost 400,000 respondents. Moreover the WVS is the only academic study covering the full range of global variations, from very poor to very rich countries, in all of the world's major cultural zones."[280]
Homepage: www.worldvaluessurvey.org
Datenzugang: kostenfrei nach Registrierung; Download
Stichprobe: ca. 400.000 Befragte
Erhebung: seit 1981
Untersuchungsregion: 100 Länder; weltweit
Produzent/Anbieter: Institute for Futures Studies (siehe Nr. 48)
Fachgebiete: soziale Ungleichheit; sozialer Wandel; Werte; Wertewandel

[282] World Vision Kinderstudie

„Was bedeutet es, heute ein Kind zu sein? Welche Einschätzung haben Kinder von Familie, Kindergarten, Schule und Freizeiteinrichtungen? Wie sehen ihre Freizeitbeschäftigungen aus, und inwieweit interessieren sie sich für gesellschaftliche Entwicklungen und Politik? Wie sehen ihre Zukunftsperspektiven aus?"[281]
Homepage: www.worldvision-institut.de
Datenzugang: kostenfreier Download nach Registrierung über den GESIS Datenbestandskatalog (siehe Nr. 292); kostenpflichtiger CD-ROM Versand
Stichprobe: repräsentative Stichprobe für Kinder im Alter zwischen 6 und 11 Jahren, die zur Schule gehen
Erhebung: seit 2007 in dreijährigem Rhythmus
Untersuchungsregion: Bundesrepublik Deutschland
Produzent/Anbieter: World Vision Institut für Forschung und Innovation
Fachgebiete: Eltern-Kind-Beziehungen; Familie; Freizeit; Kindergarten; Kindheit; Schule

---

[280] www.worldvaluessurvey.org > Who we are. Zugegriffen: 28. Mai 2015
[281] www.worldvision-institut.de/kinderstudien.php. Zugegriffen: 28. Mai 2015

Datenbanken

Vorbemerkungen

Wissenschaftliche Datenbanken sind, ungeachtet der (vermeintlich) umfassenden Verfügbarkeit aller Informationen über Internet-Suchmaschinen, immer eine sehr gute Quelle für die wissenschaftliche Informationsbeschaffung. Durch ihre fachliche Fokussierung und die inhaltliche Erschließung der einzelnen Nachweise bieten sie gut strukturierte Zugangsmöglichkeiten für die Informationssuchenden. Trefferquote (Recall) und Genauigkeit (Precision) als Maße für den Erfolg einer Suche lassen sich durch geschicktes Information Retrieval sehr gut steuern.

Die hier erfassten Datenbanken decken oft auch interdisziplinäre Gebiete der Sozialwissenschaften ab, zum Beispiel Frauenforschung, Freizeitforschung, Gerontologie, Sozialwesen oder Sport bzw. weisen Quellen angrenzender Disziplinen, wie den Geistes-, Kultur- oder Wirtschaftswissenschaften, nach. Für das Register werden jedoch nur solche Begriffe verwendet, die für die Kernfächer (Soziologie, Politikwissenschaften, Pädagogik und Psychologie) relevant sind. Für darüber hinaus gehende Angebote wird im Register der Begriff „fachübergreifend" zur ergänzenden Charakterisierung verwendet.

Die in den Beschreibungen der einzelnen Datenbanken aufgeführte zeitliche Abdeckung kann nur als grobe Orientierung dienen. Zum einen war diese nicht immer eindeutig zu ermitteln. Zum anderen ist die Anzahl der Datenbankeinträge für einzelne Zeiträume z.T. sehr verschieden. Auch zur geografischen Abdeckung waren die Informationen nicht immer eindeutig zu identifizieren.

Einen umfassenden Überblick über wissenschaftliche Datenbanken aller Fachdisziplinen und die jeweiligen Zugangsbedingungen bietet das von der Universitätsbibliothek Regensburg entwickelte Datenbank-Infosystem (DBIS; siehe Nr. 291). Hier werden derzeit über 11.000 Datenbanken nachgewiesen.

Datenbanken werden oft gemeinsam mit weiteren Quellen des Faches (wie bspw. Linksammlungen, Kataloge, Forschungsdaten) in Portalen angeboten. Diese Zusammenschlüsse mehrerer oft sehr heterogener Informationsquellen sind eine weitere Einstiegsmöglichkeit für Informationssuchende. Den Fachportalen widmen wir aus diesem Grunde ein eigenes Kapitel.

Inhalt

ArchiDok 205
Archiv der sozialen Demokratie der Friedrich-Ebert-Stiftung (AdsD) 205
ASSIA: Applied Social Sciences Index and Abstracts 206
Bibliothekskatalog der Friedrich-Ebert-Stiftung 207
CEWS-Literaturdatenbank 207
Comparative Family Policy Database 208
Datenbank Apps für Kinder 209
Datenbank zur Qualität von Schule (DaQs) 209
Datenbank-Infosystem (DBIS) 210
Datenbestandskatalog (DBK) 210
DIE-Literaturdatenbank zur Erwachsenenbildung 211
Docbase 211
DZI SoLit 212
Economics Information System (ECONIS) 212
Education Resources Information Center (ERIC) 213
Elektronische Zeitschriftenbibliothek (EZB) 213
Elektronisches Testarchiv 214
ELFI-Datenbank 215
Fachinformationsführer Sport - Sportwissenschaftliche Internetquellen 215
FemConsult. Die Wissenschaftlerinnen-Datenbank 216
FIS Bildung Literaturdatenbank 217
FORS - Datenkatalog 217
FORS® - Forschungsdokumentation Raumordnung Städtebau
Wohnungswesen 218
FORS - Forschungsinventar 219
Forschungsdatenbank Frühe Hilfen (FORKID) 219
FÖV-Projektdatenbank 220
FRANCIS 221
GEI-Digital - Die digitale Schulbuchbibliothek 221
GEI-DZS - Datenbank der Zugelassenen Schulbücher 222
Gender-Index 223
Generations & Gender Contextual Database 224
GEPRIS - Informationssystem zu DFG-geförderten Projekten 224
German Institute of Global and Area Studies - Online-Katalog
(GIGA Online-Katalog) 225
GeroLit - Der Online Katalog 225
GESIS-Bibliothekskatalog 226
Gleichstellungsrecht in der Wissenschaft 226

histat - Zeitreihen zur Historischen Statistik von Deutschland online 227
Human Fertility Database (HFD) 227
Human Life-Table Database (HLD) 228
Human Mortality Database (HMD) 229
IAB-LitDok - Literaturinformationssystem Arbeitsmarkt und Beruf 229
IBSS: International Bibliography of the Social Sciences 230
Instrumentenkasten zu den Forschungsorientierten Gleichstellungsstandards .. 230
International Database on Longevity (IDL) 231
Internationale Bibliographie der geistes- und sozialwissenschaftlichen
Zeitschriftenliteratur (IBZ online) 231
JSTOR 232
Kannisto-Thatcher Database on Old Age Mortality 233
Katalog der Deutschen Nationalbibliothek 233
Library of Congress Online Catalog 234
Literaturdatenbank Berufliche Bildung (LDBB) 234
Literaturdatenbank des Informationszentrums Kindesmisshandlung /
Kindesvernachlässigung 235
ORLIS - Die kommunale Literaturdatenbank 236
PAIS International 237
Periodicals Archive Online (PAO) 237
Periodicals Index Online (PIO) 238
Physical Education Index (PEI) 239
Political Science Complete 240
Promotionsnoten in Deutschland 240
ProQuest Dissertations & Theses Database (PQDT) 241
ProQuest Dissertations & Theses Open 241
ProQuest Political Science 242
ProQuest Social Science Journals 242
ProQuest Sociology 243
PsychAuthors 243
Psychology in Europe 244
PsycINFO® 244
PSYNDEX 245
Regionaldatenbank 245
Regionaldatenbank Deutschland 246
RSWlit® - Literaturhinweise zu Raumordnung, Städtebau, Wohnungswesen .. 247
ScienceDirect 247
Scopus 248
Social Monitoring and Reporting in Europe 248
Social Services Abstracts (SSA) 249

SocINDEX with Full Text..250
Sociological Abstracts (SA) 250
SOFIS - Sozialwissenschaftliches Forschungsinformationssystem...................251
SOLIS - Sozialwissenschaftliches Literaturinformationssystem......................252
SPOFOR - Sportwissenschaftliche Forschungsprojekte 253
SPOLIT - Sportwissenschaftliche Literatur 253
SPOMEDIA - Audiovisuelle Medien..254
Umweltforschungsdatenbank (UFORDAT)..255
Webis - Sammelschwerpunkte an deutschen Bibliotheken 255
World Affairs Online (WAO) 256
Worldwide Political Science Abstracts (WPSA)...256
Zeitschriftendatenbank (ZDB)...257
Zeitungsdokumentation Bildungswesen (ZeitDok)...258
Zensusdatenbank 258

Datenbanken 205

[283] ArchiDok

„Die Europäischen Dokumentationszentren (EDZ) katalogisieren seit Ende des Jahres 2003 elektronische Volltexte aus allen Politikbereichen der Europäischen Union. ... Ziel des EDZ-ArchiDok-Projekts ist eine systematische Erschließung relevanter, elektronischer Dokumente, die auf Internetseiten von Organen und Institutionen der Europäischen Union zu finden sind. Diese Volltexte werden auf einen zentralen Dokumentenserver der Universität Mannheim kopiert und dort in eine von den EDZ entwickelte Datenbank importiert. Die ArchiDok-Datenbank ist ... frei im Internet recherchierbar."[282]
Homepage: www.archidok.eu
Zugang: kostenfrei
Produzent: Europäisches Dokumentationszentrum (EDZ) der Universitätsbibliothek Mannheim (siehe Nr. 26)
Nachweissprache: EU-Amtssprachen
Abdeckung: zeitlich: ab 2000; geografisch: Europa
Erschließung: Die inhaltliche Erschließung erfolgt anhand des ECLAS-Thesaurus, des Standard-Thesaurus Wirtschaft (STW) und des Thesaurus Sozialwissenschaften (TheSoz) sowie einer Ländersystematik.
Fachgebiete: Europäische Kommission; europäische Organisationen; Europäische Union; Europapolitik

[284] Archiv der sozialen Demokratie der Friedrich-Ebert-Stiftung (AdsD)

„Das Archiv der sozialen Demokratie der Friedrich-Ebert-Stiftung (AdsD) ist die zentrale Aufbewahrungsstätte für Quellen aller Art zur Geschichte der deutschen und internationalen Arbeiterbewegung, der aus ihr hervorgegangenen Organisationen wie Parteien und Gewerkschaften und der in diesen tätigen Personen. Auch für die Erforschung der Sozialgeschichte allgemein und die Zeitgeschichte der Bundesrepublik Deutschland sind die Quellenbestände des AdsD unverzichtbar. Das AdsD steht in der Tradition des ehemaligen Parteiarchivs der SPD, dessen Wurzeln in die Anfänge der deutschen Sozialdemokratie zurückreichen, es ist aufgrund historischer Ereignisse aber nicht mit diesem identisch und reicht in seinen Sammelgebieten weit über das alte Parteiarchiv hinaus. Als öffentlich geförderte Einrichtung steht das AdsD nach Maßgabe der Benutzungsordnung allen Interessierten offen."[283]

---

[282] www.archidok.eu/information. Zugegriffen: 29. Mai 2015.
[283] www.fes.de/archiv/adsd_neu. Zugegriffen: 29. Mai 2015.

Homepage: http://archiv2.fes.de
Zugang: kostenfrei
Produzent: Friedrich-Ebert-Stiftung (siehe Nr. 34)
Nachweissprache: Deutsch
Abdeckung: zeitlich: ab Mitte des 19. Jahrhunderts; geografisch: Deutschland
Erschließung: Die Beschreibungsstruktur ist abhängig von der jeweils ausgewählten Sammlung.
Fachgebiete: audiovisuelle Medien; Geschichte der deutschen und internationalen Arbeiterbewegung; historische Sozialforschung; Parteien; Politik; politische Geschichte; Sozialgeschichte

[285] ASSIA: Applied Social Sciences Index and Abstracts

"ASSIA: Applied Social Sciences Index and Abstracts is an indexing and abstracting tool covering health, social services, psychology, sociology, economics, politics, race relations and education. Updated monthly, ASSIA provides a comprehensive source of social science and health information for the practical and academic professional. ASSIA contains records from over 500 journals published in 19 different countries. ASSIA is designed to serve the information needs of the caring professions - whether the members of those professions are practitioners, researchers or students. It is unique in ist focus on the practical problems of society and also in that it covers both sociology and psychology. The core disciplines to support practice are covered in depth, and so central areas of coverage in ASSIA are:

- Social problems like poverty and overcrowding, abuse, crime and violence, disease and disability, mental illness and addiction, racism and sexism, inequality and discrimination.
- Social and psychological issues concerning drugs, gender, women and the family, education and employment, housing, migration, child and adolescent development, ageing, citizenship, ethnicity and nationality.
- Health care, therapy, nursing and midwifery: policy, professions and practices.
- The social services, including social work, welfare, counseling and probation, and the police and prison services."[284]

Homepage: http://search.proquest.com/login

---

[284] www.proquest.com > Find Products & Services > Search All Products > ASSIA: Applied Social Sciences Index and Abstracts. Zugegriffen: 29. Mai 2015.

Datenbanken

Zugang: lizenzpflichtig - im Sozialwissenschaftlichen Fachportal sowiport (siehe Nr. 185) deutschlandweit frei zugänglich nach Registrierung unter www.nationallizenzen.de (DFG-geförderte Nationallizenz)
Produzent: ProQuest (siehe Nr. 68)
Nachweissprache: Englisch
Abdeckung: zeitlich: ab 1982; geografisch: weltweit
Erschließung: Abstract; Deskriptoren; Zitationen, Referenzen
Fachgebiete: Bildung; Drogen; Familie; Gesundheit; Gewalt; Kriminalität; Migration; Soziale Arbeit; soziale Probleme; soziale Ungleichheit; Wohlfahrtsentwicklung

[286] Bibliothekskatalog der Friedrich-Ebert-Stiftung

„Die Bibliothek der Friedrich-Ebert-Stiftung ist heute eine der weltweit größten wissenschaftlichen Spezialbibliotheken mit den Sammelschwerpunkten:
- Geschichte und Gegenwart der deutschen und internationalen Arbeiterbewegung
- deutsche und internationale Sozial- und Zeitgeschichte
- Veröffentlichungen von Parteien und Gewerkschaften"[285]

Homepage: http://library.fes.de/opac
Zugang: kostenfrei
Produzent: Friedrich-Ebert-Stiftung (siehe Nr. 34)
Nachweissprache: mehrsprachig
Abdeckung: zeitlich: seit 19. Jahrhundert; geografisch: Amerika; Europa
Erschließung: Schlagworte; Systematik; Region
Fachgebiete: Geschichte der deutschen und internationalen Arbeiterbewegung; Gewerkschaften; Parteien; Sozialgeschichte

[287] CEWS-Literaturdatenbank

„Die CEWS-Literaturdatenbank ist eine bibliographische Datenbank zu allen relevanten Aspekten der Gleichstellung in Wissenschaft und Forschung, zu Fördermaßnahmen und Mentoring, zur Lebens- und Arbeitssituation sowie zur Marginalisierung von Wissenschaftlerinnen. Die Datenbank ist ein Teilbestand von

---

[285] http://library.fes.de. Zugegriffen: 29. Mai 2015.

SOLIS, der Sozialwissenschaftlichen Literaturdatenbank von GESIS und umfasst rd. 7600 Literaturnachweise"[286]
Homepage: www.gesis.org/cews/informationsangebote/literatur/suche
Zugang: kostenfrei
Produzent: GESIS - Leibniz-Institut für Sozialwissenschaften (siehe Nr. 39)
Nachweissprache: überwiegend Deutsch
Abdeckung: zeitlich: ca. ab 1900; geografisch: überwiegend deutschsprachiger Raum
Erschließung: Schlagworte (Thesaurus Sozialwissenschaften); CEWS-Kategorien
Fachgebiete: Arbeit; Frauen- und Geschlechterforschung; Gleichstellung; Vereinbarkeit von Beruf und Familie

[288] Comparative Family Policy Database

"The Comparative Family Policy Database comprises two components: the 'Comparative Family Cash Benefits Database' and the 'Comparative Maternity, Parental, and Childcare Leave and Benefits Database', both assembled under the direction of Anne H. Gauthier. They provide information on family allowances and parental leave regulations for 22 OECD countries. ... The datasets constitute the most comprehensive data collection on historical trends in family policy regulations in developed welfare states, making them highly valuable for comparative studies on the development and effects of family policies (e.g. on fertility behavior)."[287]
Homepage: www.demogr.mpg.de > Projects & Publications > Online Databases > Comparative Family Policy Database
Zugang: kostenfrei nach Registrierung
Produzent: Max-Planck-Institut für demografische Forschung (siehe Nr. 58)
Nachweissprache: Englisch
Abdeckung: zeitlich: 1960-2010; geografisch: 22 Länder der OECD
Fachgebiete: Demografie; Familie; Familienpolitik; Kinderbetreuung; Kindheit; Wohlfahrtsentwicklung

---

[286] www.gesis.org/cews/informationsangebote/literatur. Zugegriffen: 29. Mai 2015.
[287] www.demogr.mpg.de/cgi-bin/databases/FamPolDB/index.plx. Zugegriffen: 29. Mai 2015.

[289] Datenbank Apps für Kinder

„Die ‚Datenbank: Apps für Kinder' enthält Rezensionen von Applikationen für Tablets und Smartphones, mit dem Ziel pädagogisches Fachpersonal, Eltern und andere Interessierte über die Vielfalt und Qualität des Angebots für Kinder zu informieren. Sie wird im DJI-Projekt ‚Digitale Medien in der Lebenswelt von Klein- und Vorschulkindern' in Kooperation mit Blickwechsel e.V., klicktipps.net und der Stiftung Lesen erstellt und kontinuierlich erweitert."[288]
Homepage: www.datenbank-apps-für-kinder.de
Zugang: kostenfrei
Produzent: Deutsches Jugendinstitut (siehe Nr. 20)
Nachweissprache: Deutsch
Abdeckung: zeitlich: aktuell; geografisch: weltweit
Erschließung: Die Beschreibung der Apps erfolgt nach Genre, Mindestalter, Zielgruppe, Version und Preis. Die Suche kann mittels Schlagwörter eingegrenzt werden.
Fachgebiete: audiovisuelle Medien; Eltern-Kind-Beziehungen; Familie; Kindheit; Lehrende; Neue Medien

[290] Datenbank zur Qualität von Schule (DaQs)

„DaQS ist ein Datenbankangebot von und für die quantitative empirische Bildungsforschung, das am Deutschen Institut für Internationale Pädagogische Forschung (DIPF) entwickelt wurde. Im Rahmen dieses Services werden auf der Basis von Fragebogen und Skalenhandbüchern einschlägiger Studien Instrumente zur Erfassung von Schul- und Unterrichtsqualität dokumentiert und aufbereitet. Dies ermöglicht differenzierte Einsichten in die Anlage der dokumentierten Studien sowie Vergleiche der eingesetzten Instrumente und Skalen anhand gängiger Kennwerte."[289]
Homepage: http://daqs.fachportal-paedagogik.de
Zugang: kostenfrei
Produzent: Deutsches Institut für Internationale Pädagogische Forschung (siehe Nr. 17)
Nachweissprache: Deutsch
Abdeckung: zeitlich: ca. ab 2000; geografisch: international

---

[288] www.dji.de > Services > Datenbanken. Zugegriffen: 29. Mai 2015.
[289] http://daqs.fachportal-paedagogik.de. Zugegriffen: 29. Mai 2015.

Erschließung: Abstract; Skalen; eigene Systematik (Konstrukte); Items; Zielgruppen
Fachgebiete: Bildungsforschung; Bildungswesen; Pädagogik; Schule; Unterricht

[291] Datenbank-Infosystem (DBIS)

„Das Datenbank-Infosystem ist ein kooperativer Service zur Nutzung wissenschaftlicher Datenbanken. ... Die Datenbanken werden nach Fächern sortiert angeboten. ... Am Datenbank-Infosystem sind 299 Bibliotheken beteiligt."[290]
Homepage: www.bibliothek.uni-regensburg.de/dbinfo
Zugang: kostenfrei
Produzent: Universitätsbibliothek Regensburg (siehe Nr. 85)
Nachweissprache: Deutsch; Englisch
Abdeckung: zeitlich: aktuell; geografisch: weltweit
Erschließung: Bestandsnachweis der teilnehmenden Bibliotheken, Zugangsmöglichkeiten; Datenbankinhalt, Fachgebiete, Schlagwörter, Datenbank-Typ
Fachgebiete: Bildung; fachübergreifend; Kultur; Pädagogik; Politikwissenschaft; Psychologie; Soziologie

[292] Datenbestandskatalog (DBK)

„Der Datenbestandskatalog DBK enthält Studienbeschreibungen zu allen im Datenarchiv langfristig gesicherten Studien. Sie können darin Studien recherchieren und die Daten zu Studien für die Sekundäranalyse downloaden oder bestellen."[291]
Homepage: https://dbk.gesis.org/dbksearch
Zugang: kostenfrei nach Registrierung
Produzent: GESIS - Leibniz-Institut für Sozialwissenschaften (siehe Nr. 39)
Nachweissprache: Deutsch; Englisch
Abdeckung: zeitlich: ab Mitte der 1950er-Jahre; geografisch: international
Erschließung: Umfangreiche Metadaten u.a. mit Informationen zu Inhalt, Methodologie, Daten und Dokumenten, Veröffentlichen zur jeweiligen Studie
Fachgebiete: Bildung; fachübergreifend; Kultur; Pädagogik; Politikwissenschaft; Psychologie; Soziologie

---

[290] www.bibliothek.uni-regensburg.de/dbinfo > Über DBIS. Zugegriffen: 29. Mai 2015.
[291] https://dbk.gesis.org/dbksearch > Über. Zugegriffen: 29. Mai 2015.

Datenbanken 211

[293] DIE-Literaturdatenbank zur Erwachsenenbildung

Die DIE-Literaturdatenbank zur Erwachsenenbildung bietet „Literatur aus der Erziehungswissenschaft mit dem Schwerpunkt Erwachsenenbildung/Weiterbildung und aus den wichtigsten Bezugswissenschaften wie Psychologie, Soziologie, Philosophie, Betriebswirtschaft."[292]
Homepage: http://bibliothek.die-bonn.de/webopac
Zugang: kostenfrei
Produzent: Deutsches Institut für Erwachsenenbildung - Leibniz-Zentrum für Lebenslanges Lernen (siehe Nr. 16)
Nachweissprache: überwiegend Deutsch
Abdeckung: zeitlich: seit ca. 1900; geografisch: überwiegend deutschsprachiger Raum
Erschließung: Medienart; Schlagwörter; eigene Systematik
Fachgebiete: audiovisuelle Medien; berufliche Weiterbildung; Erwachsenenbildung; Pädagogik; Psychologie; Soziologie

[294] Docbase

„Die Publikationsdatenbank DocBase enthält die Veröffentlichungen der CESifo-Gruppe und Mitarbeiterpublikationen bei anderen Verlagen. Sie können die Datenbank nach verschiedenen Kriterien durchsuchen. Die Einträge sind durch Abstracts, Schlagwörter und JEL-Codes erschlossen. Eine Vielzahl von Publikationen kann kostenfrei heruntergeladen werden."[293]
Homepage: www.cesifo-group.de > Publikationen > Docbase
Zugang: kostenfrei
Produzent: ifo Institut - Leibniz-Institut für Wirtschaftsforschung an der Universität München
Nachweissprache: Deutsch; Englisch
Abdeckung: zeitlich: seit ca. 1990; geografisch: international
Erschließung: Abstracts, Schlagwörter und JEL-Klassifikation
Fachgebiete: Wirtschaftsforschung; Wirtschaftspolitik; Wirtschaftswissenschaften

---

[292] http://bibliothek.die-bonn.de/webopac. Zugegriffen: 29. Mai 2015.
[293] www.cesifo-group.de > Publikationen > Docbase. Zugegriffen: 29. Mai 2015.

[295] DZI SoLit

Die Datenbank weist „Literatur zu den Themenfeldern ... Sozialarbeit, Sozialpädagogik, Wohlfahrtspflege, Altenhilfe, Krankenpflege und Sonderpädagogik" nach.[294]
Homepage: www.dzi.de/dzi-institut/literaturdatenbank
Zugang: kostenfrei im Rahmen lizensierter Zugänge
- kostenpflichtig in wiso (siehe Nr. 200)
- kostenfrei im sozialwissenschaftliche Fachportal sowiport (siehe Nr. 185)
- Über 200 Universitäten, Fachhochschulen und Bibliotheken in Deutschland, Österreich und der Schweiz haben einen direkten Zugang zur Datenbank.

Produzent: Deutsches Zentralinstitut für soziale Fragen (siehe Nr. 21)
Nachweissprache: überwiegend Deutsch
Abdeckung: zeitlich: ab dem 19. Jahrhundert; geografisch: Deutschland in unterschiedlichen historischen Grenzen
Erschließung: DZI-Thesaurus; freie Schlagworte; Kurzreferate (Abstracts)
Fachgebiete: Altenhilfe; Krankenpflege; Sonderpädagogik; Soziale Arbeit; Sozialpolitik; Wohlfahrtspflege

[296] Economics Information System (ECONIS)

„ECONIS ist der Katalog der ZBW, Deutsche Zentralbibliothek für Wirtschaftswissenschaften, dieser ist vollständig in EconBiz enthalten. In ECONIS finden Sie Bücher und Zeitschriften sowie Aufsätze aus Zeitschriften und Sammelwerken aus den Bereichen Betriebswirtschaftslehre, Volkswirtschaftslehre und Wirtschaftspraxis. Eine Besonderheit der Datenbank ist der hohe Anteil an Literatur, die nicht im Buchhandel erscheint wie z. B. Working Papers, Dissertationen und Statistiken. In ECONIS finden Sie 4,4 Millionen Nachweise von gedruckter und elektronischer wirtschaftswissenschaftlicher Literatur aus aller Welt. Jährlich kommen etwa 90.000 neue Einträge hinzu."[295]
Homepage: www.econbiz.de
Zugang: kostenfrei
Produzent: Deutsche Zentralbibliothek für Wirtschaftswissenschaften - Leibniz-Informationszentrum Wirtschaft (siehe Nr. 14)

---

[294] www.dzi.de/dzi-institut/literaturdatenbank/solit. Zugegriffen: 29. Mai 2015.
[295] www.econbiz.de/eb/de/ueber-econbiz/hilfe-datenbanken. Zugegriffen: 29. Mai 2015.

Nachweissprache: mehrsprachig
Abdeckung: zeitlich: seit 1945; geografisch: weltweit
Erschließung: Standard-Thesaurus Wirtschaft (STW)
Fachgebiete: Betriebswirtschaftslehre; Politikwissenschaft; Sozialwissenschaften; Volkswirtschaftslehre; Wirtschaftswissenschaften

[297] Education Resources Information Center (ERIC)

"ERIC provides access to bibliographic records of journal and non-journal literature from 1966 to the present. ERIC also contains a growing collection of materials in Adobe PDF format. ERIC's mission is to provide a comprehensive, easy-to-use, searchable Internet-based bibliographic and full-text database of education research and information for educators, researchers, and the general public. Activities that fulfill the ERIC mission are broadly categorized as collection development, content authorizations and agreements, acquisitions and processing, database and website operations, and communications."[296]
Homepage: http://eric.ed.gov
Zugang: kostenfrei
Produzent: Education Resources Information Center, Washington, DC - USA
Nachweissprache: überwiegend Englisch
Abdeckung: zeitlich: seit 1966; geografisch: weltweit
Erschließung: Abstract, Deskriptoren
Fachgebiete: Bildung; Bildungsforschung; Pädagogik

[298] Elektronische Zeitschriftenbibliothek (EZB)

„Die Elektronische Zeitschriftenbibliothek ist ein Service zur effektiven Nutzung wissenschaftlicher Volltextzeitschriften im Internet. Sie bietet einen schnellen, strukturierten und einheitlichen Zugang zu wissenschaftlichen Volltextzeitschriften. Sie umfasst 81182 Titel, davon 15544 reine Online-Zeitschriften, zu allen Fachgebieten. Zudem werden 83472 Zeitschriften von Aggregatoren verzeichnet. 49646 Fachzeitschriften sind im Volltext frei zugänglich. Die Anwenderbibliotheken bieten ihren Benutzern zusätzlich den Zugriff auf die Volltexte der von ihnen abonnierten E-Journals. Die Zeitschriften werden nach Fächern geordnet

---

[296] http://ies.ed.gov/ncee/projects/eric.asp. Zugegriffen: 29. Mai 2015.

angeboten. Die Fachlisten für die Teilnehmerbibliotheken werden jeweils aktuell aus einer Datenbank erzeugt."[297]
Homepage: http://ezb.uni-regensburg.de
Zugang: kostenfrei
Produzent: Universitätsbibliothek Regensburg (siehe Nr. 85)
Nachweissprache: überwiegend Deutsch
Abdeckung: zeitlich: aktuell; geografisch: weltweit
Erschließung: bibliografische Abgaben; Fachgebiete; Homepage der Zeitschrift; Schlagworte; Verlag
Fachgebiete: Bildung; fachübergreifend; Kultur; Pädagogik; Politikwissenschaft; Psychologie; Soziologie

[299] Elektronisches Testarchiv

„Mit dem Elektronischen Testarchiv sollen Forschungsinstrumente direkt im Internet zur Verfügung gestellt werden. Bei vielen sehr speziellen Forschungsinstrumenten stellt sich unabhängig von ihrer Qualität das Problem der Zugänglichkeit. Oft sind sie in internen Forschungsberichten, Institutsveröffentlichungen, unveröffentlichten Manuskripten oder Diplomarbeiten enthalten, die über den Bibliotheksleihverkehr nicht erhältlich sind. ... Nachgewiesen werden:
- Eine Beschreibung des Forschungsinstruments entsprechend den in der Datenbank PSYNDEX Tests enthaltenen Informationen. Dabei wird ... eingegangen auf Testkonzept und Testkonstruktion, Untersuchungen zu den Testgütekriterien, Durchführungs- und Auswertungsmodalitäten und Anwendungsmöglichkeiten des Verfahrens, abschließend wird das Verfahren kritisch bewertet.
- Das Verfahren selbst. Der Fragebogen wird im PDF-Format dargeboten.... Damit lässt sich sofort ein Überblick über das Verfahren gewinnen und seine Eignung für die spezielle Forschungsfragestellung, für die ein Verfahren gesucht wird, beurteilen. Oder das Verfahren lässt sich im WORD für Windows-Format downloaden... Items, Skalen bzw. der gesamte Fragebogen lassen sich damit unkompliziert in ein größeres Verfahren oder eine Verfahrensbatterie einbauen.

... Das Elektronische Testarchiv umfasst derzeit mehr als 80 Forschungsinstrumente im Original."[298]

---

[297] http://ezb.uni-regensburg.de > Über die EZB. Zugegriffen: 29. Mai 2015.
[298] www.zpid.de > Dienste > Testarchiv > Simme nicht zu. Zugegriffen: 29. Mai 2015.

Homepage: www.zpid.de > Dienste > Testarchiv
Zugang: kostenfrei - Zustimmung zur Creative Commons Lizenz CC BY-NC-ND 3.0 notwendig
Produzent: Leibniz-Zentrum für Psychologische Information und Dokumentation (siehe Nr. 53)
Nachweissprache: überwiegend Deutsch
Abdeckung: zeitlich: ab 2010; geografisch: überwiegend deutschsprachiger Raum
Erschließung: ausführlich Dokumentation incl. Schlagworte und Klassifikation
Fachgebiete: Einstellungstest; Entwicklungstest; Persönlichkeitstest; Psychologie

[300] ELFI-Datenbank

Zur Erleichterung der Suche nach geeigneten Forschungsfördermöglichkeiten „überwacht ELFI regelmäßig ca. 40.000 relevante Internet-Dokumente. Änderungen, Aktualisierungen und Neuerungen können so schnell in den ELFI-Datenbestand aufgenommen und für die Nutzer aufbereitet werden. Neben den Ausschreibungen der EU sowie der Bundes- und Länderministerien, Projektträger, Stiftungen und Unternehmen wertet ELFI alle wichtigen Datenbanken mit Förderinformationen (z. B. Cordis) aus."[299]
Homepage: www.elfi.info
Zugang: kostenfrei
Produzent: Servicestelle für Elektronische ForschungsförderInformationen (siehe Nr. 72)
Nachweissprache: Deutsch
Abdeckung: zeitlich: seit 1998; geografisch: Bundesrepublik Deutschland
Erschließung: Beschreibungen der Fördermöglichkeiten; Ansprechpartner
Fachgebiete: Bildung; fachübergreifend; Forschungsförderung; Kultur; Pädagogik; Politikwissenschaft; Psychologie; Soziologie

[301] Fachinformationsführer Sport - Sportwissenschaftliche Internetquellen

„Das Bundesinstitut für Sportwissenschaft (BISp) bietet mit dem Fachinformationsführer Sport eine Beschreibung qualitativ hochwertige Internetquellen und

---

[299] www.elfi.info/ueber_elfi.php. Zugegriffen: 29. Mai 2015.

einen direkten Zugriff auf die zugehörigen elektronischen wissenschaftlichen Texte, Datenbanken und Bibliotheken sowie Internetseiten von nationalen und internationalen Sportverbänden und -organisationen an. Die sportwissenschaftlich relevanten Onlinequellen werden in der Datenbank formal und inhaltlich beschrieben und die Verweise in sachlich gegliederte Such-Strukturen eingebunden. Ziel des Fachinformationsführers ist eine hochwertige, qualitätsgesicherte Sammlung mit gezielter Auswahl von sportwissenschaftlich und sportpolitisch relevanten Informationsquellen."[300]
Homepage: www.sport-if.de > Fachinformationsführer
Zugang: kostenfrei
Produzent: Bundesinstitut für Sportwissenschaft (siehe Nr. 9)
Nachweissprache: überwiegend Deutsch
Abdeckung: zeitlich: aktuell; geografisch: weltweit
Erschließung: Abstract; BISp-Deskriptoren und -Hauptgruppen; Fachsystematik; Zugangsbedingungen
Fachgebiete: Sport; Sportpädagogik; Sportpsychologie; Sportsoziologie; Sportwissenschaft

[302] FemConsult. Die Wissenschaftlerinnen-Datenbank

„Die Wissenschaftlerinnen-Datenbank enthält aktuelle Qualifikationsprofile von mehr als 3.000 promovierten und habilitierten Wissenschaftlerinnen aus dem deutschsprachigen Raum. Diese stammen aus allen Fachdisziplinen und sind in Hochschulen und außeruniversitären Forschungseinrichtungen, Industrie und Wirtschaft tätig. Das Informationsangebot ‚Aktive Personalrekrutierung' informiert über das Thema Geschlechtergerechtes Personalmanagement in der Wissenschaft."[301]
Homepage: www.gesis.org/cews/femconsult/recherche
Zugang: kostenfrei
Produzent: GESIS - Leibniz-Institut für Sozialwissenschaften (siehe Nr. 39)
Nachweissprache: Deutsch; Englisch
Abdeckung: zeitlich: aktuell; geografisch: überwiegend deutschsprachiger Raum

---

[300] www.bisp.de > Wissen vermitteln > Datenbanken > Fachinformationsführer Sport. Zugegriffen: 29. Mai 2015.
[301] www.gesis.org/cews/femconsult. Zugegriffen: 29. Mai 2015.

Erschließung: Die Datensätze enthalten u.a. Informationen zu: Fachgebiet; Arbeitsschwerpunkte; Spezialisierung; Berufserfahrung; aktuelles Beschäftigungslevel
Fachgebiete: fachübergreifend; Frauen; Gleichstellung; Hochschule

[303] FIS Bildung Literaturdatenbank

„Die FIS Bildung Literaturdatenbank bietet umfassende Informationen zu allen Teilbereichen des Bildungswesens und enthält zurzeit 860.401 Literaturnachweise. Für die meisten Zeitschriftennachweise ist ein Link zur Zeitschriftendatenbank (ZDB) mit den dort eingetragenen bibliothekarischen Bestandsinformationen vorhanden. Die Datenbank wird vierteljährlich aktualisiert ... Erstellt wird dieser Informationsdienst von FIS Bildung mit seinen fast 30 Kooperationspartnern aus Deutschland, Österreich und der Schweiz. Die Koordinierungsstelle von FIS Bildung ist am Deutschen Institut für Internationale Pädagogische Forschung in Frankfurt angesiedelt."[302]
Homepage: www.fachportal-paedagogik.de/fis_bildung
Zugang: kostenfrei - im Fachportal Pädagogik (siehe Nr. 132) sowie im Sozialwissenschaftlichen Fachportal sowiport (siehe Nr. 185)
Produzent: Deutsches Institut für Internationale Pädagogische Forschung (siehe Nr. 17)
Nachweissprache: überwiegend Deutsch
Abdeckung: zeitlich: ab 1980; geografisch: überwiegend deutschsprachiger Raum
Erschließung: Schlagworte gemäß Schlagwortregister der Datenbank, teilweise mit Inhaltsangabe
Fachgebiete: Ausbildung; Bildung; Bildungsforschung; Bildungswesen; Lehrende; Pädagogik; Schule

[304] FORS - Datenkatalog

„Der Katalog enthält die vollständige Sammlung der zur Verfügung stehenden Daten und gibt die Hauptmerkmale jedes Datensatzes an. Die Suche in unserem Katalog der zur Verfügung stehenden Daten kann über zwei verschiedene Wege erfolgen:

---

[302] www.fachportal-paedagogik.de/fis_bildung/fis_datenbank.html. Zugegriffen: 29. Mai 2015.

1. Volltextsuche mit Keywords und/oder Kriterien
2. Thematische Suche mit Hilfe eines Verzeichnisses von Themenbereichen."[303]
Homepage: http://forsdata.unil.ch/data
Zugang: kostenfrei - nach Registrierung kostenfrei auch unter http://fors-nesstar.unil.ch
Produzent: FORS - Swiss Centre of Expertise in the Social Sciences (siehe Nr. 27)
Nachweissprache: Deutsch; Englisch; Französisch
Abdeckung: zeitlich: seit 1990; geografisch: überwiegend deutschsprachiger Raum
Erschließung: Die Beschreibung der Datensätze enthält in der Regel Informationen u.a. zu: Titel; AutorInnen; Beschreibung; Veröffentlichungen; Datensatz; Methoden; Anzahl Fälle; Zugang
Fachgebiete: Arbeit; Bildung; Familie; Frauen- und Geschlechterforschung; Gesundheit; Politik; Psychologie; Religion; Soziologie; Umwelt; Wahlen; Werte; Wohnen

[305] FORS® - Forschungsdokumentation Raumordnung Städtebau Wohnungswesen

„Die Datenbank FORS® weist nahezu vollständig alle Forschungsprojekte der Bereiche Raumordnung, Städtebau, Wohnungswesen sowie verwandter Fachgebiete nach. Dokumentiert werden Projekte aus der gesamten Bundesrepublik Deutschland. ... FORS® enthält die Beschreibungen von über 20.000 laufenden und abgeschlossenen Forschungsvorhaben ab dem Jahr 1964."[304]
Homepage: www.irb.fraunhofer.de/stadt-raumplanung/fors
Zugang: kostenfrei
Produzent: Fraunhofer-Informationszentrum Raum und Bau (siehe Nr. 32)
Nachweissprache: Deutsch
Abdeckung: zeitlich: seit 1964; geografisch: Bundesrepublik Deutschland
Erschließung: Projektbeschreibung; Angaben zu Laufzeiten; Schlagwörter; Angaben zum Raumbezug
Fachgebiete: Raumordnung; Raumplanung; Stadtentwicklung; Stadtplanung; Wohnungswesen

---

[303] http://forscenter.ch > DARIS – Daten- und Forschungsinformationsservice > Datenservice > Datenzugang. Zugegriffen: 29. Mai 2015.
[304] www.irb.fraunhofer.de/stadt-raumplanung/fors. Zugegriffen: 29. Mai 2015.

[306] FORS - Forschungsinventar

„Das Forschungsinventar wird neu über die Applikation FORSbase angeboten. Es veröffentlicht Informationen über die aktuelle sozialwissenschaftliche Forschung in der Schweiz und umfasst gegenwärtig über 9500 Beschreibungen von Forschungsprojekten, die an Universitäten, im privaten Sektor oder in der Verwaltung durchgeführt werden oder worden sind. Das Forschungsinventar bezieht seine Informationen aus mehreren Quellen:
- über eine von FORS (ehemals SIDOS) seit 1993 jährlich durchgeführte Erhebung, die Hochschulen, öffentliche Verwaltungen und private Forschungsinstitutionen einbezieht;
- über die Aktualisierung der bereits verzeichneten Forschungsbeschreibungen durch die beteiligten ForscherInnen;
- über Informationsaustausch mit Institutionen, welche über eigene Informationsquellen verfügen."[305]

Homepage: https://forsbase.unil.ch/project/study-public-list
Zugang: kostenfrei - über FORSbase (siehe Nr. 134) sowie als Bestandteil der Datenbank SOFIS (siehe Nr. 359)
Produzent: FORS - Swiss Centre of Expertise in the Social Sciences (siehe Nr. 27)
Nachweissprache: Deutsch; Englisch; Französisch
Abdeckung: zeitlich: seit 1993; geografisch: Schweiz
Erschließung: Die Projekte werden im Wesentlichen in folgender Struktur beschrieben: Titel; Projektsprache; mitwirkende Institutionen; AutorInnen; Schlüsselwörter; Disziplin(en); geographische Abdeckung; Abstract; Resultate; Methodenbeschreibung; Methodeninstrumente.
Fachgebiete: Bildung; fachübergreifend; Kultur; Pädagogik; Politikwissenschaft; Psychologie; Soziologie

[307] Forschungsdatenbank Frühe Hilfen (FORKID)

„Ziel der Datenbank FORKID ist es, Wissenschaft, Fachpraxis sowie Entscheidungs- und Maßnahmeträger in Bund, Ländern und Kommunen über wissenschaftliche Erkenntnisse zu den Wirkungen Früher Hilfen auf Eltern und ihre Kinder zu informieren. Im anglo-amerikanischen Raum hat die Evaluation von Maßnahmen zur Förderung der kindlichen Entwicklung und der Prävention von

---

[305] http://forscenter.ch > DARIS - Daten- und Forschungsinformationsservice > Forschungsinformation > Forschungsinventar. Zugegriffen: 29. Mai 2015.

Kindesmisshandlung und -vernachlässigung bereits eine langjährige Tradition. Die Datenbank macht Erkenntnisse dieser Forschung in deutscher Sprache komprimiert zugänglich. In Deutschland wurden mit dem Aktionsprogramm ‚Frühe Hilfen für Eltern und Kinder und soziale Frühwarnsysteme' des Bundesministeriums für Familie, Senioren, Frauen und Jugend (BMFSFJ) Impulse gesetzt, die Wirksamkeit von Maßnahmen Früher Hilfen zu erforschen. Hierzu wurden wissenschaftlich begleitete Modellprojekte in allen Bundesländern initiiert, die vom Nationalen Zentrum Frühe Hilfen (NZFH) koordiniert und gefördert werden. Die untersuchten Projekte sowie das Forschungsdesign der Studien werden in FORKID vorgestellt. Nach Abschluss der Untersuchungen werden auch die Ergebnisse der Begleitforschung in die Datenbank aufgenommen. FORKID ist ein gemeinsames Projekt des Informationszentrums Kindesmisshandlung/ Kindesvernachlässigung (IzKK) und des Nationalen Zentrums Frühe Hilfen und wird vom Bundesministerium für Familie, Senioren, Frauen und Jugend (BMFSFJ) gefördert."[306]
Homepage: www.dji.de/forkid
Zugang: kostenfrei
Produzent: Deutsches Jugendinstitut (siehe Nr. 20)
Nachweissprache: überwiegend Deutsch
Abdeckung: geografisch: überwiegend Bundesrepublik Deutschland
Erschließung: Kurzbeschreibung; Zielgruppe; Begleitforschung; Veröffentlichungen
Fachgebiete: Drogen; Familie; Gewalt; Kindheit; Prävention; soziale Probleme

[308] FÖV-Projektdatenbank

Die Datenbank informiert über die Forschungsprojekte des Deutschen Forschungsinstitutes für öffentliche Verwaltung Speyer. Die Projekte konzentrieren sich auf folgende Themenschwerpunkte: Modernisierung von Staat und Verwaltung, Staat und Verwaltung in der Mehrebenenpolitik, Verwaltungshandeln zwischen öffentlichen und privaten Akteuren.
Homepage: www.foev-speyer.de/projekte/sucheprojekt.asp
Zugang: kostenfrei
Produzent: Deutsches Forschungsinstitut für öffentliche Verwaltung Speyer (siehe Nr. 15)
Nachweissprache: Deutsch

---

[306] www.dji.de/forkid. Zugegriffen: 29. Mai 2015.

Abdeckung: zeitlich: seit Anfang der 1990er Jahre; geografisch: Bundesrepublik Deutschland
Erschließung: Projektbeschreibung
Fachgebiete: politische Willensbildung; Rechts- und Verwaltungsfragen; Staat; Verwaltungswissenschaft

[309] FRANCIS

„Seit 1972 führt die Datenbank Francis nahezu 2,6 Millionen bibliografische Angaben im Bereich der Geistes- und Sozialwissenschaften auf. Jedes Jahr werden 60.000 neue Angaben hinzugefügt, nach einer Analyse von mehr als 2000 internationalen wissenschaftlichen Zeitschriften."
„Im Rahmen seines neuen institutionellen Projektes ‚Knowledge Engineering 2014-2018' wird Inist die Produktion der bibliographischen Datenbanken Francis und Pascal zum Ende des Jahres 2014 einstellen. Die Archive von Francis und Pascal, bestehend aus mehr als 22,5 Millionen Eintragungen, werden dann im Laufe des Jahres 2015 frei zugänglich gemacht."[307]
Homepage: www.inist.fr/?Francis-116&lang=de
Zugang: www.ebscohost.com
Produzent: Institut de l'information scientifique et technique (INIST) des Centre national de la recherche scientifique (CNRS) (siehe Nr. 43)
Nachweissprache: Englisch; Französisch
Abdeckung: zeitlich: 1972 bis 2014; geografisch: international
Erschließung: Abstract, Deskriptoren, Thesaurus
Fachgebiete: Bildung; fachübergreifend; Kultur; Politikwissenschaft; Psychologie; Soziologie

[310] GEI-Digital - Die digitale Schulbuchbibliothek

„Das Georg-Eckert-Institut - Leibniz-Institut für internationale Schulbuchforschung (GEI) hat im August 2009 begonnen, seine deutschen historischen Schulbücher ausgewählter Fächer zu digitalisieren. Dabei werden die Bestände des GEI durch die Digitalisierung von Schulbüchern weiterer Partner-Bibliotheken ergänzt. Das GEI verfolgt damit das Ziel, möglichst alle in deutschen Bibliotheken noch vorhandenen, meist aber schwer zugänglichen Lehr-

---

[307] www.inist.fr/?Francis-116&lang=de und www.inist.fr/?Einstellung-der-Datenbanken&lang=de. Zugegriffen: 29. Mai 2015.

werke vom 17. Jahrhundert bis zum Ende des Nationalsozialismus zusammenzuführen, formal und inhaltlich zu erschließen und im Volltext der Forschung und einem breiten, internationalen Nutzerkreis zugänglich zu machen. Gleichzeitig wird das Ziel einer langfristigen Sicherung der Schulbücher verfolgt. Schulbücher bilden eine Quellengattung, die sich ideal eignet, um Sinnwelten und Werte in Bezug auf den sozialen Zusammenhalt und die politische Legitimation von Gesellschaften, zu untersuchen. Da ihnen insbesondere für die Epoche der Nationalstaatsgründung als Instrument staatlicher Erinnerungspolitik und als Schlüsselressource der nationalstaatlich kontrollierten Identitätsbildung eine zentrale Rolle zukommt, konzentriert sich das Projekt in seiner ersten Phase auf die Digitalisierung deutscher Geschichtsschulbücher des Kaiserreichs."[308]
Homepage: http://gei-digital.gei.de
Zugang: kostenfrei - GEI-Digital ist auch ein Modul von edumeres.net (siehe Nr. 128)
Produzent: Georg-Eckert-Institut - Leibniz-Institut für internationale Schulbuchforschung (siehe Nr. 37)
Nachweissprache: Deutsch
Abdeckung: zeitlich: ab dem 17. Jahrhundert; geografisch: Deutschland in unterschiedlichen historischen Grenzen
Erschließung: u. a. Titel, Autor, Erscheinungsort, Verlag, Sammlung, Sprache
Fachgebiete: Bildung; Schulbuch; Schule

[311] GEI-DZS - Datenbank der Zugelassenen Schulbücher

„Die Datenbank GEI-DZS enthält die ab Schuljahr 2010/2011 für den Unterricht in staatlichen Schulen der Bundesrepublik Deutschland zugelassenen Schulbücher und Atlanten für die Fächer Geographie, Geschichte und Sozialkunde (Politik). ... Die Datenbank umfasst nur zulassungspflichtige Schulbücher in den genannten Fächern und bietet keine vollständige Übersicht über alle aktuellen Schulbuchausgaben. ... Im Fach Sozialkunde (Politik, Gemeinschaftskunde, Gesellschaftslehre) sind nur diejenigen Schulbücher aufgeführt, die in den engeren Bereich dieses Unterrichtsfachs gehören. Arbeitslehre, Wirtschaftslehre, Rechtserziehung und Soziologie werden nicht bzw. nur im Fächerverbund berücksichtigt (z. B. Politik/Wirtschaft in Niedersachsen oder Gemeinschaftskun-

---

[308] http://gei-digital.gei.de > Über das Projekt. Zugegriffen: 29. Mai 2015.

de/Rechtserziehung in Sachsen). ... Die Datenbank wird jährlich zu Beginn eines neuen Schuljahrs aktualisiert."[309]
Homepage: http://gei-dzs.edumeres.net
Zugang: kostenfrei
Produzent: Georg-Eckert-Institut - Leibniz-Institut für internationale Schulbuchforschung (siehe Nr. 37)
Nachweissprache: Deutsch
Abdeckung: zeitlich: ab 2010; geografisch: Bundesrepublik Deutschland
Erschließung: u.a. Titel, Verfasser/Herausgeber, Zulassungen (Zulassungsjahr, Unterrichtsfach, Bundesland, Schulstufe, Schulform)
Fachgebiete: Bildung; Schulbuch; Schule

[312] Gender-Index

„Der Gender-Index misst die Chancengleichheit oder -ungleichheit von Frauen und Männern in Ihrer Region. Er ist das erste bundesweite Messinstrument zum regionalen Vergleich der Gleichstellung von Frauen und Männern! Für 19 Indikatoren aus den Bereichen Ausbildung, Erwerbsleben und Partizipation werden die relativen Abweichungen der Indikatorenausprägung für Frauen und für Männer berechnet. Der Gender-Index ist der Mittelwert dieser 19 relativen Geschlechterdifferenzen."[310]
Homepage: http://gender-index.de
Zugang: kostenfrei
Produzent: Bundesinstitut für Bau-, Stadt- und Raumforschung (siehe Nr. 6)
Nachweissprache: Deutsch
Abdeckung: zeitlich: ab 2006; geografisch: Bundesrepublik Deutschland
Erschließung: Indikatoren sind u.a. Bildung, Erwerbsbeteiligung, Einkommen, Partizipation
Fachgebiete: Ausbildung; Beschäftigung; Einkommen; Gleichstellung; Politische Partizipation

---

[309] www.edumeres.net > Informationen > Literaturrecherche > GEI-DZS > Über GEI-DZS. Zugegriffen: 29. Mai 2015.

[310] http://gender-index.de > Was ist der Gender-Index. Zugegriffen: 29. Mai 2015.

[313] Generations & Gender Contextual Database

"The Contextual Database gives easy and open access to comparable aggregated contextual data, which can be linked to the individual level data of the Generations and Gender Surveys. It contains demographic, economic, and policy indicators. The data were provided at the national level, and, wherever possible, at the regional level, for GGP [Generations and Gender Programme, Anmerkung der Verfasser] countries as well as other countries in Europe, North America."[311]
Homepage: www.ggp-i.org > Contextual Database
Zugang: kostenfrei
Produzent: Max-Planck-Institut für demografische Forschung (siehe Nr. 58)
Nachweissprache: Englisch
Abdeckung: geografisch: international
Erschließung: The data documentation has details on every variable and the distribution for all countries for which data is available.
Fachgebiete: Arbeit; Bildung; Demografie; Gesundheit; Gleichstellung; Kultur; Lebensbedingungen

[314] GEPRIS - Informationssystem zu DFG-geförderten Projekten

„Mit GEPRIS stellt die DFG seit mehr als zehn Jahren ein Informationssystem bereit, das über aktuelle DFG-geförderte Forschungsvorhaben informiert. GEPRIS gibt dabei Auskunft über den Inhalt und das Forschungsziel eines Projektes sowie über die an einem Projekt beteiligten Personen und Forschungsstätten. Seit dem Jahr 2010 veröffentlicht GEPRIS zudem Ergebnisse DFG-geförderter Forschung in Form von Abstracts und ausgewählten Publikationsnachweisen. Die Informationen stammen aus den bei der DFG eingereichten Projektabschlussberichten."[312]
Homepage: www.dfg.de/gepris
Zugang: kostenfrei
Produzent: Deutsche Forschungsgemeinschaft (siehe Nr. 12)
Nachweissprache: überwiegend Deutsch
Abdeckung: zeitlich: ab 1999; geografisch: Bundesrepublik Deutschland
Erschließung: fachliche Zuordnung; Projektbeschreibung
Fachgebiete: Bildung; fachübergreifend; Kultur; Pädagogik; Politikwissenschaft; Psychologie; Soziologie

---

[311] www.ggp-i.org > Contextual Database. Zugegriffen: 29. Mai 2015.
[312] www.dfg.de > Geförderte Projekte > Informationssysteme. Zugegriffen: 29. Mai 2015.

[315] German Institute of Global and Area Studies - Online-Katalog (GIGA Online-Katalog)

„Die vier regionalen Fachbibliotheken sammeln Literatur zu wirtschaftlichen, politischen und gesellschaftlichen Entwicklungen in Afrika, Asien, Lateinamerika und Nahost. Der Bestand umfasst 183.000 Bücher und rund 1.660 Zeitschriften sowie elektronische Dokumente. ... NutzerInnen können online in den Beständen des IZ recherchieren. Diese umfassen auch die Datenbasis World Affairs Online (WAO) und somit mehr als 815.000 Titel zu Internationalen Beziehungen und Länderkunde, davon ca. 85.000 mit Zugriff auf Online-Volltexte."[313]
Homepage: http://opac.giga-hamburg.de
Zugang: kostenfrei
Produzent: German Institute of Global and Area Studies (siehe Nr. 38)
Nachweissprache: Deutsch; Englisch; Französisch
Abdeckung: zeitlich: ab 1900; geografisch: international
Erschließung: Bibliographische Angaben; Schlagworte; Klassifikation; Sprache; URL zu Volltexten
Fachgebiete: Comparative Area Studies; internationale Beziehungen; Politikwissenschaft; Wirtschaftswissenschaften

[316] GeroLit - Der Online Katalog

„Die Bibliothek des Deutschen Zentrums für Altersfragen ist die umfangreichste Sammlung wissenschaftlicher und anwendungsorientierter Literatur zum Thema ‚Alter und Altern' im deutschsprachigen Raum. Die Bibliothek ist thematisch und auf die Lebenslagen alter und alternder Menschen ausgerichtet. Der Bestand der Spezialbibliothek ist inhaltlich und formal erschlossen und wird in dem Online Katalog GeroLit nachgewiesen."[314]
Homepage: www.dza.de/bibliothek > Gerolit - Der Online-Katalog
Zugang: kostenfrei - auch über das Sozialwissenschaftliche Fachportal sowiport (siehe Nr. 185)
Produzent: Deutsches Zentrum für Altersfragen (siehe Nr. 22)
Nachweissprache: Deutsch; Englisch
Abdeckung: zeitlich: ab der 2. Hälfte des 20. Jahrhunderts; geografisch: weltweit
Erschließung: DZA-Schlagwortliste
Fachgebiete: Altersforschung; Gerontologie; Lebensbedingungen; Sozialpolitik

---

[313] www.giga-hamburg.de > Informationszentrum. Zugegriffen: 29. Mai 2015.
[314] www.dza.de/bibliothek. Zugegriffen: 29. Mai 2015.

[317] GESIS-Bibliothekskatalog

„Unsere Bibliothek ist eine Spezialbibliothek zur Empirischen Sozialforschung und Informationswissenschaft. ... In Zusammenarbeit mit ... der USB Köln bieten wir Ihnen außerdem die Möglichkeit, Bücher aus dem umfangreichen sozialwissenschaftlichen Bestand der USB nach Vorbestellung in der GESIS-Bibliothek zu nutzen."[315]
Homepage: www.gesis.org/bibliothek
Zugang: kostenfrei - auch über das Sozialwissenschaftliche Fachportal sowiport (siehe Nr. 185)
Produzent: GESIS - Leibniz-Institut für Sozialwissenschaften (siehe Nr. 39)
Nachweissprache: Deutsch
Abdeckung: zeitlich: ca. ab 1950; geografisch: international
Erschließung: Titelaufnahme; Schlagwörter; Klassifikation und Thesaurus Sozialwissenschaften
Fachgebiete: historische Sozialforschung; Informationswissenschaft; Sozialwissenschaften; Soziologie; Umfrageforschung; Wahlforschung

[318] Gleichstellungsrecht in der Wissenschaft

„Die Datenbank zum Gleichstellungsrecht an Hochschulen gibt einen Überblick über die gleichstellungsrelevanten Regelungen in den Hochschulgesetzen sowie über die wissenschaftsrelevanten Vorschriften zur Gleichstellung von Männern und Frauen auf Bundes- und Länderebene. ... Ausgewertet wurden die Hochschulgesetze der Länder, das Hochschulrahmengesetz (HRG), das Wissenschaftszeitvertragsgesetz (WissZeitVG), die Gleichstellungsgesetze von Bund und Ländern sowie die Regelungen zur Gleichstellung von Männern und Frauen für die Forschungseinrichtungen (GWK-Abkommen, AV-Glei). In der Datenbank sind die Vorschriften der Landesgleichstellungsgesetze unabhängig von der Geltung für die Wissenschaft breit erfasst worden, um einen umfangreichen Überblick über die Regelungslandschaft zu gewähren."[316]
Homepage: www.gesis.org/cews/informationsangebote/gleichstellungsrecht
Zugang: kostenfrei
Produzent: GESIS - Leibniz-Institut für Sozialwissenschaften (siehe Nr. 39)
Nachweissprache: Deutsch

---

[315] www.gesis.org/bibliothek. Zugegriffen: 29. Mai 2015.
[316] www.gesis.org/cews/informationsangebote/gleichstellungsrecht. Zugegriffen: 29. Mai 2015.

Abdeckung: zeitlich: ab Mitte der 1990er-Jahre; geografisch: Bundesrepublik Deutschland
Erschließung: Datensätze enthalten u. a. Titel der Vorschrift; konkreter Artikel oder Paragraph; Inhalt des Artikels oder Paragraphen; Link zur Quelle; Schlagwörter; CEWS-Kategorien
Fachgebiete: Gleichstellung; Hochschule; Rechts- und Verwaltungsfragen; Vereinbarkeit von Beruf und Familie

[319] histat - Zeitreihen zur Historischen Statistik von Deutschland online

„Die Online-Plattform hat die Funktion, Zeitreihen aus der historischen, wirtschafts- und sozialwissenschaftlichen Forschung zugänglich zu machen. ... Die Datenbank umfasst mittlerweile über eine Viertelmillion Zeitreihen aus über 360 Studien."[317]
Homepage: www.gesis.org/histat
Zugang: kostenfrei
Produzent: GESIS - Leibniz-Institut für Sozialwissenschaften (siehe Nr. 39)
Nachweissprache: Deutsch; Englisch
Abdeckung: zeitlich: ab dem 16. Jahrhundert; geografisch: international
Erschließung: ausführliche Studienbeschreibung; detaillierte Hinweise zu den in der Studie verwendeten Quellen; Untersuchungsgebiet
Fachgebiete: Arbeit; Bevölkerung; Bildung; Einkommen; Geschichte; Gesundheit; historische Sozialforschung; Kriminalität; öffentliche Finanzen; Staat; Umwelt; Verkehr; Wahlen

[320] Human Fertility Database (HFD)

"The main goal of the Human Fertility Database (HFD) is to provide access to detailed high-quality data on cohort and period fertility to a broad audience of users. We are trying to develop the HFD into an important resource for monitoring, analyzing, comparing, and forecasting fertility as well as for studying causes and consequences of fertility change in the industrialized world. The uniform format of HFD data will facilitate comparative analysis across countries and regions and encourage researchers to move beyond the simple indicators such as the period Total Fertility Rates. ... In addition, the HFD provides input data from which these measures and fertility tables are computed. The input data consist of

---

[317] www.gesis.org/histat > Über. Zugegriffen: 29. Mai 2015.

detailed birth counts and estimates of female population exposure obtained from officially recognized sources."[318]
Homepage: www.humanfertility.org
Zugang: kostenfrei nach Registrierung
Produzent: Max-Planck-Institut für demografische Forschung (siehe Nr. 58)
Nachweissprache: Englisch
Abdeckung: zeitlich: länderabhängig; geografisch: international
Erschließung: age-, cohort- and birth-order-specific fertility rates, crude, cumulative and total fertility rates, tempo-adjusted total fertility rates, mean ages at birth, standard deviation in mean ages at birth, parity progression ratios, and also cohort and period fertility tables
Fachgebiete: Demografie; Elternschaft

[321] Human Life-Table Database (HLD)

"The Human Life-Table Database is a collection of population life tables covering a multitude of countries and many years. Most of the HLD life tables are life tables for national populations, which have been officially published by national statistical offices. Some of the HLD life tables refer to certain regional or ethnic sub-populations within countries. Parts of the HLD life tables are non-official life tables produced by researchers."[319]
Homepage: www.lifetable.de
Zugang: kostenfrei
Produzent: Max-Planck-Institut für demografische Forschung (siehe Nr. 58)
Nachweissprache: Deutsch; Englisch; Französisch
Abdeckung: zeitlich: länderabhängig; geografisch: international
Erschließung: complete and abridged life tables in text format; references to statistical publications and other data sources; scanned copies of the original life tables
Fachgebiete: Bevölkerung; Bevölkerungsstruktur; Demografie; Lebenserwartung

---

[318] www.humanfertility.org > Overview. Zugegriffen: 29. Mai 2015.
[319] www.lifetable.de/introduction.htm. Zugegriffen: 29. Mai 2015.

Datenbanken 229

[322] Human Mortality Database (HMD)

"The Human Mortality Database (HMD) contains original calculations of death rates and life tables for national populations (countries or areas), as well as the input data used in constructing those tables. The input data consist of death counts from vital statistics, plus census counts, birth counts, and population estimates from various sources."[320]
Homepage: www.mortality.org
Zugang: kostenfrei nach Registrierung
Produzent: Max-Planck-Institut für demografische Forschung (siehe Nr. 58)
Nachweissprache: Englisch
Abdeckung: zeitlich: länderabhängig; geografisch: international
Fachgebiete: Demografie; Lebenserwartung; Mortalität

[323] IAB-LitDok - Literaturinformationssystem Arbeitsmarkt und Beruf

„IAB-LitDok informiert über etwa 135.000 wirtschafts- und sozialwissenschaftliche Veröffentlichungen mit jeweils einer kurzen Inhaltsangabe. Die nachgewiesene Literatur stammt aus folgenden Fachgebieten: Arbeitsmarkt- und Berufsforschung, Ökonomie, Soziologie, Sozialpolitik, Bildungsforschung, Politikwissenschaft sowie weitere interdisziplinäre Gebiete der Arbeitsmarkt- und Berufsforschung. Neben wissenschaftlicher Literatur werden auch anwendungsbezogene Publikationen z. B. zur Konzeption und Umsetzung arbeitsmarktpolitischer Maßnahmen dokumentiert. Nachgewiesen werden Monographien und Sammelwerke, Aufsätze aus rund 800 Fachzeitschriften sowie Graue Literatur. Bei mehr als 60% der Nachweise neuerer Veröffentlichungen sind Links zu Volltexten enthalten."[321]
Homepage: http://sowiport.gesis.org/Search/Advanced
Zugang: kostenfrei
Produzent: Institut für Arbeitsmarkt- und Berufsforschung der Bundesagentur für Arbeit (siehe Nr. 44)
Nachweissprache: Deutsch; Englisch
Abdeckung: zeitlich: ca. ab 1970; geografisch: weltweit
Erschließung: Abstract; Deskriptoren; Fachgebiete
Fachgebiete: Arbeitsmarkt; Arbeitsmarktforschung; Berufsforschung; Bildungsforschung; Politikwissenschaft; Sozialpolitik; Soziologie

---

[320] www.mortality.org > Overview. Zugegriffen: 29. Mai 2015.
[321] http://sowiport.gesis.org/Database. Zugegriffen: 29. Mai 2015.

[324] IBSS: International Bibliography of the Social Sciences

"The International Bibliography of the Social Sciences (IBSS) is an essential online resource for social science and interdisciplinary research. IBSS includes over two million bibliographic references to journal articles and to books, reviews and selected chapters dating back to 1951. It is unique in its broad coverage of international material and incorporates over 100 languages and countries. Over 2,800 journals are regularly indexed and some 7,000 books are included each year. Abstracts are provided for half of all current journal articles and full text availability is continually increasing."[322]
Homepage: http://search.proquest.com/login
Zugang: nur über Einrichtungen, die eine Lizenz erworben haben
Produzent: ProQuest (siehe Nr. 68)
Nachweissprache: Englisch
Abdeckung: zeitlich: ab 1951; geografisch: weltweit
Erschließung: Abstract, Deskriptoren, Thesaurus
Fachgebiete: Bildung; fachübergreifend; Kultur; Pädagogik; Politikwissenschaft; Psychologie; Sozialwissenschaften; Soziologie

[325] Instrumentenkasten zu den Forschungsorientierten Gleichstellungsstandards

„Der Instrumentenkasten ist ein frei zugängliches Online-Informationssystem, das einen exemplarischen Überblick über die mögliche Bandbreite an Gleichstellungsmaßnahmen in Forschung und Lehre gibt. Die Praxisbeispiele im Instrumentenkasten werden in einem qualitätsgesicherten Verfahren ausgewählt, um eine modellhafte und thematisch breit gefächerte Auswahl zu gewährleisten. Diese Toolbox bietet Impulse und Inspiration für die eigene Arbeit, aber auch die Möglichkeit eigene Maßnahmen für die Aufnahme in die Datenbank vorzuschlagen."[323]
Homepage: www.instrumentenkasten.dfg.de
Zugang: kostenfrei
Produzent: Deutsche Forschungsgemeinschaft (siehe Nr. 12)
Nachweissprache: Deutsch
Abdeckung: zeitlich: aktuell; geografisch: Bundesrepublik Deutschland

---

[322] www.proquest.com > Find Products & Services > Search All Products > IBSS: International Bibliography of the Social Sciences. Zugegriffen: 29. Mai 2015.
[323] www.instrumentenkasten.dfg.de. Zugegriffen: 29. Mai 2015.

Erschließung: Beschreibung der Praxisbeispiele erfolgt nach: Vereinbarkeit, Zielgruppe, Fächergruppe; Vergleichbare Maßnahmen, Ziele der Maßnahme
Fachgebiete: Erwerbstätigkeit; Frauen; Gleichstellung; Hochschule; Lehrende; Vereinbarkeit von Beruf und Familie

[326] International Database on Longevity (IDL)

"The International Database on Longevity (IDL) is the result of an ongoing concerted effort to provide thoroughly validated information on individuals who attain extreme ages. The IDL allows for the demographic analysis of mortality at the highest ages. Originally, the data were collected on individuals who attained an age of 110 years or more - so called supercentenarians. In the meantime the data collection has been extended to include younger ages for some countries. The information entered into the IDL is supplied by a group of international contributors. The data collection is performed in such a way that age-ascertainment bias is avoided and detailed meta-data are given for each country. This information is essential for valid demographic analyses."[324]
Homepage: www.supercentenarians.org
Zugang: kostenfrei nach Registrierung
Produzent: Max-Planck-Institut für demografische Forschung (siehe Nr. 58)
Nachweissprache: Englisch
Abdeckung: geografisch: international
Erschließung: The meta-data contain information on the original data sources and the data collection process. This includes information on the selected birth cohorts, the age-range of the data, whether information on deaths and/or information on people alive was collected, and the time-window in which the information was sampled. Information on the validation procedure is given, as is country-specific information, when available.
Fachgebiete: Alternsforschung; Demografie; Gerontologie

[327] Internationale Bibliographie der geistes- und sozialwissenschaftlichen Zeitschriftenliteratur (IBZ online)

„Die IBZ dient der Erfassung und Erschließung von neuesten wissenschaftlichen Artikeln. Der Schwerpunkt liegt bei deutschen und internationalen (weltweit) Zeitschriften der Geistes- und Sozialwissenschaften. Wobei das interdisziplinäre

---

[324] www.supercentenarians.org. Zugegriffen: 29. Mai 2015.

- mit gewollten Überscheidungen in den naturwissenschaftlichen Bereich - herausgestellt werden muss. Publikationen aus 40 Ländern in mehr als 40 Sprachen sind berücksichtigt. ... Die Datenbank IBZ Online weist inzwischen über 3.7 Millionen Zeitschriftenaufsätze aus 11.500 Zeitschriften nach. Jährlich kommen über 120.000 Eintragungen hinzu. Die Datenbank wird wöchentlich aktualisiert. IBZ Online bietet nun Abstracts für etwa 25% der gegenwärtig 5.500 ausgewerteten Zeitschriften. Dabei werden auch Zeitschriftenausgaben zurückliegender Jahrgänge berücksichtigt. Die Abstracts sind für den Benutzer durchsuchbar."[325]
Homepage: www.degruyter.com/view/db/ibz
Zugang: kostenfrei
Produzent: De Gruyter
Nachweissprache: mehrsprachig
Abdeckung: zeitlich: ab ca. 1900; geografisch: weltweit
Erschließung: bibliografische Angaben; Schlagwort und Verweisung in Deutsch und Englisch; Sachgebiete
Fachgebiete: Bildung; fachübergreifend; Geisteswissenschaften; Kultur; Pädagogik; Politikwissenschaft; Psychologie; Sozialwissenschaften; Soziologie

[328] JSTOR

"JSTOR is a not-for-profit organization, founded to help academic libraries and publishers. ... JSTOR currently includes more than 2,000 academic journals, dating back to the first volume ever published, along with thousands of monographs and other materials relevant for education. We have digitized more than 50 million pages and continue to digitize approximately 3 million pages annually. Our activities, our fee structure, and the way we manage the service and its resources reflect our historical commitment to serve colleges and universities as a trusted digital archive, and our responsibility to publishers as stewards of their content. This underlying philosophy at JSTOR remains the core of our service even as we continue to seek ways to expand access to people beyond academic institutions."[326]
Homepage: www.jstor.org
Zugang: lizenzpflichtig
Produzent: JSTOR
Nachweissprache: mehrsprachig
Abdeckung: geografisch: weltweit

---

[325] www.degruyter.com/view/db/ibz. Zugegriffen: 29. Mai 2015.
[326] http://about.jstor.org/10things. Zugegriffen: 29. Mai 2015.

Datenbanken   233

Erschließung: bibliografische Angaben; Journal Filter; disziplinäre Klassifikation
Fachgebiete: Bildung; fachübergreifend; Geisteswissenschaften; Kultur; Pädagogik; Politikwissenschaft; Psychologie; Sozialwissenschaften; Soziologie

[329] Kannisto-Thatcher Database on Old Age Mortality

"The Kannisto-Thatcher database on old age mortality (K-T database) includes data on death counts and population counts classified by sex, age, year of birth, and calendar year for more than 30 countries. This database was established for estimating the death rates at the highest ages (above age 80)."[327]
Homepage: www.demogr.mpg.de/databases/ktdb
Zugang: kostenfrei nach Registrierung
Produzent: Max-Planck-Institut für demografische Forschung (siehe Nr. 58)
Nachweissprache: Englisch
Abdeckung: geografisch: international
Fachgebiete: Alternsforschung; Bevölkerungsstruktur; Demografie; Gerontologie; Mortalität

[330] Katalog der Deutschen Nationalbibliothek

„Der Katalog umfasst die Bestände der Standorte Leipzig seit 1913, Frankfurt am Main seit 1945, die Bestände des Deutschen Musikarchivs seit 1976 sowie die Exilpublikationen und die Archivalien des Deutschen Exilarchivs 1933-1945 in Frankfurt am Main und den Bestand der Sammlung Exil-Literatur 1933-1945 in Leipzig. Enthalten sind in Deutschland seit 1913 erschienene Monografien, Zeitschriften, Karten und Atlanten, Musikalien und Tonträger, Dissertationen und Habilitationsschriften in gedruckter oder elektronischer Form, außerdem Übersetzungen aus dem Deutschen in andere Sprachen und fremdsprachige Germanica (seit 1941)."[328]
Homepage: https://portal.dnb.de
Zugang: kostenfrei
Produzent: Deutsche Nationalbibliothek (siehe Nr. 13)
Nachweissprache: überwiegend Deutsch

---

[327] www.demogr.mpg.de/databases/ktdb/introduction.htm. Zugegriffen: 29. Mai 2015.
[328] https://portal.dnb.de. Zugegriffen: 29. Mai 2015.

Abdeckung: zeitlich: ab 1913; geografisch: Deutschland in unterschiedlichen historischen Grenzen
Erschließung: nach den Regeln für den Schlagwortkatalog (RSWK); seit 2007 klassifikatorische Erschließung mit der Dewey-Dezimalklassifikation (DDC); Normdaten der Gemeinsamen Normdatei (GND); bis April 2012: Schlagwortnormdatei (SWD) und Personennamendatei (PND)
Fachgebiete: audiovisuelle Medien; Bildung; fachübergreifend; Kultur; Pädagogik; Politikwissenschaft; Psychologie; Soziologie

[331] Library of Congress Online Catalog

"Library of Congress collections contain over 158 million books, periodicals, manuscripts, maps, music, recordings, images, and electronic resources. More than 18 million records describing these collections are located in the LC Online Catalog. You can search these records by keyword or browse by authors/creators, subjects, name/titles, uniform titles, and call numbers. Browse lists also include searching aids such cross-references and scope notes. Library of Congress cataloging dates back to 1898. The Online Catalog includes many early records (primarily for books and periodicals) created by the Library between 1898 and 1980. ... In addition, records for some materials cataloged before 1980 are only available to researchers onsite in the Library's Main Card Catalog."[329]
Homepage: http://catalog.loc.gov
Zugang: kostenfrei
Produzent: Library of Congress (siehe Nr. 54)
Nachweissprache: überwiegend Englisch
Abdeckung: zeitlich: ab 1900; geografisch: weltweit
Erschließung: keywords; subjects; LC classification; Dewey class number
Fachgebiete: Bildung; fachübergreifend; Kultur; Pädagogik; Politikwissenschaft; Psychologie; Soziologie

[332] Literaturdatenbank Berufliche Bildung (LDBB)

„Die LDBB ... weist die deutschsprachige Fachliteratur zu allen Aspekten der Berufsbildung und Berufsbildungsforschung ab dem Erscheinungsjahr 1988 systematisch nach. Der Gesamtbestand der Datenbank umfasst rund 58.000 Litera-

---

[329] http://catalog.loc.gov > About the Catalog. Zugegriffen: 29. Mai 2015.

turnachweise (Stand: Oktober 2014). ... Sie ist die einzige Literaturdatenbank, die das Themenfeld Berufsbildungsforschung in Deutschland umfassend und über einen so langen Zeitraum kontinuierlich abdeckt. Die LDBB verbindet Aktualität der Nachweise mit hochwertiger Auswertung überwiegend unselbständiger Literatur wie Aufsätze aus Zeitschriften und Sammelwerken, die in Bibliothekskatalogen und im Internet nur bedingt recherchierbar sind. Darüber hinaus werden Monografien, graue Literatur, Hochschulschriften und Beiträge aus dem Internet sowie alle BIBB-Veröffentlichungen in der LDBB erfasst."[330]
Homepage: http://ldbb.bibb.de
Zugang: kostenfrei
Produzent: Bundesinstitut für Berufsbildung (siehe Nr. 7)
Nachweissprache: überwiegend Deutsch
Abdeckung: zeitlich: ab 1988; geografisch: überwiegend deutschsprachiger Raum
Erschließung: bibliografischen Angaben; Schlagwörter; Abstracts; Klassifikation inhaltlich; z.T. mit Link zum Volltext
Fachgebiete: berufliche Weiterbildung; Berufsbildung; Berufsforschung

[333] Literaturdatenbank des Informationszentrums Kindesmisshandlung / Kindesvernachlässigung

„Die Literaturdatenbank des Informationszentrums Kindesmisshandlung / Kindesvernachlässigung (IzKK) am Deutschen Jugendinstitut mit Fachliteratur zum Thema ‚Gewalt gegen Kinder / Kinderschutz' ... umfasst mittlerweile ca. 19.000 Literaturnachweise deutsch- und englischsprachiger Fachliteratur. Erfasst und inhaltlich ausgewertet wurden u.a. Monografien, Sammelbände, Graue Materialien, Buchaufsätze, Zeitschriftenartikel, Tagungsdokumentationen und audiovisuelle Materialien zum o.g. Themenbereich."[331]
Homepage: www.dji.de/izkk > Literaturdatenbank
Zugang: kostenfrei
Produzent: Deutsches Jugendinstitut (siehe Nr. 20)
Nachweissprache: Deutsch; Englisch
Abdeckung: zeitlich: ab den 1970er-Jahren; geografisch: weltweit
Erschließung: bibliografische Angaben; Deskriptoren

---

[330] www.bibb.de > Unser Service > Bibliothek und Literaturdokumentation > Fachinformationsservice > weiterlesen. Zugegriffen: 29. Mai 2015.
[331] www.dji.de/izkk. Zugegriffen: 29. Mai 2015.

Fachgebiete: audiovisuelle Medien; Familie; Gewalt; Kindesmisshandlung; Kindheit; Prävention

[334] ORLIS - Die kommunale Literaturdatenbank

„ORLIS ist die einzige Literaturdatenbank in der Bundesrepublik, die ausschließlich dem Nachweis kommunaler Literatur dient. Pro Jahr werden 8.000 bis 10.000 neue Literaturquellen neu in ORLIS aufgenommen, der Gesamtumfang liegt derzeit bei 300.000 Nachweisen seit den 70er-Jahren bis heute. ORLIS orientiert sich an den kommunalen Aufgaben und Belangen, dies betrifft sowohl die Verwaltungsebene als auch die Fachebene. Schwerpunkte in ORLIS sind daher:
- Kommunalpolitik
- Stadtentwicklung, Stadtplanung, Bauplanung und -recht, Regionalplanung, Raumordnung
- Verkehr, Wirtschaft, Umwelt, Statistik usw.
- Kultur, Soziales, Jugendhilfe
- Ver- und Entsorgung (Energie, Wasser, Abwasser, Abfall, ÖPNV)
- Verwaltung (Haushalt, Finanzen, Personal, Organisation, Kommunalwirtschaft)"[332]

Homepage: www.difu.de/extranet/orlis
Zugang: kostenfrei nach Registrierung
Produzent: Deutsches Institut für Urbanistik (siehe Nr. 18)
Nachweissprache: Deutsch
Abdeckung: zeitlich: ab den 1970er-Jahren; geografisch: Bundesrepublik Deutschland
Erschließung: bibliographische Angaben, teilweise Kurzreferate, Regionalbezüge, Schlagwörter, Hinweise auf Bibliotheksstandorte, z.T. Links zu Volltexten
Fachgebiete: Jugendhilfe; Kommunalpolitik; Kultur; öffentliche Finanzen; Raumordnung; Raumplanung; Stadtentwicklung; Stadtplanung; Umwelt; Verkehr

---

[332] www.difu.de/extranet/infos-zum-difu-extranet/extranet-inhalt. Zugegriffen: 29. Mai 2015.

[335] PAIS International

"PAIS (originally, the Public Affairs Information Service) was established in 1914. There are two databases created from the files: PAIS International and PAIS Archive. ... The PAIS International database contains continually updated records for over half a million journal articles, books, government documents, statistical directories, grey literature, research reports, conference papers, web content, and more. Newspapers and newsletters are not indexed. PAIS International includes publications from over 120 countries throughout the world. ... It is updated quarterly with over 17,000 current records added in total each year. PAIS Archive is a retrospective conversion of the PAIS Annual Cumulated Bulletin, volumes 1-62, published 1915-1976. PAIS Archive contains over 1.23 million records and covers monographs, periodical articles, notes and announcements, and analytics. The original, historical subject headings have been retained. PAIS Archive provides a unique perspective on the 20th century's most important public and social policies, such as Prohibition, suffrage, pacifism, civil rights, McCarthyism, Vietnam War, and Watergate."[333]
Homepage: http://search.proquest.com/login
Zugang: lizenzpflichtig - im Sozialwissenschaftlichen Fachportal sowiport (siehe Nr. 185) deutschlandweit frei zugänglich nach Registrierung unter www.nationallizenzen.de (DFG-geförderte Nationallizenz)
Produzent: ProQuest (siehe Nr. 68)
Nachweissprache: überwiegend Englisch
Abdeckung: zeitlich: ab 1914; geografisch: weltweit
Erschließung: Abstract; Deskriptoren; Fachgebiete; Zitationen, Referenzen
Fachgebiete: Bildung; Demografie; internationale Beziehungen; Politikwissenschaft; Recht; Sozialwissenschaften

[336] Periodicals Archive Online (PAO)

"Periodicals Archive Online connects researchers with a rich digital archive of leading international journals in the humanities and social sciences, spanning more than two centuries of content. Over 750 historically respected journals are provided from volume 1, issue 1, with titles selected by an expert editorial team. Journals are only considered for inclusion if the backfile is predominantly unavailable through other online sources. ... For students and scholars, this re-

---

[333] www.proquest.com > Find Products & Services > Search All Products > PAIS International. Zugegriffen: 29. Mai 2015.

source can be used to survey comprehensively the history of scholarship in a particular field. Users can pinpoint articles via precision search, or browse individual issues as if consulting the originals; each issue is digitized from cover to cover. Cross-searching this content on ProQuest with historical newspapers and other archives can open up new avenues of research."[334]
Homepage: http://search.proquest.com/login
Zugang: lizenzpflichtig - Zugang auch über „Nationallizenzen / Sammlungen - Zeitschriften" (siehe Nr. 163), sozialwissenschaftlicher Ausschnitt von PAO im Sozialwissenschaftlichen Fachportal sowiport (siehe Nr. 185) deutschlandweit frei zugänglich nach Registrierung www.nationallizenzen.de (DFG-geförderte Nationallizenz)
Produzent: ProQuest (siehe Nr. 68)
Nachweissprache: überwiegend Englisch
Abdeckung: zeitlich: 1802-2000; geografisch: weltweit
Erschließung: bibliographische Angaben; Themen
Fachgebiete: Bildung; Geisteswissenschaften; Länderkunde; Politikwissenschaft; Psychologie; Sozialwissenschaften; Soziologie; Wirtschaftswissenschaften

[337] Periodicals Index Online (PIO)

"Three centuries of the arts, humanities, and social sciences indexed coverage, from first issue to 1995 or ceased date, are offered in this newly released database, with access to a growing collection of over 18 million citations. Periodicals Index Online (PIO) (formerly, Periodicals Contents Index (PCI)), is the leading multidisciplinary index to the arts, humanities, and the social sciences. Over 6,000 journals are included, with around one million records from new journals added yearly. Complete runs of these titles are indexed, from first issue to 1995 or ceased date."[335]
Homepage: http://search.proquest.com/login
Zugang: lizenzpflichtig - Zugang auch über „Nationallizenzen / Sammlungen - Zeitschriften" (siehe Nr. 163); deutschlandweit frei zugänglich nach Registrierung unter www.nationallizenzen.de (DFG-geförderte Nationallizenz)
Produzent: ProQuest (siehe Nr. 68)

---

[334] www.proquest.com > Find Products & Services > Search All Products > Periodicals Archive Online. Zugegriffen: 29. Mai 2015.
[335] www.proquest.com > Find Products & Services > Search All Products > Periodicals Index Online. Zugegriffen: 29. Mai 2015.

Nachweissprache: überwiegend Englisch
Abdeckung: zeitlich: 1665-2005; geografisch: weltweit
Erschließung: bibliographische Angaben; Themen
Fachgebiete: Bildung; Geisteswissenschaften; Länderkunde; Politikwissenschaft; Psychologie; Sozialwissenschaften; Soziologie; Wirtschaftswissenschaften

[338] Physical Education Index (PEI)

"Since 1970 Physical Education Index has been covering this vast collection of material. Records are indexed and classified from peer-reviewed journals, report literature, conference proceedings, trade magazines, patents, articles from the popular press, and many other publications. Beginning in January 2001, enhancements to the database include the addition of abstracts, e-mail addresses, expanded publisher and author information, and other data to facilitate access to the fulltext. Physical Education Index allows all researchers and professionals in the field to acquire accurate and scholarly information in this comprehensive database. These abstracts feature a wide variety of content, ranging from physical education curricula, to sports medicine, to dance. Other coverage includes sport law, kinesiology, motor learning, recreation, standardized fitness tests, sports equipment, business and marketing, coaching and training, and sport sociology/psychology. Health education and physical therapy are also covered as they continue to become more prevalent in our society."[336]
Homepage: http://search.proquest.com/login
Zugang: lizenzpflichtig - im Sozialwissenschaftlichen Fachportal sowiport (siehe Nr. 185) deutschlandweit frei zugänglich nach Registrierung unter www.nationallizenzen.de (DFG-geförderte Nationallizenz)
Produzent: ProQuest (siehe Nr. 68)
Nachweissprache: Englisch
Abdeckung: zeitlich: ab 1970; geografisch: weltweit
Erschließung: Abstract; Deskriptoren; Fachgebiete
Fachgebiete: Gesundheit; Sport; Sportpsychologie; Sportsoziologie

---

[336] www.proquest.com > Find Products & Services > Search All Products > Physical Education Index. Zugegriffen: 29. Mai 2015.

[339] Political Science Complete

"This database provides extensive coverage of global political topics with a worldwide focus, reflecting the globalization of contemporary political discourse. Designed specifically for students, researchers and government institutions, Political Science Complete covers top-ranked scholarly journals, many of which are unique to the product. ... Political Science Complete provides nearly 340 full-text reference books and monographs and more than 44,000 full-text conference papers, which includes those from the International Political Science Association. The database also provides a subject-specific thesaurus with more than 23,500 terms to provide subject searching guidance to researchers. Subject coverage includes comparative politics, humanitarian issues, international relations, law and legislation, non-governmental organizations and political theory."[337]

Homepage: www.ebscohost.com/academic/political-science-complete
Zugang: lizenzpflichtig
Produzent: EBSCO Information Services (siehe Nr. 24)
Nachweissprache: überwiegend Englisch
Abdeckung: zeitlich: ab ca. 1980; geografisch: weltweit
Erschließung: bibliografische Angaben; Schlagwörter
Fachgebiete: internationale Beziehungen; Politikwissenschaft; Rechts- und Verwaltungsfragen

[340] Promotionsnoten in Deutschland

„Die hier verwendeten Daten wurden ... dem iFQ vom Statistischen Bundesamt (DESTATIS) 2014 zu Verfügung gestellt und sind prinzipiell frei zugänglich. Die Promotionszahlen wurden über jeweils drei Jahre aggregiert, um temporäre Schwankungen zu relativieren und datenschutzbedingte Verblendungen zur Anonymisierung der Personen aufgrund geringer Fallzahlen zu minimieren. Bei denjenigen Hochschul-Fächer-Kombinationen, bei welchen die Zahl der abgelegten Promotionen trotz Aggregierung unter 5 liegt, werden die Promotionsnoten entsprechend ausgeblendet. Im gesamten Zeitraum wurden 298.710 abgeschlossene Promotionen gemeldet, von denen bei 283.192 die Note bekannt ist (5,2% Note unbekannt)."[338]

---

[337] www.ebscohost.com/academic/political-science-complete. Zugegriffen: 29. Mai 2015.
[338] www.forschungsinfo.de/promotionsnoten > Hinweise zur Datenqualität. Zugegriffen: 29. Mai 2015.

Homepage: www.forschungsinfo.de/promotionsnoten
Zugang: kostenfrei
Produzent: Institut für Forschungsinformation und Qualitätssicherung (siehe Nr. 45)
Nachweissprache: Deutsch
Abdeckung: zeitlich: ab 2002; geografisch: Bundesrepublik Deutschland
Erschließung: Diagramme
Fachgebiete: Hochschule; Studium

[341] ProQuest Dissertations & Theses Database (PQDT)

"ProQuest Dissertations and Theses - Full Text is the world's most comprehensive collection of dissertations and theses. The official digital dissertations archive for the Library of Congress and the database of record for graduate research. PQDT - Full Text includes nearly 3 million searchable citations to dissertation and theses from around the world from 1743 to the present day together with over 1 million full-text dissertations that are available for download in PDF format. Over 2 million titles are available for purchase as printed copies. The database offers full text for most of the dissertations added since 1997 and strong retrospective full-text coverage for older graduate works."[339]
Homepage: http://search.proquest.com/login
Zugang: nur über Einrichtungen, die eine Lizenz erworben haben
Produzent: ProQuest (siehe Nr. 68)
Nachweissprache: überwiegend Englisch
Abdeckung: zeitlich: ab der Mitte des 18. Jahrhundert; geografisch: überwiegend Nordamerika
Erschließung: Abstract; Deskriptoren; Klassifikation
Fachgebiete: Bildung; fachübergreifend; Geisteswissenschaften; Politikwissenschaft; Psychologie; Sozialwissenschaften; Soziologie

[342] ProQuest Dissertations & Theses Open

"PQDT Open provides the full text of open access dissertations and theses free of charge."[340]

---

[339] www.proquest.com > Find Products & Services > Search All Products > ProQuest Dissertations & Theses Database. Zugegriffen: 29. Mai 2015.
[340] http://pqdtopen.proquest.com/about.html. Zugegriffen: 29. Mai 2015.

Homepage: http://pqdtopen.proquest.com
Zugang: kostenfrei
Produzent: ProQuest (siehe Nr. 68)
Nachweissprache: überwiegend Englisch
Abdeckung: zeitlich: ca. ab 2000; geografisch: überwiegend Nordamerika
Erschließung: Abstract; Deskriptoren
Fachgebiete: Bildung; fachübergreifend; Geisteswissenschaften; Pädagogik; Politikwissenschaft; Psychologie; Sozialwissenschaften; Soziologie

[343] ProQuest Political Science

"ProQuest Political Science gives users access to over 460 leading political science and international relations journals. This collection provides the full-text of 430 core titles, many of which are indexed in Worldwide Political Science Abstracts."[341]
Homepage: http://search.proquest.com/login
Zugang: nur über Einrichtungen, die eine Lizenz erworben haben
Produzent: ProQuest (siehe Nr. 68)
Nachweissprache: überwiegend Englisch
Abdeckung: zeitlich: ca. ab 1985; geografisch: weltweit
Erschließung: Abstract; Deskriptoren
Fachgebiete: internationale Beziehungen; Politikwissenschaft; Politische Ökonomie; Umweltpolitik; Verwaltungswissenschaft

[344] ProQuest Social Science Journals

"ProQuest Social Science Journals™ is a definitive resource for those who need access to a variety of scientific journals. The database includes over 1,000 titles, with around 700 active full text titles. ProQuest Social Science Journals provides information on hundreds of topics, including Addiction studies, Urban studies, Family studies and International relations."[342]
Homepage: http://search.proquest.com/login
Zugang: nur über Einrichtungen, die eine Lizenz erworben haben

---

[341] www.proquest.com > Find Products & Services > Search All Products > ProQuest Political Science. Zugegriffen: 29. Mai 2015.

[342] www.proquest.com > Find Products & Services > Search All Products > ProQuest Social Science Journals. Zugegriffen: 29. Mai 2015.

Produzent: ProQuest (siehe Nr. 68)
Nachweissprache: Englisch
Abdeckung: zeitlich: ca. ab 1980; geografisch: weltweit
Erschließung: Abstract; Deskriptoren
Fachgebiete: internationale Beziehungen; Politikwissenschaft; Sozialwissenschaften; Wirtschaftswissenschaften

[345] ProQuest Sociology

"ProQuest Sociology gives users access to the full-text of more than 310 journals in sociology and social work. This collection provides full-text coverage of many core titles included in Sociological Abstracts and Social Services Abstracts. ... ProQuest Sociology covers the international literature of sociology and social work, including culture and social structure, history and theory of sociology, social psychology, substance abuse and addiction, and more."[343]
Homepage: http://search.proquest.com/login
Zugang: nur über Einrichtungen, die eine Lizenz erworben haben
Produzent: ProQuest (siehe Nr. 68)
Nachweissprache: Englisch
Abdeckung: zeitlich: ab 1985; geografisch: weltweit
Erschließung: Abstract; Deskriptoren
Fachgebiete: Soziale Arbeit; Sozialpsychologie; Soziologie; Sucht

[346] PsychAuthors

„Die Datenbank PsychAuthors wurde mit dem Ziel entwickelt, einen Überblick über die Arbeit von Autorinnen und Autoren zu geben, die in der deutschsprachigen Psychologie wissenschaftlich publizieren. ... In dieser öffentlichen Version von PsychAuthors sind nur solche Autoren/innen enthalten, die der Verwendung ihrer Daten in diesem Rahmen zugestimmt haben."[344]
Homepage: www.zpid.de/psychauthors
Zugang: kostenfrei
Produzent: Leibniz-Zentrum für Psychologische Information und Dokumentation (siehe Nr. 53)

---

[343] www.proquest.com > Find Products & Services > Search All Products > ProQuest Sociology. Zugegriffen: 29. Mai 2015.
[344] www.zpid.de/psychauthors/index.php. Zugegriffen: 29. Mai 2015.

Nachweissprache: Deutsch
Abdeckung: zeitlich: aktuell; geografisch: deutschsprachiger Raum
Erschließung: Angaben zum aktuellen Dienstort, beruflichen Werdegang, Forschungs- und Lehrinteressen und weitere Funktionen im Wissenschaftsbetrieb; vom Autor bzw. der Autorin überprüfte Publikationsliste
Fachgebiet: Psychologie

[347] Psychology in Europe

„Psychology in Europe [ist] ein Verzeichnis von europäischen psychologischen Fachgesellschaften, Universitätsinstituten, Forschungseinrichtungen und Verlagen"[345]
Homepage: www.zpid.de > Produkte > Psychology in Europe
Zugang: kostenfrei
Produzent: Leibniz-Zentrum für Psychologische Information und Dokumentation (siehe Nr. 53)
Nachweissprache: Englisch
Abdeckung: zeitlich: aktuell; geografisch: Europa
Erschließung: Name, Adresse, Kontakt, Ansprechpartner
Fachgebiet: Psychologie

[348] PsycINFO®

"PsycINFO® is an expansive abstracting and indexing database with more than 3 million records devoted to peer-reviewed literature in the behavioral sciences and mental health, making it an ideal discovery and linking tool for scholarly research in a host of disciplines."[346]
Homepage: www.apa.org/psycinfo
Zugang: nur über Einrichtungen, die eine Lizenz erworben haben
Produzent: American Psychological Association; PsycINFO Department (siehe Nr. 1)
Nachweissprache: überwiegend Englisch
Abdeckung: zeitlich: 1597-present, with comprehensive coverage from the 1880s; geografisch: Publications from more than 50 countries

---

[345] www.zpid.de > Produkte. Zugegriffen: 29. Mai 2015.
[346] www.apa.org/psycinfo. Zugegriffen: 29. Mai 2015.

Erschließung: bibliografische Angaben, cited references, Deskriptoren (Thesaurus of Psychological Index Terms), Klassifikation und Abstracts
Fachgebiete: Medizin; Pädagogik; Psychologie; Soziologie

[349] PSYNDEX

„PSYNDEX ist eine Referenzdatenbank mit Hinweisen auf gedruckte und elektronische Publikationen des Fachs Psychologie. Sie besteht aus den Segmenten PSYNDEX Literatur und AV-Medien sowie PSYNDEX Tests. PSYNDEX Literatur und AV-Medien enthält Nachweise mit Kurzreferaten von psychologischen Publikationen von Autoren aus den deutschsprachigen Ländern und audiovisuellen Medien. Darüber hinaus stehen umfassende Beschreibungen von psychologischen Interventionsprogrammen zur Verfügung. Das Segment PSYNDEX Tests enthält teilweise ausführliche Testbeschreibungen."[347]
Homepage: www.zpid.de/psyndex
Zugang: kostenpflichtig
Produzent: Leibniz-Zentrum für Psychologische Information und Dokumentation (siehe Nr. 53)
Nachweissprache: Deutsch; Englisch
Abdeckung: zeitlich: Literatur & AV-Medien ab 1977, Tests ab 1945; geografisch: überwiegend deutschsprachiger Raum
Erschließung: Bibliographische Angaben; Zusatzinformationen (u.a. Herkunftsinstitution bzw. Adresse des Autors, relevante Internetadressen); Abstract; Schlagwörter; Inhalts- und Methodenklassifikation
Fachgebiete: audiovisuelle Medien; Medizin; Pädagogik; Psychologie; Soziologie; Sportwissenschaft

[350] Regionaldatenbank

„Das DJI hat 1987 begonnen, eine Datenbank aufzubauen, in der im Rahmen einer allgemeinen Sozialberichterstattung kinder-, jugend- und familienbezogene Bundes-, Länder- und Kreisdaten und auch viele Kommunaldaten aus den unterschiedlichen Quellen der amtlichen Statistik gesammelt werden. Diese Daten liefern die Beschreibung der objektiven Lebensbedingungen und ergänzen die individuellen Daten aus den sozialwissenschaftlichen Erhebungen. So ist es aufgrund der speziellen Ablagestruktur dieser Daten möglich auf der Basis amtlicher Da-

---

[347] www.zpid.de > Psyndex > Über Psyndex. Zugegriffen: 29. Mai 2015.

ten den gesamten Kontext, in dem sich Personen bewegen, zu bestimmen und dann zu überprüfen, inwieweit diese Kontexte das individuelle Handeln bzw. die individuellen Einstellungen der Personen beeinflussen. Mittlerweile ist die Regionaldatenbank die umfangreichste Sammelstelle von familienbezogenen Regionaldaten in der Bundesrepublik geworden."[348]
Homepage: www.dji.de/2_rdb
Zugang: kostenfrei - auf Anfrage beim DJI
Produzent: Deutsches Jugendinstitut (siehe Nr. 20)
Nachweissprache: Deutsch
Abdeckung: zeitlich: ab 1987; geografisch: Bundesrepublik Deutschland
Erschließung: regional gegliederte tabellarische Übersichten
Fachgebiete: Bevölkerung; Bildungswesen; Einkommen; Erwerbstätigkeit; Gesundheitswesen; Jugendhilfe; Kinderbetreuung; Kriminalität

[351] Regionaldatenbank Deutschland

„Die ‚Regionaldatenbank Deutschland' ist eine Datenbank, die tief gegliederte Ergebnisse der amtlichen Statistik enthält. Die angebotenen Tabellen basieren auf dem Regionalstatistischen Datenkatalog des Bundes und der Länder und werden kontinuierlich ausgebaut. Der Tabellenabruf erfolgt unentgeltlich und kann variabel auf den individuellen Bedarf angepasst werden. Die Abspeicherung der Ergebnisse ist in verschiedenen Formaten möglich. Mit unserem Newsletter-Service informieren wir sie themenbezogen über alle neuen Datenbestände. Zusätzliche Nutzungsmöglichkeiten stehen registrierten Nutzern kostenfrei zur Verfügung."[349]
Homepage: www.regionalstatistik.de/genesis/online
Zugang: kostenfrei - zusätzliche Nutzungsmöglichkeiten nach Registrierung
Produzent: Statistisches Bundesamt (siehe Nr. 77)
Nachweissprache: Deutsch
Abdeckung: zeitlich: abhängig von der jeweiligen Statistik; geografisch: Bundesrepublik Deutschland
Erschließung: nach Erhebungsmerkmalen
Fachgebiete: Arbeitsmarkt; Bevölkerung; Bildung; Einkommen; Gesundheit; öffentliche Finanzen; Umwelt; Wahlen; Wohnen

---

[348] www.dji.de/2_rdb. Zugegriffen: 29. Mai 2015.
[349] www.regionalstatistik.de/genesis/online. Zugegriffen: 29. Mai 2015.

[352] RSWlit® - Literaturhinweise zu Raumordnung, Städtebau, Wohnungswesen

„RSWlit® - die Literaturdatenbank zu Raumordnung, Städtebau, Wohnungswesen - enthält Literaturhinweise auf Artikel aus Fachzeitschriften, auf Fachbücher und -buchkapitel, Gesetze und Vorschriften, Forschungsberichte, Dissertationen, Institutsschriften etc., ab den 70er-Jahren."[350]
Homepage: www.irb.fraunhofer.de/rswb/?profile=rswlit
Zugang: kostenpflichtig
Produzent: Fraunhofer-Informationszentrum Raum und Bau (siehe Nr. 32)
Nachweissprache: überwiegend Deutsch
Abdeckung: zeitlich: ab den 1970er-Jahren; geografisch: international
Erschließung: bibliografische Angaben; Schlagwörter; Kurzreferate; ggf. Link zum Volltext
Fachgebiete: Raumordnung; Rechts- und Verwaltungsfragen; Stadtplanung; Wohnungswesen

[353] ScienceDirect

"ScienceDirect is home to almost one-quarter of the world's peer-reviewed fulltext scientific, technical and medical content. Over 15 million researchers, health care professionals, teachers, students and information professionals around the globe rely on ScienceDirect as a trusted source of nearly 2,500 journals and more than 33,000 book titles. ScienceDirect supports research and education with interactive elements in articles such as audio, video, graphs, tables and images, and offers tools so users can keep current with research trends. Content on ScienceDirect also features embedded links to external datasets, including earth and environmental science data from PANGAEA, abstract and indexing data from Scopus and chemical reactions data from Reaxys. With over 13 million content pieces available - including pre-publication articles and open access content from Elsevier journals - ScienceDirect is a premier platform for discovering the world of research."[351]
Homepage: www.sciencedirect.com

---

[350] www.irb.fraunhofer.de/stadt-raumplanung > Dienstleistungen > Datenbanken. Zugegriffen: 29. Mai 2015.
[351] www.elsevier.com > Solutions > ScienceDirect > Who uses ScienceDirect. Zugegriffen: 29. Mai 2015.

Zugang: As a guest user access you can access and read all abstracts and citations on ScienceDirect for free; you can even sign in on ScienceDirect to set up alerts and manage preference.
Produzent: Elsevier Inc. (siehe Nr. 25)
Nachweissprache: Englisch
Abdeckung: geografisch: weltweit
Erschließung: bibliographische Angaben; Schlagwörter; Abstract; Link zum Volltext
Fachgebiete: audiovisuelle Medien; fachübergreifend; Geisteswissenschaften; Pädagogik; Politikwissenschaft; Psychologie; Sozialwissenschaften; Soziologie; Wirtschaftswissenschaften

[354] Scopus

"Scopus is the largest abstract and citation database of peer-reviewed literature: scientific journals, books and conference proceedings. Delivering a comprehensive overview of the world's research output in the fields of science, technology, medicine, social sciences, and arts and humanities, Scopus features smart tools to track, analyze and visualize research."[352]
Homepage: www.scopus.com
Zugang: nur über Einrichtungen, die eine Lizenz erworben haben
Produzent: Elsevier Inc. (siehe Nr. 25)
Nachweissprache: Englisch
Abdeckung: zeitlich: ab 1960; geografisch: weltweit
Erschließung: bibliografische Angaben; Abstract; Schlagwörter; Referenzen
Fachgebiete: fachübergreifend; Geisteswissenschaften; Medizin; Politikwissenschaft; Psychologie; Sozialwissenschaften; Soziologie; Wirtschaftswissenschaften

[355] Social Monitoring and Reporting in Europe

"A variety of Social Monitoring and Reporting activities are currently going on in Europe at national as well as supranational levels, aiming at measuring, monitoring and analyzing progress in terms of individual and societal well-being. Many of those activities are outcomes of research on social indicators and quality of life. Some of the more recent social monitoring and reporting activities

---

[352] www.elsevier.com > Solutions > Scopus. Zugegriffen: 29. Mai 2015.

have also been inspired by the report of the 'Commission on the Measurement of Economic Performance and Social Progress'. Stakeholders and information providers in the field of social monitoring and reporting include research institutes and think tanks, statistical institutes, supranational organizations, governments as well as NGOs. This website will showcase and continuously inform about relevant activities in this field, e.g. releases of new reports, conferences, projects, and any other significant news. The website also seeks to facilitate to find and to get comfortable access to social monitoring tools and social reports across Europe."[353]
Homepage: www.gesis.org/soziale-indikatoren > Produkte > European-social-monitoring-and-reporting > Database-activities-social-monitoring-and-reporting
Zugang: kostenfrei
Produzent: GESIS - Leibniz-Institut für Sozialwissenschaften (siehe Nr. 39)
Nachweissprache: Englisch
Abdeckung: zeitlich: aktuell; geografisch: international
Erschließung: nach Ländern; Institutionen; Aktivitäten im Bereich der Sozialberichterstattung
Fachgebiete: Lebensqualität; Sozialindikatoren; Sozialstruktur; Wohlbefinden; Wohlfahrtsentwicklung

[356] **Social Services Abstracts (SSA)**

"Social Services Abstracts provides bibliographic coverage of current research focused on social work, human services, and related areas, including social welfare, social policy, and community development. The database abstracts and indexes over 1,300+ serials publications and includes abstracts of journal articles and dissertations, and citations to book reviews."[354]
Homepage: http://search.proquest.com/login
Zugang: lizenzpflichtig - im Sozialwissenschaftlichen Fachportal sowiport (siehe Nr. 185) deutschlandweit frei zugänglich nach Registrierung unter www.nationallizenzen.de (DFG-geförderte Nationallizenz)
Produzent: ProQuest (siehe Nr. 68)
Nachweissprache: Englisch
Abdeckung: zeitlich: ab 1971; geografisch: weltweit

---

[353] www.gesis.org/soziale-indikatoren > Produkte > European-social-monitoring-and-reporting. Zugegriffen: 29. Mai 2015.

[354] www.proquest.com > Find Products & Services > Search All Products > Social Services Abstracts. Zugegriffen: 29. Mai 2015.

Erschließung: Abstract; Deskriptoren; Zitationen; Referenzen
Fachgebiete: Familie; Gerontologie; Soziale Arbeit; soziale Probleme; soziale Ungleichheit; Wohlfahrtspflege

[357] SocINDEX with Full Text

"This database is the world's most comprehensive and highest-quality sociology research database. Its extensive scope and content provide users with a wealth of extremely useful information encompassing the broad spectrum of sociological study. ... In addition to nearly 900 full-text journals, SocINDEX with Full Text also contains informative abstracts for more than 1,500 'core' coverage journals dating as far back as 1895. In addition, this file provides data mined from nearly 420 'priority' coverage journals and over 2,900 'selective' coverage journals. Complete with extensive indexing for books/monographs, conference papers, and other non-periodical content sources the database also includes searchable cited references are provided. ... SocINDEX with Full Text offers comprehensive coverage of sociology, encompassing all sub-disciplines and closely related areas of study. ... In addition, SocINDEX with Full Text features over 25,800 Author Profiles covering the most prolific most cited, and most frequently searched for authors in the database."[355]
Homepage: www.ebscohost.com/academic/socindex-with-full-text
Zugang: lizenzpflichtig
Produzent: EBSCO Information Services (siehe Nr. 24)
Nachweissprache: überwiegend Englisch
Abdeckung: zeitlich: ab 20. Jahrhundert; geografisch: weltweit
Erschließung: bibliografische Angaben; Schlagwörter; cited references
Fachgebiete: Demografie; Sozialpsychologie; Sozialstruktur; Sozialwissenschaften; Soziologie

[358] Sociological Abstracts (SA)

"The Sociological Abstracts database abstracts and indexes the international literature in sociology and related disciplines in the social and behavioral sciences. Pulled from nearly 2,000 serial publications are abstracts from a variety of sources including journal articles, conference papers, books, dissertations, and

---

[355] www.ebscohost.com/academic/socindex-with-full-text. Zugegriffen: 29. Mai 2015.

conference papers, plus citations to important book reviews related to the social sciences."³⁵⁶
Homepage: http://search.proquest.com/login
Zugang: lizenzpflichtig - im Sozialwissenschaftlichen Fachportal sowiport (siehe Nr. 185) deutschlandweit frei zugänglich nach Registrierung unter www.nationallizenzen.de (DFG-geförderte Nationallizenz)
Produzent: ProQuest (siehe Nr. 68)
Nachweissprache: Englisch
Abdeckung: zeitlich: ab 1952; geografisch: weltweit
Erschließung: Abstract; Deskriptoren des Thesaurus of Sociological Indexing Terms; Zitationen; Referenzen
Fachgebiete: Bildung; Geisteswissenschaften; Kultur; Pädagogik; Politikwissenschaft; Psychologie; Soziologie; Wirtschaftswissenschaften

[359] SOFIS - Sozialwissenschaftliches Forschungsinformationssystem

„SOFIS enthält ausführliche Beschreibungen von geplanten, laufenden und in den letzten zehn Jahren abgeschlossenen Forschungsarbeiten aus der Bundesrepublik Deutschland, aus Österreich und der Schweiz. ... Pro Jahr werden zwischen 5.000 und 7.000 Projektbeschreibungen neu oder in aktualisierter Version in die Datenbank aufgenommen. ... Erste Projektinformationen sind in SOFIS häufig schon zu einem Zeitpunkt abrufbar, zu dem noch keine Veröffentlichungen vorliegen. SOFIS ist damit ein Instrument, mit dem man sich über das aktuelle Forschungsgeschehen informieren und Entwicklungen und Trends in den Sozialwissenschaften erkennen kann. ... Die Projektinformationen in SOFIS stammen überwiegend aus dem Hochschulbereich. Die außeruniversitäre Forschung ist insoweit vertreten, als die Ergebnisse für die Öffentlichkeit ... bestimmt sind."³⁵⁷
Homepage: http://sofis.gesis.org/sofiswiki
Zugang: kostenfrei - auch über das Sozialwissenschaftliche Fachportal sowiport (siehe Nr. 185); kostenpflichtige Zugänge über wiso (siehe Nr. 200), EBSCO discovery service, SUMMON
Produzent: GESIS - Leibniz-Institut für Sozialwissenschaften (siehe Nr. 39)
Nachweissprache: überwiegend Deutsch

---

[356] www.proquest.com > Find Products & Services > Search All Products > Sociological Abstracts. Zugegriffen: 29. Mai 2015.
[357] www.gesis.org/unser-angebot/recherchieren/sofis. Zugegriffen: 29. Mai 2015.

Abdeckung: zeitlich: die jeweils letzten 10 Jahre; geografisch: überwiegend deutschsprachiger Raum
Erschließung: Ausführliche Beschreibung des Forschungsvorhabens; Deskriptoren (Thesaurus Sozialwissenschaften), Methodendeskriptoren zu Design und Erhebungsverfahren, Klassifikation Sozialwissenschaften
Fachgebiete: Arbeitsmarktforschung; Berufsforschung; Bildungsforschung; Demografie; Ethnologie; Frauen- und Geschlechterforschung; Gerontologie; historische Sozialforschung; Kommunikationswissenschaften; Kriminologie; Pädagogik; Politikwissenschaft; Sozialpolitik; Sozialpsychologie; Sozialwesen; Soziologie; Wirtschaftswissenschaften

[360] SOLIS - Sozialwissenschaftliches Literaturinformationssystem

„SOLIS informiert über mehr als 460.000 sozialwissenschaftliche Veröffentlichungen mit jeweils einer kurzen Inhaltsangabe. Nachgewiesen werden Monographien und Sammelwerke, Beiträge in Sammelwerken, Aufsätze aus rund 300 Fachzeitschriften sowie Graue Literatur. Bei mehr als 57.000 Nachweisen sind Links zu Volltexten enthalten."[358]
Homepage: http://sowiport.gesis.org
Zugang: kostenfrei - auch über das Sozialwissenschaftliche Fachportal sowiport (siehe Nr. 185); kostenpflichtige Zugänge über wiso (siehe Nr. 200), EBSCO discovery service, SUMMON
Produzent: GESIS - Leibniz-Institut für Sozialwissenschaften (siehe Nr. 39)
Nachweissprache: überwiegend Deutsch
Abdeckung: zeitlich: ab 1945; geografisch: überwiegend deutschsprachiger Raum
Erschließung: bibliografische Angaben; Abstract; Deskriptoren (Thesaurus Sozialwissenschaften), Methodendeskriptoren zu Design und Erhebungsverfahren, Klassifikation Sozialwissenschaften
Fachgebiete: Arbeitsmarktforschung; Berufsforschung; Bildungsforschung; Demografie; Ethnologie; Frauen- und Geschlechterforschung; Gerontologie; historische Sozialforschung; Kommunikationswissenschaften; Pädagogik; Politikwissenschaft; Psychologie; Sozialpolitik; Sozialpsychologie; Sozialwesen; Soziologie

---

[358] http://sowiport.gesis.org/Database. Zugegriffen: 29. Mai 2015.

Datenbanken

[361] SPOFOR - Sportwissenschaftliche Forschungsprojekte

„SPOFOR enthält ausführliche Beschreibungen über laufende und abgeschlossene Forschungsarbeiten seit 1990 aus der Bundesrepublik Deutschland, aus Österreich und der Schweiz. Der Bestand wird laufend aktualisiert. Durch die teilweise sehr frühe Erfassung von relevanten Projektinformationen sowie deren Bereitstellung über SPOFOR wird das aktuelle Forschungsgeschehen im Sport reflektiert und die Möglichkeit zum rechtzeitigen Ablesen von Entwicklungen und Trends in der Sportwissenschaft gegeben."[359]

Homepage: www.bisp-datenbanken.de
Zugang: kostenfrei - auch unter www.sport-if.de
Produzent: Bundesinstitut für Sportwissenschaft (siehe Nr. 9)
Nachweissprache: Deutsch
Abdeckung: zeitlich: ab 1989; geografisch: überwiegend deutschsprachiger Raum
Erschließung: Angaben u.a. zu Titel; Institution; Untersuchungsdesign; inhaltliche Ziele; Datenerhebung; Datenauswertung; Schlagworte; (Zwischen-)ergebnisse; Laufzeit; Projekttyp
Fachgebiete: Sport; Sportökonomie; Sportpädagogik; Sportpsychologie; Sportpublizistik; Sportsoziologie

[362] SPOLIT - Sportwissenschaftliche Literatur

„SPOLIT enthält ausführliche Informationen über Monografien, Beiträge in Sammelwerken, Aufsätze in Zeitschriften und andere Publikationen aus aller Welt, insbesondere jedoch aus dem deutsch- und englischsprachigen Raum. SPOLIT ist die größte europäische Literaturdatenbank der Sportwissenschaft. ... Berücksichtigung finden alle Disziplinen der Sportwissenschaft, so z. B. die Sportmedizin, Trainingswissenschaft, Sportpädagogik, Sportphilosophie, Bewegungslehre, Biomechanik, Psychomotorik, Sportgeschichte, Sportsoziologie, Sportökonomie und Sportpsychologie. Ferner sind die verschiedenen Sportbereiche (z. B. Alterssport, Behindertensport, Betriebssport, Freizeit- und Breitensport, Frauensport, Kinder- und Jugendsport, Schulsport) vertreten, alle Sportarten sowie diverse Sondergebiete (u. a. Olympische Spiele, Sportverwaltung, Sportanlagen und -geräte, Sport und Medien, Sport und Wirtschaft, Sport und Politik, Sport und Umwelt)."[360]

---

[359] www.bisp.de > Wissen vermitteln > Datenbanken > SPOFOR. Zugegriffen: 29. Mai 2015.
[360] www.bisp.de > Wissen vermitteln > Datenbanken > SPOLIT. Zugegriffen: 29. Mai 2015.

Homepage: www.bisp-datenbanken.de
Zugang: kostenfrei - auch unter www.sport-if.de
Produzent: Bundesinstitut für Sportwissenschaft (siehe Nr. 9)
Nachweissprache: Deutsch; Englisch
Abdeckung: zeitlich: ab 1969; geografisch: international
Erschließung: bibliografische Angaben; Kurzreferat; Schlagwörter; z.T. Verlinkung zum Volltext
Fachgebiete: Sport; Sportökonomie; Sportpädagogik; Sportpsychologie; Sportsoziologie; Sportwissenschaft; Trainingswissenschaft

[363] SPOMEDIA - Audiovisuelle Medien

„Audiovisuelle Medien finden in weiten Bereichen des Sports Verwendung. Zahlreiche Videoproduktionen beleuchten sportwissenschaftliche Fragestellungen oder finden Verwendung im Trainings- und Wettkampfbetrieb, in der Aus- und Weiterbildung von Trainern, Sportpädagogen oder in der Darstellung und Präsentation von sportrelevanten Themen in der Öffentlichkeit. ... Die vor 1983 produzierten Medien sind in zwei umfangreichen Katalogen veröffentlicht. Seit 1983 werden ... die ab dem Jahr 1983 produzierten Medien gesichtet, dokumentarisch aufgearbeitet und in der Datenbank SPOMEDIA des BISp abgespeichert. ... SPOMEDIA enthält sowohl wissenschaftliche Lehr- und Unterrichtsfilme als auch Technik- und Taktikfilme."[361]
Homepage: www.bisp-datenbanken.de
Zugang: kostenfrei - auch unter www.sport-if.de
Produzent: Bundesinstitut für Sportwissenschaft (siehe Nr. 9)
Nachweissprache: überwiegend Deutsch
Abdeckung: zeitlich: ab 1983; geografisch: weltweit
Erschließung: Angaben u.a. zu Urheber, Vertrieb, Sprache, Produktionsjahr und -land, Medienart, inhaltliche Beschreibung, Schlagwörter, Kurzreferat
Fachgebiete: audiovisuelle Medien; Sport; Sportpublizistik; Sportwissenschaft; Trainingswissenschaft

---

[361] www.bisp.de > Wissen vermitteln > Datenbanken > SPOMEDIA. Zugegriffen: 29. Mai 2015.

Datenbanken 255

[364] Umweltforschungsdatenbank (UFORDAT)

„Die Umweltforschungsdatenbank UFORDAT beschreibt laufende Forschungsvorhaben zu Umweltthemen. Abschlußberichte der Forschungsvorhaben werden nicht in UFORDAT, sondern im OPAC verzeichnet. UFORDAT bietet zusätzlich Adressinformationen zu den beteiligten, im Umweltbereich aktiven Institutionen."[362]
Homepage: http://doku.uba.de
Zugang: kostenfrei
Produzent: Umweltbundesamt (siehe Nr. 81)
Nachweissprache: überwiegend Deutsch
Abdeckung: zeitlich: ab 1950; geografisch: Bundesrepublik Deutschland
Erschließung: Die Projektbeschreibungen enthalten u.a.: Thema; Institution; beteiligte Personen; Laufzeit; Kurzfassung; Schlagwörter; geografische Schlagwörter; Umweltklassen; Finanzierung; zusammenarbeitende Institutionen
Fachgebiete: Ökologie; Umwelt; Umweltbelastung; Umweltpolitik; Umweltverhalten

[365] Webis - Sammelschwerpunkte an deutschen Bibliotheken

„Webis - Sammelschwerpunkte an deutschen Bibliotheken bietet eine Übersicht über alle am System der überregionalen Literaturversorgung beteiligten Bibliotheken. Das Informationssystem erschließt sich nach fachlichen und regionalen Gesichtspunkten sowie über eine Liste der beteiligten Bibliotheken."[363]
Homepage: http://wikis.sub.uni-hamburg.de/webis
Zugang: kostenfrei
Produzent: Staats- und Universitätsbibliothek Hamburg Carl von Ossietzky (siehe Nr. 74)
Nachweissprache: Deutsch
Abdeckung: zeitlich: aktuell; geografisch: Bundesrepublik Deutschland
Erschließung: Beschreibung nach Fächergruppen und Regionen; Art der gesammelten Literatur; Literaturbeschaffung; virtuelle Fachbibliotheken und sonstige Fachportale; Verweise auf das Datenbank-Infosystem (DBIS, siehe Nr. 291) sowie auf Nationallizenzen
Fachgebiete: Bildung; fachübergreifend; Kultur; Pädagogik; Politikwissenschaft; Psychologie; Soziologie

---

[362] http://doku.uba.de. Zugegriffen: 29. Mai 2015.
[363] http://wikis.sub.uni-hamburg.de/webis. Zugegriffen: 29. Mai 2015.

[366] World Affairs Online (WAO)

„World Affairs Online (WAO) ist die Literatur- und Faktendatenbank des Fachinformationsverbunds ‚Internationale Beziehungen und Länderkunde'... World Affairs Online ist eine der größten sozialwissenschaftlichen Datenbanken Europas. Sie bietet rund 800.000 Literaturnachweise (vorzugsweise Zeitschriften- und Buchaufsätze, Internetveröffentlichungen sowie gedruckte graue Literatur). Insgesamt werden mehr als 1000 Fachzeitschriften für die Datenbank ausgewertet. Ihre inhaltlichen Schwerpunkte ... :
- außen- und sicherheitspolitische Fragen;
- Fragen der internationalen und entwicklungspolitischen Zusammenarbeit;
- internationale wirtschaftspolitische Fragen;
- europapolitische und transatlantische Themen;
- regional- und länderbezogene Fragen weltweit;
- auswärtige Kulturpolitik."[364]

Homepage: www.ireon-portal.de
Zugang: kostenfrei - weiterer Zugang: www.wiso-net.de als Bestandteil des WISO-Datenbankpakets (siehe Nr. 200); kostenpflichtig
Produzent: Stiftung Wissenschaft und Politik - Deutsches Institut für Internationale Politik und Sicherheit (siehe Nr. 79)
Nachweissprache: Deutsch; Englisch
Abdeckung: zeitlich: ab den 1970er-Jahren; geografisch: international
Erschließung: bibliografische Angaben; Klassifikation; inhaltlich erschlossen mit dem ‚European Thesaurus International Relations and Area Studies'
Fachgebiete: Außenpolitik; Europapolitik; internationale Beziehungen; Länderkunde; Politikwissenschaft; Wirtschaftspolitik

[367] Worldwide Political Science Abstracts (WPSA)

"Worldwide Political Science Abstracts (WPSA) provides citations, abstracts, and indexing of the international serials literature in political science and its complementary fields, including international relations, law, and public administration/policy. The database originates from the merged backfiles of Political Science Abstracts, published by IFI / Plenum, 1975-2000, and ABC POL SCI, published by ABC-CLIO, 1984-2000. Since 2000, development of the serials list has focused on expanding international coverage. Approximately 2,500 serial

---

[364] www.ireon-portal.de > FAQ > Was ist "World Affairs Online"?. Zugegriffen: 29. Mai 2015.

titles are now being monitored for coverage; of these, around 60% are published outside the United States. As well as journals, WPSA also indexes books, book chapters, reviews of books and other media, and dissertations. Cited references have been included for many articles from the core journal literature added to the database since 2001. Records are indexed using a thesaurus of over 3,000 terms."[365]
Homepage: http://search.proquest.com/login
Zugang: lizenzpflichtig - im Sozialwissenschaftlichen Fachportal sowiport (siehe Nr. 185) deutschlandweit frei zugänglich nach Registrierung unter www.nationallizenzen.de (DFG-geförderte Nationallizenz)
Produzent: ProQuest (siehe Nr. 68)
Nachweissprache: Englisch
Abdeckung: zeitlich: ab 1910; geografisch: international
Erschließung: Abstract; Deskriptoren des Thesaurus of Political Science Indexing Terms; Zitationen; Referenzen
Fachgebiete: internationale Beziehungen; Politikwissenschaft; Politische Ökonomie; Recht; Verwaltungswissenschaft; Wirtschaftspolitik

[368] Zeitschriftendatenbank (ZDB)

„Die ZDB ist die weltweit größte Datenbank für Titel- und Besitznachweise fortlaufender Sammelwerke, also von Zeitschriften, Zeitungen usw. Sie enthält nicht nur Printwerke, auch Titel elektronischer Zeitschriften sind verzeichnet. ... Die ZDB umfasst mehr als 1,7 Mio. Titel in allen Sprachen von 1500 bis heute und weist zu diesen Titeln mehr als 13,6 Mio. Besitznachweise von ca. 4400 deutschen und österreichischen Bibliotheken nach. Die ZDB verzeichnet keine Aufsatztitel."[366]
Homepage: http://zdb-opac.de
Zugang: kostenfrei
Produzent: Deutsche Nationalbibliothek (siehe Nr. 13); Staatsbibliothek zu Berlin - Preußischer Kulturbesitz (siehe Nr. 75)
Nachweissprache: alle Sprachen
Abdeckung: zeitlich: alle Zeitepochen; geografisch: weltweit
Erschließung: Titel, bibliographische Angaben, Besitznachweise

---

[365] www.proquest.com > Find Products & Services > Search All Products > Worldwide Political Science Abstracts. Zugegriffen: 29. Mai 2015.
[366] http://zdb-opac.de. Zugegriffen: 29. Mai 2015.

Fachgebiete: Bildung; fachübergreifend; Geisteswissenschaften; Kultur; Pädagogik; Politikwissenschaft; Psychologie; Sozialwissenschaften; Soziologie

[369] Zeitungsdokumentation Bildungswesen (ZeitDok)

„In dieser Datenbank des Deutschen Instituts für Internationale Pädagogische Forschung (DIPF) sind 185.860 bildungsrelevante Artikel aus in- und ausländischen Zeitungen und Newslettern nachgewiesen und mit Schlagwörtern erschlossen. Dabei werden alle Bildungsbereiche - vom Kindergarten über Schule, Berufliche Bildung, Hochschule, Weiterbildung bis hin zu bildungspolitischen Diskussionen und Entscheidungen - abgedeckt. ... Die Datenbank wurde am 30.04.2015 abgeschlossen und wird nicht mehr aktualisiert. Das Archiv steht weiterhin für Kopienbestellungen zur Verfügung."[367]
Homepage: www.bildungsserver.de/zd
Zugang: kostenfrei
Produzent: Deutsches Institut für Internationale Pädagogische Forschung (siehe Nr. 17)
Nachweissprache: überwiegend Deutsch
Abdeckung: zeitlich: ab 1985; geografisch: deutschsprachiger Raum
Erschließung: bibliografische Angaben; Schlagwörter
Fachgebiete: Bildungswesen; Hochschule; Pädagogik; Schule; schulische und berufliche Ausbildung

[370] Zensusdatenbank

„Ziel und Zweck des Zensus 2011 ist es, strukturierte und verlässliche Informationen zum Leben, Arbeiten und Wohnen der Menschen in Deutschland zu gewinnen. Die Ergebnisse des Zensus 2011 sind die Basis für zahlreiche Planungen und Entscheidungen in Politik und Verwaltung. ... Das Besondere an den Zensusdaten ist - sofern sie nicht aus der Haushaltebefragung stammen - ihre kleinräumige Verfügbarkeit und die damit verbundenen einzigartigen Auswertungsmöglichkeiten für Kommunen und die Wissenschaft. ... Herzstück der Veröffentlichung der Zensusergebnisse wird die Auswertungsdatenbank sein. Sie ermöglicht es, aus dem breiten Spektrum der Zensusergebnisse gezielt und kom-

---

[367] www.bildungsserver.de/zd. Zugegriffen: 29. Mai 2015.

fortabel die gewünschten Informationen auszuwählen und diese individuell zusammenzustellen."[368]
Homepage: https://ergebnisse.zensus2011.de
Zugang: kostenfrei
Produzent: Statistisches Bundesamt (siehe Nr. 77)
Nachweissprache: Deutsch
Abdeckung: zeitlich: Zensusstichtag 9. Mai 2011; geografisch: Bundesrepublik Deutschland
Erschließung: nach Erhebungsmerkmalen
Fachgebiete: Beschäftigung; Bevölkerung; Bildung; Demografie; Erwerbstätigkeit; Familie; Lebensbedingungen; Migration; schulische und berufliche Ausbildung; Wohnen

---

[368] www.zensus2011.de > Zensus 2011 > Methode > [Link im Text] Zensusergebnissen. Zugegriffen: 29. Mai 2015.

Register

Die nach den Registereinträgen aufgeführten Zahlen verweisen auf die laufende Nummer der Informationsressource – n i c h t auf die Seitenzahl.

Institutionen

AIDS 10
Alkohol 10
ältere Arbeitnehmer 8, 22
Alternsforschung 22, 58, 60
Altersaufbau 8
amtliche statistische Informationen 76, 77
Arbeit 44
Arbeitsmarkt 31, 44, 60
Arbeitsmarktentwicklung 44
Arbeitsmarktforschung 31, 44, 86
Arbeitsmarktpolitik 44
audiovisuelle Medien 2, 9, 53, 78
Ausbildung 7, 16
Außenpolitik 79
berufliche Weiterbildung 7, 16
Berufsbildung 7, 16
Berufsforschung 7, 23, 44, 86
Beschäftigungsentwicklung 44
Bevölkerung 6, 8, 22, 52, 62, 67
Bibliometrie 45
Bildung 3, 12, 13, 17, 23, 24, 25, 27, 36, 40, 41, 43, 46, 49, 50, 54, 57, 66, 68, 71, 74, 75, 78, 80, 82, 84, 85
Bildungschancen 50
Bildungsforschung 17, 23, 37, 46, 50, 57, 86
Bildungsplanung 46
Bildungspolitik 17, 23, 46
Bildungsreform 46
Bildungssoziologie 50
Bildungssystem 17, 50
Bildungswesen 17, 37
Comparative Area Studies 38
Demografie 8, 31, 52, 58, 60, 67
Doping 9
Drogen 10
Einkommen 55
empirische Sozialforschung 39
Energie 81
Entwicklungspsychologie 57
Epidemiologie 62, 70
Erwachsenenbildung 16
europäische Integration 56
Europäische Kommission 26
europäische Organisationen 26
Europäische Union 26, 56
fachübergreifend 3, 12, 13, 14, 24, 25, 27, 35, 36, 40, 41, 43, 48, 49, 54, 66, 68, 69, 71, 72, 74, 75, 78, 80, 82, 83, 84, 85
Familie 8, 20
Familienforschung 20, 50
Familienpolitik 20
Forschungsförderung 12, 72
Freizeit 29, 64
Freizeitforschung 29
Friedensforschung 38
Geodaten 5, 6, 52
Gerontologie 22, 58
Geschichte der deutschen und internationalen Arbeiterbewegung 34
Geschichte der Soziologie 2
Gesellschaft 59, 64, 86
Gesellschaftstheorie 59, 86
Gesundheit 10, 61, 62, 70, 81
Gesundheitsforschung 62, 70
Gesundheitspolitik 10, 70
Hochschule 23, 45
Informationstechnologie 39
Informationswissenschaft 39
internationale Beziehungen 38, 79
internationale Organisation 64
internationale Politik 86
IT-Dienstleistungen für Bibliotheken 4, 36, 63, 65
Jugend 20

Jugendforschung 20
Kindheit 20, 62
Klima 81
Kommunalpolitik 18
Konfliktforschung 38
Krankheit 70
Kultur 3, 12, 13, 18, 24, 25, 27, 36,
    40, 41, 43, 49, 54, 66, 68,
    71, 74, 75, 78, 82, 84, 85
Länderkunde 38
Lebensbedingungen 6, 22
Lebensqualität 6, 22
Lehrende 46, 51
Lernende 16, 46, 51, 57
Medizin 61, 70
Meinungsforschung 28, 30, 42
Migration 8, 31, 52, 86
Mobilität 8, 47
Nachwahlbefragung 28, 30, 42
Ökologie 81
Pädagogik 3, 12, 13, 16, 17, 24, 25,
    27, 35, 36, 37, 40, 41, 43,
    46, 48, 49, 51, 54, 66, 68,
    69, 71, 72, 73, 74, 75, 78,
    80, 82, 83, 84, 85
Politik 34, 79
Politikwissenschaft 3, 12, 13, 24, 25,
    27, 35, 36, 38, 39, 40, 41,
    43, 48, 49, 54, 56, 59, 66,
    68, 69, 71, 72, 73, 74, 75,
    78, 79, 80, 82, 83, 84, 85,
    86
Politische Einstellungen und
    Verhaltensweisen 28, 30,
    42
politische Geschichte 34
politische Willensbildung 30, 42, 79
Prävention 10
Psychologie 1, 3, 12, 13, 24, 25, 27,
    35, 36, 40, 41, 43, 48, 49,
    51, 53, 54, 66, 68, 69, 71,
    72, 74, 75, 78, 80, 82, 83,
    84, 85
Public Health 70
Raumentwicklung 6
Raumordnung 32, 52
Raumplanung 5, 6, 32, 52
Regionalentwicklung 18

Regionalforschung 52
Regionalplanung 32
Schulbuch 37
Schule 37, 46, 57, 64
Schulentwicklungsforschung 46
Sexualität 10
Sicherheitspolitik 79
Soziale Arbeit 21
soziale Probleme 21
sozialer Wandel 64
Sozialgeschichte 34
Sozialpolitik 21, 22, 58, 60
Sozialpsychologie 53
Sozialwissenschaften 2, 39, 59, 69,
    73, 86
Soziologie 2, 3, 12, 13, 24, 25, 27, 35,
    36, 39, 40, 41, 43, 48, 49,
    54, 66, 68, 69, 71, 72, 73,
    74, 75, 78, 80, 82, 83, 84,
    85, 86
Sport 9
Sportpsychologie 9
Sportsoziologie 9
Sportwissenschaft 9
Stadtentwicklung 6, 18, 32, 52
Stadtplanung 18, 32
Studium 23
Sucht 10
Suchtberatung 10
Surveydesign 11, 39, 55
Technikfolgenabschätzung 33, 81
Technikforschung 33
Tourismus 29
Trainingswissenschaft 9
überbetriebliche Ausbildung 7, 16
Umfrageforschung 11, 27, 28, 30, 39,
    42, 55
Umwelt 6, 18, 81
Umweltbelastung 81
Umweltpolitik 81
Verkehr 6, 18, 47, 81
Verkehrsforschung 47
Verkehrsplanung 47
Verkehrspolitik 47
Verwaltungswissenschaft 15, 18
Wahlen 28, 30, 42
Wahlforschung 28, 30, 42
Wahlverhalten 28, 30, 42

Wirtschaft 60, 64, 80, 86
Wirtschaftsforschung 19, 31, 59
Wirtschaftspolitik 19, 31
Wirtschaftswissenschaften 14, 19, 31, 35, 59, 69, 82
Wissenschaftsforschung 2, 23, 33, 45
Wohlfahrtsentwicklung 55
Wohlfahrtspflege 21
Wohnen 6, 32

Forschungsdatenzentren

AIDS 93
Alkohol 93
ältere Arbeitnehmer 94, 99, 103
amtliche statistische Informationen 95, 102
Arbeit 92, 104, 105, 109
Arbeitsmarkt 95, 102, 104, 109, 110
Arbeitsmarktentwicklung 92
Arbeitswelt 87, 94, 101
audiovisuelle Medien 91
Ausbildung 97
berufliche Rehabilitation 94
berufliche Weiterbildung 92, 97
Berufsbildung 97
Berufsverlauf 92, 97, 101
Berufswahl 97
Beschäftigung 92, 103, 109
Beschäftigungssituation in Betrieben 92
betriebliche Ausbildung 92, 97
Betriebs- und Organisationsuntersuchungen 87
Bevölkerungsentwicklung 94, 95, 102
Bevölkerungsstruktur 94, 99
Bildung 90, 91, 95, 98, 100, 101, 102, 103, 104, 106, 110
Bildungschancen 90, 100
Bildungsforschung 90, 91, 97, 100
DDR 104
Demografie 94, 99, 101
Drogen 93
Ehescheidungen 96
Eheschließungen 96
Ehrenamt 99
Einkommen 95, 101, 102, 103, 104, 109
Elternschaft 96
Entwicklungspsychologie 107
Erwachsenenbildung 100, 104, 106
Erwerbstätigkeit 92
Erziehung 91, 93
Europäische Union 104
Familie 93, 95, 96, 98, 100, 101, 102, 103
Familienforschung 96, 100

freiwilliges Engagement 99, 103
Freizeit 98
Gerontologie 99, 103
Gesundheit 88, 93, 95, 99, 101, 102,
    103, 104, 107, 110
Gesundheitspolitik 88, 93
Gesundheitsstatus 88, 103
Gesundheitswesen 95, 102
Hochschule 95, 100, 102
industrielle Beziehungen 87
Informationstechnologie 95, 102, 104
Jugend 88, 93, 98, 110
Jugendforschung 93, 98
Jugendhilfe 95, 102
Justiz 95, 102
Kindergarten 100
Kindheit 88, 98
Kompetenzmessung 90, 106
Konsum 95, 101, 102, 104
Krankheit 88, 99, 103
Kriminalität 95, 102, 110
Lebensbedingungen 89, 95, 96, 98,
    99, 102, 104, 105
Lebenserwartung 94, 102
lebenslanges Lernen 100, 106
Lebensqualität 89, 96, 99, 101, 103,
    105
Lehrende 97, 100
Lernende 97, 100
Migration 95, 102, 104, 110
Mitbestimmung 87
Mobilität 95, 102
Mortalität 94, 95, 102
Partnerschaft 96, 98
Persönlichkeitspsychologie 107
Politische Einstellungen und
    Verhaltensweisen 105, 108
Politische Partizipation 98, 105, 108
politische Willensbildung 108
Psychologie 107
Rehabilitation 94
Renten 94, 99, 103
Schule 90, 91, 100
Sexualität 93, 98
soziale Netzwerke 103
soziale Probleme 93
soziale Sicherung 92, 94, 99
soziale Ungleichheit 89, 103, 110

sozialer Wandel 89, 96, 101, 104
Sozialpsychologie 107
Sozialstruktur 104
Studium 100
Sucht 93
Umwelt 95, 102
Unterricht 91, 100
Vermögen 103
Wahlen 105, 108
Wahlforschung 105, 108
Werte 89, 96, 105
Wertewandel 89, 101, 105
Wirtschaft 87, 95, 102, 105
Wohnen 99, 101, 103
Zeitverwendung 95, 101, 102, 10

Portale

Altersaufbau 123
amtliche statistische Informationen 169
angewandte Psychologie 152, 170, 171, 173
Arbeit 118, 150, 195, 203
Arbeitsmarkt 111, 137, 138, 147, 150, 176, 190
Arbeitsmarktforschung 111, 147, 150, 160, 184, 185
Arbeitsmarktpolitik 111, 147
Archive 112
audiovisuelle Medien 124, 128, 145
Außenpolitik 154
berufliche Weiterbildung 115, 149
Berufsbildung 115, 117, 146
Berufsforschung 117, 146, 147, 184, 185
Berufstätigkeit 118
Beschäftigungsentwicklung 147
Beschäftigungssituation in Betrieben 147
Betriebs- und Organisationsuntersuchungen 190
Bevölkerung 137, 138, 140, 148, 160, 166, 176, 189, 195
Bevölkerungsentwicklung 166
Bevölkerungsstruktur 189
Bildende Kunst 124, 126, 130
Bildung 113, 114, 115, 120, 121, 124, 126, 130, 132, 135, 136, 137, 138, 141, 142, 143, 144, 145, 153, 155, 156, 158, 159, 162, 164, 165, 168, 174, 176, 177, 178, 179, 180, 182, 183, 187, 188, 191, 192, 193, 194, 195, 199, 201, 203
Bildungsforschung 115, 117, 125, 128, 132, 146, 149, 164, 168, 185
Bildungssystem 115, 125, 168
Bildungswesen 115, 117, 149, 164, 168
Demografie 118, 123, 153, 160, 161, 166, 184, 185, 189, 195
Einkommen 137, 138, 140, 160, 176, 189
Entwicklungspolitik 154
Erwachsenenbildung 115, 117, 149
Erwerbstätigkeit 160, 189
Erziehung 166
Ethnologie 184, 185
Europäische Kommission 119, 197
Europäischer Gerichtshof 197
Europäisches Parlament 197
Europarat 197
fachübergreifend 113, 114, 116, 118, 120, 121, 124, 126, 130, 135, 136, 141, 142, 143, 144, 145, 153, 155, 156, 158, 159, 162, 163, 165, 174, 177, 178, 179, 180, 182, 183, 187, 188, 191, 192, 193, 194, 195, 199, 200, 201
Familie 160, 166, 203
Forschung 117, 119, 137, 138, 176
Forschungsförderung 119
Frauen- und Geschlechterforschung 167, 184, 185
Freizeitforschung 186
Friedensforschung 198
FuE-Aufwendungen 117
Geodaten 139, 140
Gerontologie 184, 185, 189
Geschichte 112, 116
Geschichte der Soziologie 151
Gesellschaftstheorie 129
Gesundheit 118, 137, 138, 148, 160, 166, 172, 175, 176, 189, 195, 203
Gesundheitswesen 137, 138, 148, 176
Gleichstellung 167, 175
Grundschule 115, 117, 149
Gymnasium 115, 117, 149
historische Sozialforschung 116, 184, 185
Hochschule 115, 117, 146, 149
internationale Beziehungen 115, 154, 200
Kindheit 149

Klima 140
Kommunalpolitik 157, 198
Kommunikationswissenschaften 184, 185
Konfliktforschung 198
Kriminologie 184, 185
Kultur 112, 113, 114, 116, 120, 121, 124, 126, 130, 135, 136, 137, 138, 141, 142, 143, 144, 145, 155, 156, 158, 159, 162, 165, 174, 176, 177, 178, 179, 180, 182, 183, 187, 188, 191, 192, 193, 194, 199, 201, 203
Lebensbedingungen 140, 175, 181, 189, 202
Lebenserwartung 189
Lebensqualität 175, 181, 189, 202
Lehrende 125, 149
Lernende 125, 149
Medizin 172
Migration 140, 160, 166
Mitbestimmung 129
Mobilität 166
Mortalität 189
Neue Medien 149
öffentlicher Haushalt 137, 138, 176
Pädagogik 113, 114, 115, 116, 120, 121, 124, 125, 126, 128, 130, 132, 134, 135, 136, 141, 142, 143, 144, 145, 149, 155, 156, 158, 159, 162, 163, 164, 165, 168, 174, 177, 178, 179, 180, 182, 183, 184, 185, 187, 188, 191, 192, 193, 194, 199, 200, 201
Persönlichkeitspsychologie 170
Persönlichkeitstest 170
Politik 166
Politikwissenschaft 113, 114, 116, 118, 120, 121, 124, 126, 129, 130, 134, 135, 136, 141, 142, 143, 144, 145, 153, 154, 155, 156, 158, 159, 162, 163, 165, 174, 177, 178, 179, 180, 182, 184, 185, 187, 188, 191, 192, 193, 194, 198, 199, 200, 201, 202
Politische Einstellungen und Verhaltensweisen 153, 203
Psychologie 113, 114, 116, 118, 120, 121, 124, 126, 130, 134, 135, 136, 141, 142, 143, 144, 145, 155, 156, 158, 159, 162, 163, 165, 170, 171, 172, 173, 174, 177, 178, 179, 180, 182, 183, 187, 188, 191, 192, 193, 194, 199, 200, 201
Qualifikation 147, 150
Raumentwicklung 175
Raumordnung 161, 175
Raumplanung 118, 133, 140, 157, 196
Rechts- und Verwaltungsfragen 157, 198
Regionalforschung 133, 157, 161, 196
Regionalplanung 157
Religion 203
schulische und berufliche Ausbildung 115, 125, 149
Sicherheitspolitik 154
Soziale Arbeit 200
soziale Netzwerke 203
soziale Probleme 111, 147, 203
soziale Sicherung 189
soziale Ungleichheit 181, 202
sozialer Wandel 129, 181
Sozialindikatoren 153, 181
Sozialpädagogik 200
Sozialpolitik 111, 118, 147, 166, 184, 185
Sozialpsychologie 170, 171, 173, 184, 185
Sozialstruktur 160, 181, 202
Sozialwesen 185
Sozialwissenschaften 122, 190, 200, 202
Soziologie 113, 114, 116, 120, 121, 122, 124, 126, 129, 130, 134, 135, 136, 141, 142, 143, 144, 145, 151, 155, 156, 158, 159, 162, 163, 165, 174, 177, 178, 179, 180, 182, 183, 184, 185,

187, 188, 191, 192, 193, 194, 199, 200, 201, 202
Sport 152, 186
Sportpsychologie 152, 170
Sportsoziologie 186
Sportwissenschaft 152, 186
Staat 129
Stadtentwicklung 157, 175, 196
Stadtplanung 133, 196
Stadtsoziologie 161, 196
Studium 146
Tourismus 195
Umwelt 133, 137, 138, 140, 153, 175, 176, 195
Umweltverhalten 203
Unterricht 125
Vereinbarkeit von Beruf und Familie 167
Verkehr 133, 140, 175, 196
Verwaltungswissenschaft 198
Vorschule 115
Wahlen 137, 138, 176
Wahlergebnisse 140
Wahlforschung 202
Werte 202
Wertewandel 202
Wirtschaft 137, 138, 176
Wirtschaftsforschung 127
Wirtschaftswissenschaften 120, 122, 127, 131, 190, 200
Wissenschaftsforschung 167
Wohlfahrtsentwicklung 181
Wohnen 137, 138, 140, 157, 160, 175, 176, 196

Längsschnittuntersuchungen

AIDS 204
Alkohol 218, 220
Arbeit 208, 225, 230, 231, 241, 265, 267
Arbeitsbedingungen 225, 228
Arbeitslose 208, 269
Arbeitslosigkeit 257, 264
Arbeitsmarkt 208, 240, 246, 250, 255, 257
Arbeitsmarktentwicklung 208, 241
Arbeitsorganisation 225
Arbeitsschutz 225
Arbeitszeit 228
Armut 232, 257
berufliche Weiterbildung 221, 223, 225, 233, 240, 251, 261, 280
Berufsbildung 211, 221, 233, 255, 261
Berufstätigkeit 225, 228, 232, 260, 273
Berufsverlauf 251, 254, 260, 269, 275
Berufswahl 211, 254, 255
Beschäftigung 208, 226, 239, 247, 264, 273, 275
Beschäftigungsentwicklung 208, 240, 246
Beschäftigungssituation in Betrieben 240, 241, 246
betriebliche Ausbildung 233, 261
Bildung 223, 226, 232, 243, 250, 251, 256, 259, 260, 265, 267, 273, 275
Bildungssystem 274
Bildungswesen 211, 274, 280
Drogen 218, 220
E-Commerce 222, 235
Ehescheidungen 210
Eheschließungen 210
Ehrenamt 215, 273
Einkommen 207, 219, 225, 226, 232, 239, 247, 248, 250, 265, 267, 268, 273, 275
Einstellungen 206, 230, 231, 234, 237, 242, 258, 260, 266

Eltern-Kind-Beziehungen 252, 253, 282
Erwachsenenbildung 223, 251, 260, 280
Erwerbstätigkeit 207, 232, 250, 251, 257, 261, 267, 269
Erziehung 210
Europäische Union 224, 229
Familie 206, 209, 210, 226, 230, 231, 242, 250, 251, 264, 265, 267, 273, 282
Familienforschung 210
freiwilliges Engagement 215
Freizeit 228, 263, 282
Gerontologie 214
Gesellschaft 206, 226, 231, 234
Gesundheit 204, 213, 214, 224, 225, 226, 227, 230, 232, 238, 242, 250, 262, 264, 265, 267, 270, 271, 273
Gesundheitspolitik 204, 238
Gesundheitsstatus 213, 227, 238, 268, 270, 271, 273
Grundschule 243, 253, 274
Gymnasium 255, 256
Hauptschule 255, 256
Hochschule 254, 272
Informationsgesellschaft 235
Informationstechnologie 222, 237
Internet 222, 235
Jugend 209, 210, 244, 271
Kinderbetreuung 209, 252, 253
Kindergarten 253, 282
Kindertagespflege und Tagesbetreuung 252, 253
Kindheit 209, 210, 252, 253, 271, 282
Konsum 219, 239, 247, 248, 273
Krankheit 238
Lebensbedingungen 209, 214, 219, 226, 232, 247, 264, 265
lebenslanges Lernen 221, 223, 251, 254, 260, 280
Lebensqualität 214, 226, 237, 242
Lernende 243, 255, 256, 259, 272, 274
Medieninhalte 236
Mediennutzung 230, 235, 237, 249
Meinungsforschung 224, 234, 258

Migration 224, 230, 250, 267
Mitbestimmung 225
Mobilität 216
Nachwahlbefragung 212
Neue Medien 222, 235, 237, 260
Nichterwerbspersonen 208
Parteien 217, 229, 258, 266
Partnerschaft 210, 264
Politik 224, 230, 231, 234
Politische Einstellungen und Verhaltensweisen 206, 212, 217, 224, 231, 234, 236, 237, 242, 245, 258, 264, 266
politische Sozialisation 264
politisches Bewusstsein 234, 258, 266
Prävention 204, 218
Public Health 238, 270, 271
Realschule 255, 256
Rehabilitation 262
Religion 230, 231, 242
Renten 205, 207, 239, 268, 273, 276, 277, 278, 279
Schadstoffbelastung 213
Schule 211, 243, 255, 259, 282
Sexualität 244
soziale Netzwerke 267, 273
soziale Sicherung 205, 257, 265, 267, 276, 277, 278, 279
soziale Ungleichheit 206, 242, 281
sozialer Wandel 206, 224, 230, 242, 264, 265, 281
Sozialindikatoren 206, 242
Sozialstruktur 206, 250, 267
Sparverhalten 207, 268
Studium 254, 255, 272
Sucht 218, 220
Tourismus 263
Umwelt 224, 242
Umweltbelastung 213
Umweltverhalten 237, 267
Vereinbarkeit von Beruf und Familie 225, 226, 228
Verkehr 216
Verkehrsplanung 216
Verkehrspolitik 216
Vermögen 207, 219, 239, 247, 248, 268, 273

Verschuldung 219, 247, 248
Vorschule 253
Wahlen 212, 217, 229, 236, 245, 258, 266
Wahlergebnisse 217, 229, 236, 245, 266
Wahlverhalten 212, 217, 229, 236, 245, 258
Werte 206, 230, 231, 234, 242, 264, 267, 281
Wertewandel 206, 230, 231, 234, 237, 242, 264, 267, 281
Wohlbefinden 230, 237, 273
Wohlfahrtsentwicklung 248
Wohnen 219, 226, 232, 250, 265, 267, 273
Zeitverwendung 249, 265, 267
Zukunftsvorsorge 207, 268

Datenbanken

Altenhilfe 295
Alternsforschung 316, 326, 329
Arbeit 287, 304, 313, 319
Arbeitsmarkt 323, 351
Arbeitsmarktforschung 323, 359, 360
audiovisuelle Medien 284, 289, 293, 330, 333, 349, 353, 363
Ausbildung 303, 312
Außenpolitik 366
berufliche Weiterbildung 293, 332
Berufsbildung 332
Berufsforschung 323, 332, 359, 360
Beschäftigung 312, 370
Betriebswirtschaftslehre 296
Bevölkerung 319, 321, 350, 351, 370
Bevölkerungsstruktur 321, 329
Bildung 285, 291, 292, 297, 298, 300, 303, 304, 306, 309, 310, 311, 313, 314, 319, 324, 327, 328, 330, 331, 335, 336, 337, 341, 342, 351, 358, 365, 368, 370
Bildungsforschung 290, 297, 303, 323, 359, 360
Bildungswesen 290, 303, 350, 369
Comparative Area Studies 315
Demografie 288, 313, 320, 321, 322, 326, 329, 335, 357, 359, 360, 370
Drogen 285, 307
Einkommen 312, 319, 350, 351
Einstellungstest 299
Eltern-Kind-Beziehungen 289
Elternschaft 320
Entwicklungstest 299
Erwachsenenbildung 293
Erwerbstätigkeit 325, 350, 370
Ethnologie 359, 360
Europäische Kommission 283
europäische Organisationen 283
Europäische Union 283
Europapolitik 283, 366
fachübergreifend 291, 292, 298, 300, 302, 306, 309, 314, 324, 327, 328, 330, 331, 341, 342, 353, 354, 365, 368

Familie 285, 288, 289, 304, 307, 333, 356, 370
Familienpolitik 288
Forschungsförderung 300
Frauen 302, 325
Frauen- und Geschlechterforschung 287, 304, 359, 360
Geisteswissenschaften 327, 328, 336, 337, 341, 342, 353, 354, 358, 368
Gerontologie 316, 326, 329, 356, 359, 360
Geschichte 319
Geschichte der deutschen und internationalen Arbeiterbewegung 284, 286
Gesundheit 285, 304, 313, 319, 338, 351
Gesundheitswesen 350
Gewalt 285, 307, 333
Gewerkschaften 286
Gleichstellung 287, 302, 312, 313, 318, 325
historische Sozialforschung 284, 317, 319, 359, 360
Hochschule 302, 318, 325, 340, 369
Informationswissenschaft 317
internationale Beziehungen 315, 335, 339, 343, 344, 366, 367
Jugendhilfe 334, 350
Kinderbetreuung 288, 350
Kindesmisshandlung 333
Kindheit 288, 289, 307, 333
Kommunalpolitik 334
Kommunikationswissenschaften 359, 360
Krankenpflege 295
Kriminalität 285, 319, 350
Kriminologie 359
Kultur 291, 292, 298, 300, 306, 309, 313, 314, 324, 327, 328, 330, 331, 334, 358, 365, 368
Länderkunde 336, 337, 366
Lebensbedingungen 313, 316, 370
Lebenserwartung 321, 322
Lebensqualität 355

Lehrende 289, 303, 325
Medizin 348, 349, 354
Migration 285, 370
Mortalität 322, 329
Neue Medien 289
öffentliche Finanzen 319, 334, 351
Ökologie 364
Pädagogik 290, 291, 292, 293, 297, 298, 300, 303, 306, 314, 324, 327, 328, 330, 331, 342, 348, 349, 353, 358, 359, 360, 365, 368, 369
Parteien 284, 286
Persönlichkeitstest 299
Politik 284, 304
Politikwissenschaft 291, 292, 296, 298, 300, 306, 309, 314, 315, 323, 324, 327, 328, 330, 331, 335, 336, 337, 339, 341, 342, 343, 344, 353, 354, 358, 359, 360, 365, 366, 367, 368
politische Geschichte 284
Politische Ökonomie 343, 367
Politische Partizipation 312
politische Willensbildung 308
Prävention 307, 333
Psychologie 291, 292, 293, 298, 299, 300, 304, 306, 309, 314, 324, 327, 328, 330, 331, 336, 337, 341, 342, 346, 347, 348, 349, 353, 354, 358, 360, 365, 368
Raumordnung 305, 334, 352
Raumplanung 305, 334
Recht 335, 367
Rechts- und Verwaltungsfragen 308, 318, 339, 352
Religion 304
Schulbuch 310, 311
Schule 290, 303, 310, 311, 369
schulische und berufliche Ausbildung 369, 370
Sonderpädagogik 295
Soziale Arbeit 285, 295, 345, 356
soziale Probleme 285, 307, 356
soziale Ungleichheit 285, 356
Sozialgeschichte 284, 286

Sozialindikatoren 355
Sozialpolitik 295, 316, 323, 359, 360
Sozialpsychologie 345, 357, 359, 360
Sozialstruktur 355, 357
Sozialwesen 359, 360
Sozialwissenschaften 296, 317, 324, 327, 328, 335, 336, 337, 341, 342, 344, 353, 354, 357, 368
Soziologie 291, 292, 293, 298, 300, 304, 306, 309, 314, 317, 323, 324, 327, 328, 330, 331, 336, 337, 341, 342, 345, 348, 349, 353, 354, 357, 358, 359, 360, 365, 368
Sport 301, 338, 361, 362, 363
Sportökonomie 361, 362
Sportpädagogik 301, 361, 362
Sportpsychologie 301, 338, 361, 362
Sportpublizistik 361, 363
Sportsoziologie 301, 338, 361, 362
Sportwissenschaft 301, 349, 362, 363
Staat 308, 319
Stadtentwicklung 305, 334
Stadtplanung 305, 334, 352
Studium 340
Sucht 345
Trainingswissenschaft 362, 363
Umfrageforschung 317
Umwelt 304, 319, 334, 351, 364
Umweltbelastung 364
Umweltpolitik 343, 364
Umweltverhalten 364
Unterricht 290
Vereinbarkeit von Beruf und Familie 287, 318, 325
Verkehr 319, 334
Verwaltungswissenschaft 308, 343, 367
Volkswirtschaftslehre 296
Wahlen 304, 319, 351
Wahlforschung 317
Werte 304
Wirtschaftsforschung 294
Wirtschaftspolitik 294, 366, 367

Wirtschaftswissenschaften 294, 296, 315, 336, 337, 344, 353, 354, 358, 359
Wohlbefinden 355
Wohlfahrtsentwicklung 285, 288, 355
Wohlfahrtspflege 295, 356
Wohnen 304, 351, 370
Wohnungswesen 305, 352

Printed by Printforce, the Netherlands